图解 Web 3.0

バーチャルファースト時代の新しい生存戦略がゼロからわかる！
Web3.0 ビジネス見るだけノート

［日］加藤直人 著
尹宁 译

中国科学技术出版社
·北京·

バーチャルファースト時代の新しい生存戦略がゼロからわかる！
Web3.0ビジネス見るだけノート
加藤 直人

Copyright © 2022 by Naoto Kato
Original Japanese edition published by Takarajimasha, Inc.
Simplified Chinese translation rights arranged with Takarajimasha, Inc.,
through Shanghai To-Asia Culture Communication, Ltd.
Simplified Chinese translation rights © 2024 by China Science and Technology Press Co., Ltd.
All rights reserved.
北京市版权局著作权合同登记　图字：01-2023-3498。

图书在版编目（CIP）数据

图解 Web3.0 /（日）加藤直人著；尹宁译. —北京：
中国科学技术出版社，2024.4（2025.10 重印）
ISBN 978-7-5236-0538-7

Ⅰ.①图… Ⅱ.①加… ②尹… Ⅲ.①信息产业—产业经济—图解 Ⅳ.① F49-49

中国国家版本馆 CIP 数据核字（2024）第 042148 号

策划编辑	何英娇	责任编辑	童媛媛
封面设计	东合社	版式设计	蚂蚁设计
责任校对	张晓莉	责任印制	李晓霖

出　　版	中国科学技术出版社
发　　行	中国科学技术出版社有限公司
地　　址	北京市海淀区中关村南大街 16 号
邮　　编	100081
发行电话	010-62173865
传　　真	010-62173081
网　　址	http://www.cspbooks.com.cn

开　　本	787mm×1092mm　1/16
字　　数	230 千字
印　　张	13.25
版　　次	2024 年 4 月第 1 版
印　　次	2025 年 10 月第 8 次印刷
印　　刷	北京盛通印刷股份有限公司
书　　号	ISBN 978-7-5236-0538-7 / F・1207
定　　价	69.00 元

（凡购买本社图书，如有缺页、倒页、脱页者，本社销售中心负责调换）

前 言

互联网新时代将彻底颠覆传统商业模式

现今，引领互联网新潮的 Web3.0 概念火爆，引发了人们的持续热议。如果说 Web1.0 代表着互联网发展的黎明期，以智能手机和 SNS（social network services，社交网络服务）[①] 的普及应用为代表的 Web2.0 象征着互联网的成熟期，那么，"Web3.0" 这一概念的诞生，也一定意味着互联网的发展，必将迎来某种新变革。

在互联网世界，每一场新变革的发生，必然会带来用户价值观或生活方式的深刻变化。与此同时，原有的商业模式也会随之进行更新换代，或者产生全新的经营模式。也就是说，任何商界人士，都不可能对互联网的新发展置若罔闻。

除了 Web3.0，近年来，"元宇宙"这一概念同样风靡全球，它主要依靠虚拟世界的力量，来帮助人们实现理想中的生活方式。虽然无论是从概念层面还是从技术层面来讲，Web3.0 与元宇宙都是两个完全不同的概念，但由于人们习惯于将它们混为一谈，所以在大众眼中，两者的本

---

① 在互联网上提供社交网络服务系统的总称，可以使用户之间进行交流、发送或接收信息。拥有庞大用户量的 Facebook（现改名为元宇宙）和只能发表 140 字短文的推特（已更名 ××）等，都是知名的社交网络服务软件。

质区别也变得越来越模糊了。

当然，Web3.0 与元宇宙也有共同点，它们的共同之处莫过于二者都建立在人类探寻虚拟世界的好奇心之上。

过去，网络只是我们在现实生活中的辅助工具。现在，在这个虚拟世界丰盛的时代，越来越多的人开始将重心放在互联网上。在这种大趋势的影响下，人们的交流方式、消费活动甚至赚钱方式都发生了巨大变化。

本书基于这个时代背景，聚焦于 Web3.0 这一火爆科技圈的概念，使用丰富的插图和图解，让你轻松读懂 Web3.0。Web3.0 到底是什么？与以往相比，它的划时代之处究竟体现在哪里？我将结合丰富的案例，详细阐述 Web3.0 给商业模式的发展带来了怎样的影响。在网络新时代，我们将怎样重塑商业模式？要想在 Web3.0 时代取得成功，我们该怎样做？等等，针对这些问题，我将在本书中一一作答。

在这个新理念频出的激变时代，要想将这些高科技灵活运用于商业领域，我认为，"了解其基本构造"和"预测并绘制未来蓝图"这两者缺一不可。希望大家可以通过本书了解到这两方面的内容，让我们携手在 Web3.0 时代里，大展宏图！

加藤直人

Web3.0，开启新世界

在被称为"新一代互联网"的 Web3.0 的世界中，用户不需要通过传统的中间服务平台，就可以直接实现用户与用户间的交互连接。

人人都是创作者

在重视用户行为的虚拟世界里，所有参与者都可以成为创作者。此外，由于创作作品中引入了 NFT 机制①，创作者可以获得相应的收益或权利。

全员参与的"新型组织协同方式"

Web3.0 引发的新组织形式"DAO（去中心化自治组织）"，有望代替传统的公司股份制，成为新时期的公司组织形式。在这种模式中，员工各司其职、组织结构扁平化，所以权力或金钱难以集中于一处。

NFT
艺术加密

目标

去中心化自治组织
DAO

---

① NFT 机制，即艺术加密机制，指用非同质化代币（NFT）进行交易的数字艺术品，NFT 使用区块链技术来验证所有权，艺术家能够以完全透明和安全的方式出售他们的艺术品。——译者注

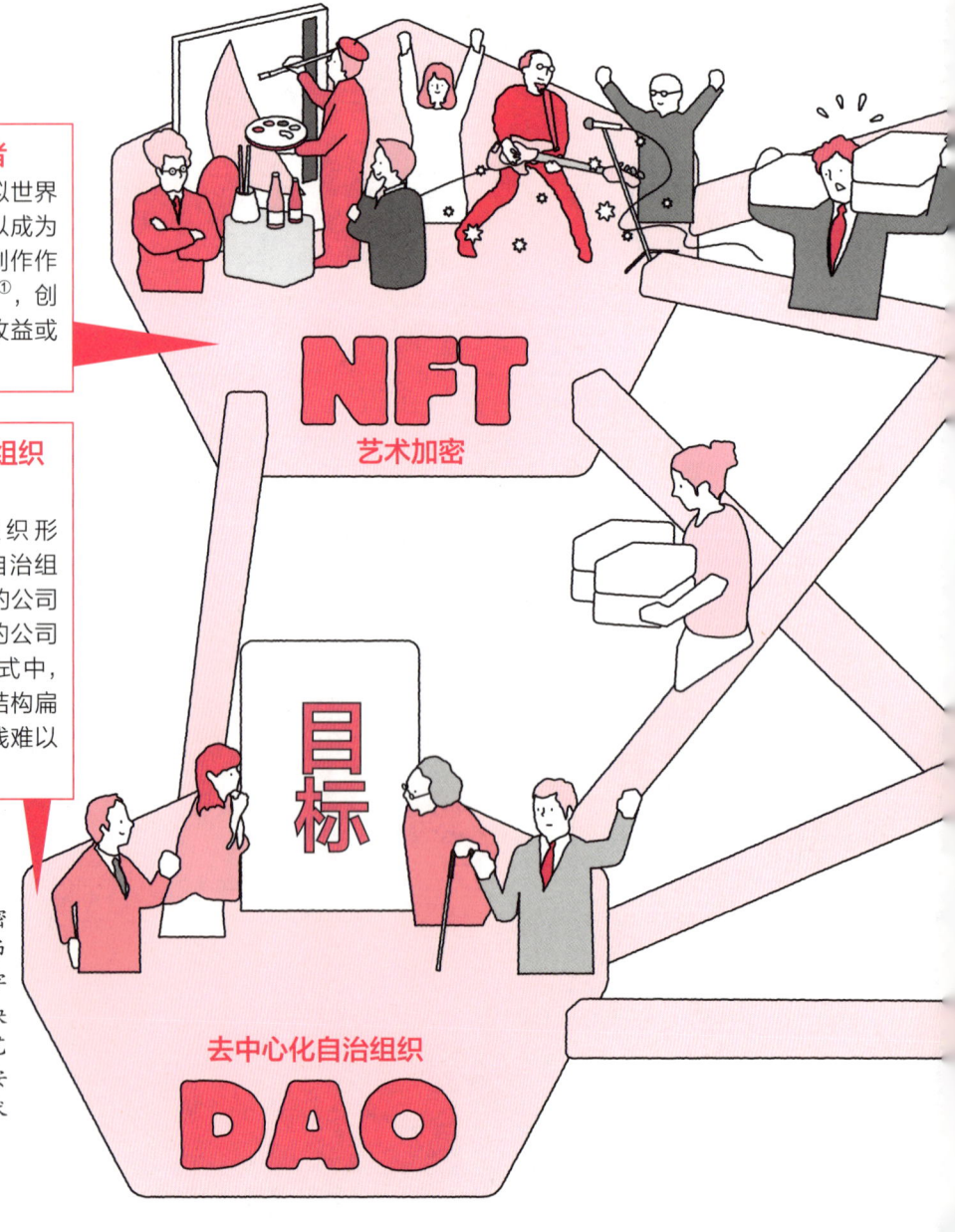

通向"另一个世界"

与 Web3.0 同时兴起的虚拟现实技术,为用户创造了一个不同于现实世界的"虚拟世界"。随着虚拟世界网络用户的增加、网络经济的活跃,边玩边赚钱的盈利模式也指日可待。

无需"中介"的开放金融

DeFi(去中心化金融)作为 Web3.0 时代的新型金融服务形式而备受关注。与传统的金融服务形式不同,它不需要通过金融机构这一中间人,就可以完成用户之间交易,因此可以大大降低交易成本,也可以为因各种原因而无法获得传统金融服务的人提供帮助。

元宇宙
METAVERSE

Defi
去中心化金融

用游戏赚钱

在 Web3.0 的世界里,游戏内的数字道具也被赋予了金钱价值,成了交易对象,甚至产生了只要玩游戏,就能获得加密资产的增值服务。可以预见,今后会诞生职业游戏玩家,或是与游戏有关的新行业。

PLAY TO EARN
边玩边赚

目录

Contents

第 1 章
Web3.0 究竟是什么？①

- **01** "第三代"互联网时代已经来临 …… 4
- **02** 与之前的 Web1.0 和 Web2.0 相比，Web3.0 有何不同之处？ …… 6
- **03** Web3.0 的核心特征："去中心化" …… 8
- **04** Web2.0 时代，科技巨擘独占鳌头 …… 10
- **05** 打破巨头的藩篱、解除用户的枷锁 …… 12
- **06** 数据大集中会带来怎样的问题？ …… 14
- **07** "对贫富差距的不满"造就了 Web3.0 的主流价值取向 …… 16
- **08** 虚拟优先的时代快要来临 …… 18

互联网人物传①
"Web 之父" 蒂姆·伯纳斯-李 …… 20

第 2 章
Web3.0 究竟是什么？②

- **01** 多用户可以同步操作同一数据 …… 24
- **02** "去信任"思想推动 Web3.0 发展 …… 26
- **03** Web3.0 为什么会成为热门话题？ …… 28
- **04** 科技寡头们对 Web3.0 持怀疑态度 …… 30
- **05** Web3.0 时代，什么样的设备将大受欢迎？ …… 32
- **06** 基于区块链（分布式账本）技术的 Web3.0 …… 34

互联网人物传②
日本互联网之父　村井纯 …… 36

第 3 章
区块链催生的技术革命

- **01** 区块链技术究竟是什么？ …… 40
- **02** 将全部的交易信息分散存储在多台计算机上 …… 42
- **03** 加密资产中不存在单一的发行主体 …… 44
- **04** "以太坊"带来新的经济圈 …… 46
- **05** 基于区块链的应用程序 "DApps" …… 48

| 06 | 想买代币，就必须先买以太币 …… 50
| 07 | "智能合约"，没有中间商赚差价 … 52
| 08 | 新型组织结构"DAO"究竟是什么？ …… 54
| 09 | 给所有的参与成员以报酬奖励 …… 56
| 10 | 由 DAO 助力的"数字国家"，究竟是什么样子的？ …… 58
| 11 | 与"个人创作时代"十分契合的 DAO …… 60
| 12 | 去中心化金融组织 DeFi …… 62
| 13 | DeFi 的明星项目："去中心化算法银行的 Compound" …… 64

互联网人物传③
身份不明的区块链发明者　中本聪 …… 66

第 4 章
NFT 开启了经济新模式

| 01 | 一文解读 NFT 交易平台架构 …… 70
| 02 | 如今，NFT 为何会走红？ …… 72
| 03 | "史上第一条喃喃自语的推特"，竟然卖了 3 亿日元？ …… 74
| 04 | 赋予"数字作品原作"以价值 …… 76

| 05 | "数字作品易被复制"的常识将会改变 …… 78
| 06 | 在 Web2.0 中，数字作品被各大平台所管控 …… 80
| 07 | 二次流通也能获利？拯救创作者的 NFT 技术 …… 82
| 08 | Web3.0 时代的"所有者经济" …… 84
| 09 | 哪些数字作品可以在 NFT 销售，哪些不能？ …… 86
| 10 | GameFi 让游戏道具成为真正的资产 …… 88
| 11 | 免费的数字作品为什么要付费呢？ …… 90
| 12 | NFT 市场究竟能卖什么？ …… 92

互联网人物传④
以太坊的设计者　维塔利克·布特林 … 94

第 5 章
想走进 Web3.0 时代，就先来看看元宇宙的世界吧！

| 01 | 元宇宙不是一时的热度炒作 …… 98
| 02 | 脸书公司、微软公司也相继加入了元宇宙领域 …… 100

| 03 | 普及虚拟现实技术的三大步骤 ····· 102
| 04 | 吸引"右脑"的元宇宙魅力 ········ 104
| 05 | 可以选择多个元宇宙虚拟社区 ····· 106
| 06 | 拥有"多样的人生" ·············· 108
| 07 | 元宇宙中"超越现实"的体验感 ··· 110
| 08 | 元宇宙市场由"交互体验""终端设备"和"空间平台"三部分构成 ····· 112
| 09 | 引发教育改革的虚拟现实技术 ····· 114
| 10 | 将虚拟技术应用于社会实验领域 ··· 116
| 11 | 以现实街道为模型,构建"虚拟城市" ························ 118
| 12 | 也有专门用于 NFT 交易的虚拟网络平台 ·························· 120
| 13 | 日本建立的虚拟偶像格式"VRM",究竟是什么? ················ 122
| 14 | 基于元宇宙和 Web3.0 的多样社会 ························· 124
| 15 | "新冠疫情"产生的巨变中蕴藏着绝好的商机 ······················ 126

互联网人物传⑤
电子邮件之父　雷·汤姆林森 ········ 128

第 6 章
Web3.0 受到政界高度关注

| 01 | 政府成立"NFT 政策审查项目组" ·· 132
| 02 | "新资本主义"也垂青 Web3.0 ·· 134
| 03 | Web3.0 为"酷日本"创造新的价值 ························· 136
| 04 | 落后于世界的日本加密税制 ········ 138
| 05 | 突然瞄准世界市场的 Web3.0 ····· 140
| 06 | NFT 是怎样成为乡村振兴王牌的? ·· 142
| 07 | "登月计划":旨在丰富人类的生活方式 ·························· 144

互联网人物传⑥
谷歌公司的创始人　拉里·佩奇 ········ 146

第 7 章
Web3.0 时代中的制胜心得

| 01 | 社群从认可需求型转化为共鸣需求型 ························ 150
| 02 | 聚集有共鸣的"受众" ·············· 152

03	珍惜从开始就支持自己的受众 …… 154
04	为了防止"VR 眩晕"，我们需要习惯各种设备 …… 156
05	越来越多的用户开始追求与现实生活中完全不同的人际关系 …… 158
06	在 Web3.0 时代，人人都能成为创作者 …… 160
07	虚拟技术可以帮助我们实现可持续发展 …… 162
08	开展新业务的关键在于找准最佳时机 …… 164

互联网人物传⑦
维基百科的创始人　吉米・威尔士 …… 166

第 8 章
Web3.0 时代的新商务

01	企业成功的关键，在于能否抓住 Web3.0 的核心特征 …… 170
02	虚拟世界中的商业也可以进行行业分类 …… 172
03	打造演出中的超现实"临场感" …… 174

04	在虚拟世界中也有服装需求 …… 176
05	备受期待的"新型虚拟广告"究竟是什么？…… 178
06	不受现实束缚的"虚拟旅行" …… 180
07	随着团队价值上涨也跟着上涨的"俱乐部代币"，究竟是什么？…… 182
08	一款只需要使用，就能获得加密数字货币的搜索引擎 …… 184
09	重视用户虚拟体验感的"VR 导演" …… 186
10	边玩边赚的"Play to Earn" …… 188
11	像躺赚、跑赚一样，"某某 to Earn"的多样赚钱方式已出现 …… 190
12	Web3.0 和元宇宙吸引了大量的资本 …… 192
13	在数字经济圈，每个人都享有平等的机会 …… 194

互联网人物传⑧
虚拟平台 Cluster 的创始人　加藤直人 …… 196

结束语
个人价值崛起的 Web3.0 商务世界 …… 199

第 1 章

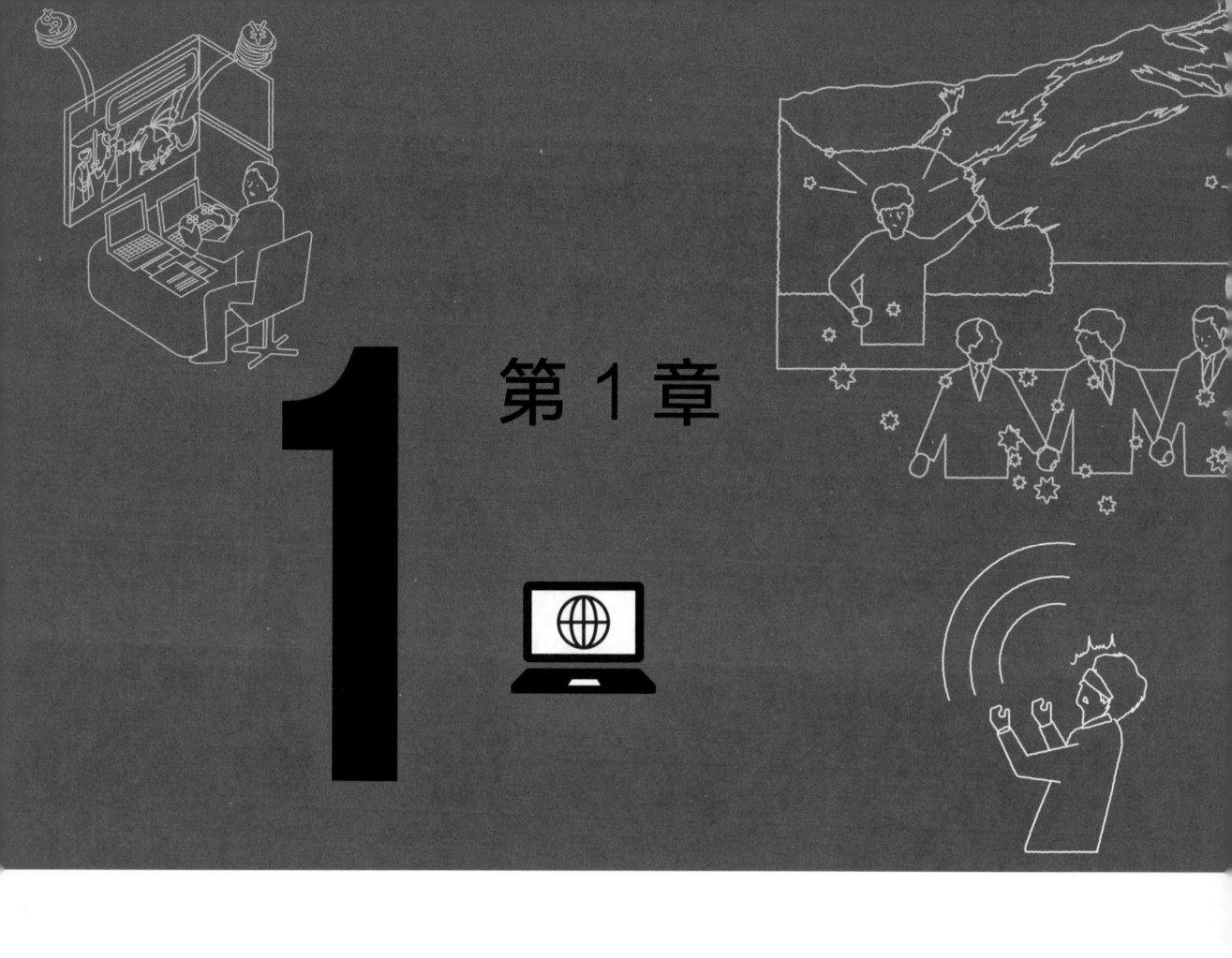

Web3.0 究竟是什么？①

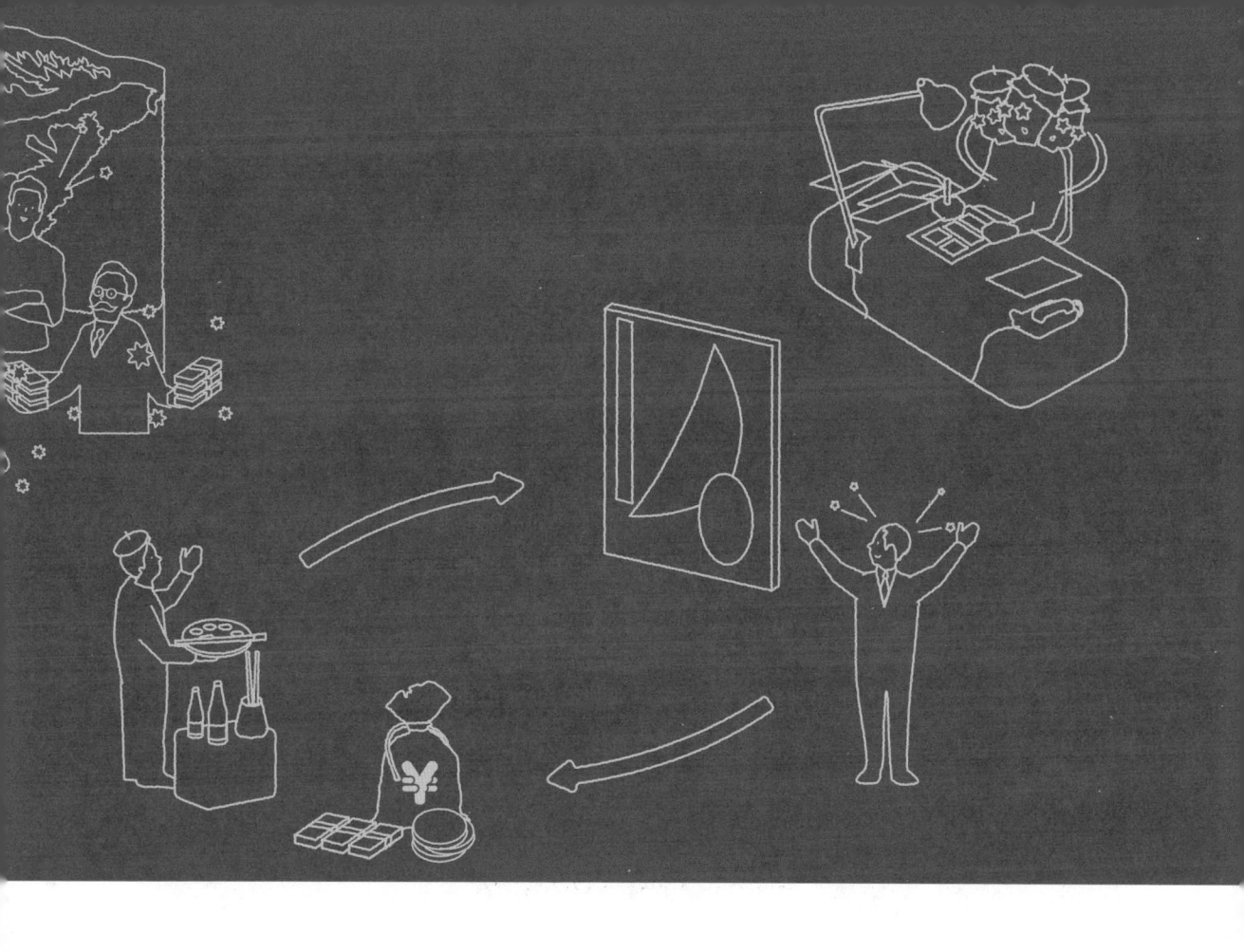

有"新一代互联网"之称的Web3.0近年来备受瞩目。那么，与传统的互联网相比，它究竟有哪些不同之处？为了弄清Web3.0如何影响日常生活和商业运营模式，我们首先需要了解Web3.0的基本构造。

01 "第三代"互联网时代已经来临

最近，Web3.0一词在全世界引发了高度关注。它的出现，标志着"第三代"互联网时代已经到来。

最近，Web3.0一词爆火。即便如此，业界对于Web3.0还没有明确的定义，迄今为止，它依然只是个边界模糊的符号词汇。单从字面来看，数字"3.0"表明，互联网的发展已经进入了第三阶段。

此外，想必大家还听说过另一个极易与Web3.0混淆的词："元宇宙"（metaverse）[①]，它指的是人类运用数字技术构建的虚拟世界，或是通过在线虚拟世界提供公共服务。这样看来，Web3.0也好，元宇宙也好，都是代表互联网未来发展方向的关键词之一，想要了解互联网发展的新趋势，就必须首先了解这些词汇。

互联网发展新阶段

Web 1.0
1990—2004年

Web2.0
2005—2020年

Web1.0：互联网发展的初期阶段。以文字为主的文本网站是主流。以电子邮件为主要交流方式。

Web2.0：SNS的普及是Web2.0时代的标志性事件。由于增添了图像、视频等多媒体元素，网页内容更加丰富。

---

① Metaverse取自Meta（元）和Universe（宇宙），指由一系列的增强现实（AR）、虚拟现实（VR）和互联网（Internet）所组成的虚拟时空间的集合。

由此可见，Web3.0 的前身是"Web1.0"和"Web2.0"。换言之，Web3.0 是 Web1.0 和 Web2.0 的延续。Web1.0 代表互联网发展的初期阶段，大致在 1990 年至 2004 年。文字网站、电子邮件是当时互联网提供的主流服务形式。而 Web2.0 是指 2005 年年初至 2020 年左右的互联网发展阶段，其显著特征是 SNS 的大规模普及。此外，由于图像、视频等多媒体元素的加入，网页内容也变得丰富多彩。<u>2021 年以后，能代表 Web3.0 的技术或服务有加密资产[①]、NFT[②]、区块链[③]等。</u>

当然，人们有时也会使用"Web3"这个术语，但它与 Web3.0 并没有什么本质性的区别。

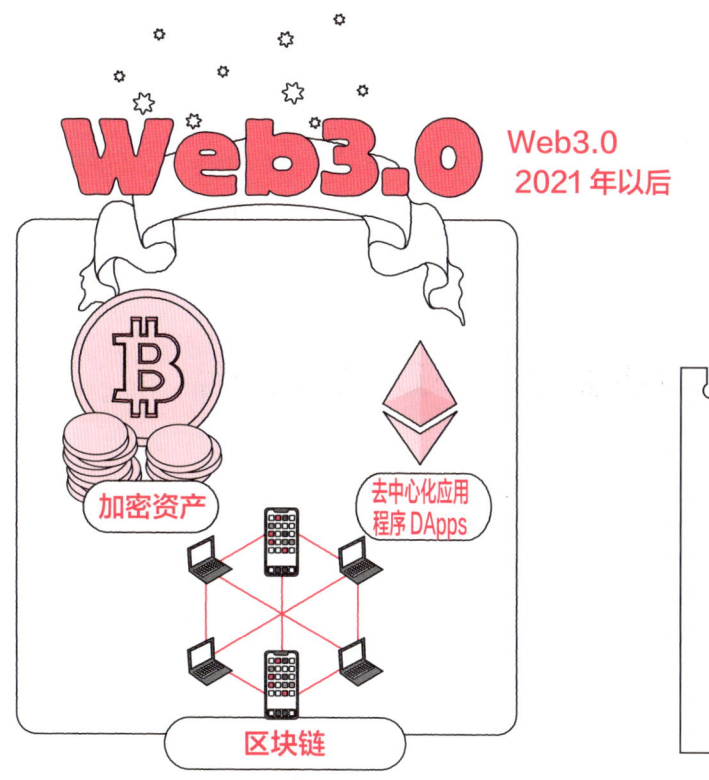

Web3.0 2021 年以后

加密资产

去中心化应用程序 DApps

区块链

加密资产、去中心化应用程序 DApps、区块链等备受关注。

重点

移动互联网的新发展阶段，大致有 15 年的生命周期。就目前的形势来看，web3.0 可以说是今后的 15 年间定义网络形态的关键要素之一。

---

① 加密资产指可以在网络用户之间自由转移价值的东西，一般多指在区块链网络上发行的数字资产，与国家或中央银行发行的法定货币不同，它不具备担保其价值的中央机构。如数字货币比特币、以太币、莱特币等。

② NFT 为非同质化代币，每个代币可以代表一个独特的数字资料，像是图片、音档、视频、游戏专案等，通过赋予一个虚拟事物唯一性，可以简单方便地验证归属权和真伪，这种属性对于艺术品来说非常有价值。

③ 区块链是一个去中心化的链式分布式账本。通俗一点讲，就是一群认同并遵守这个规则的人共同记录连续信息的过程。

02 与之前的 Web1.0 和 Web2.0 相比，Web3.0 有何不同之处？

Web3.0 是在 Web1.0、Web2.0 基础上演进来的。互联网究竟经历了怎样的前世今生？

综上所述，Web3.0 是互联网在 Web1.0 和 Web2.0 发展阶段上的延续。但它们在信息传输途径、信息存储方式上，都存在着很大的差异。在互联网发展初期的 Web1.0 中，信息发送者和使用者之间的界限可谓是泾渭分明。虽然也有用户个人创建网站的例子，但在通常情况下，绝大多数的用户只是通过浏览网页来"接收信息"。因此，Web1.0 时代又被称为"单向传输时代"。

单向传输时代、双向交互时代

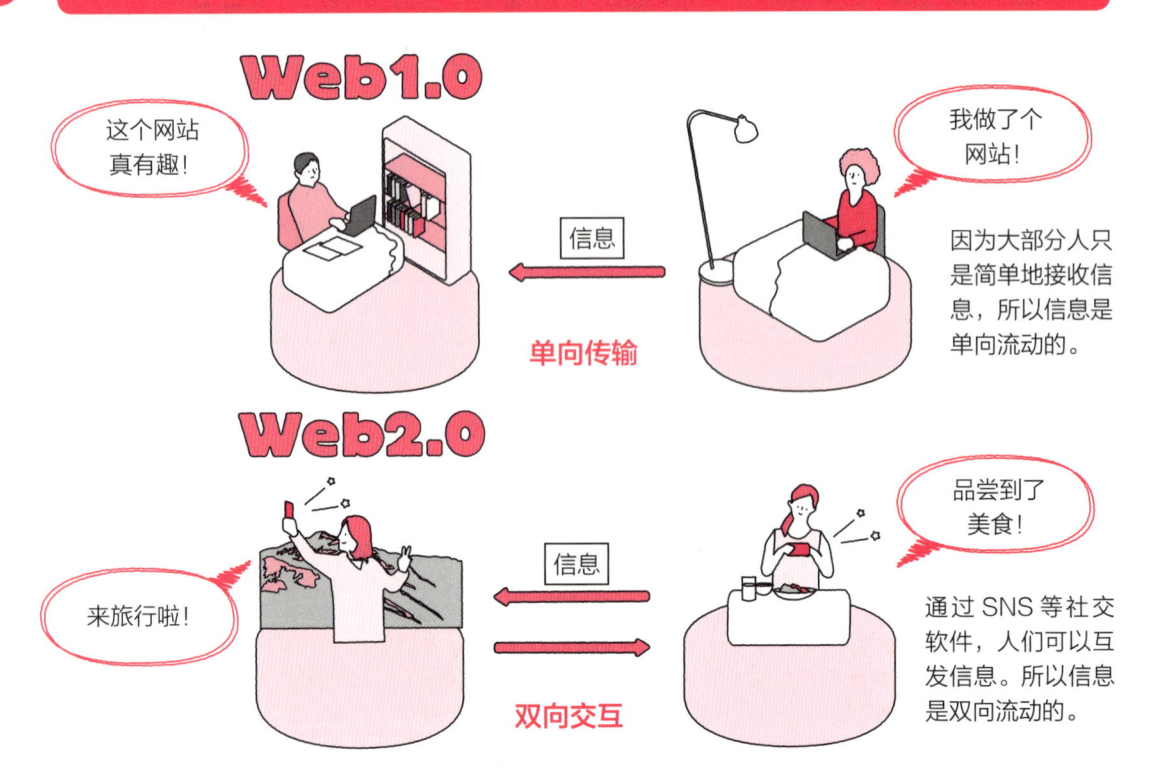

Web1.0

这个网站真有趣！

我做了个网站！

信息 →

单向传输

因为大部分人只是简单地接收信息，所以信息是单向流动的。

Web2.0

来旅行啦！

品尝到了美食！

信息 ⇄

双向交互

通过 SNS 等社交软件，人们可以互发信息。所以信息是双向流动的。

到了网络 Web2.0 时代，由于推特（Twitter）、脸书（Facebook）、照片墙（Instagram）、油管（YouTube）等社交软件的普及，人人都成为信息传播者。人们不仅可以在网上浏览、阅读信息，还可以轻松地传播信息。正是有了这样的信息双向传播，Web2.0 时代又被称为"双向交互传输时代"。除了以上优点外，Web2.0 还有一个明显的缺点，那就是私人信息极易被某一特定企业占有，如"A 先生的姓名、住址、年龄""B 先生买了什么东西"等信息，因被存储于第三方平台，容易被泄露。而 Web3.0 的出现，有望解决这些问题。**在 Web2.0 中，集中在某一特定企业中的信息，进入 Web3.0 时代后，被分散到了单个用户手中。因此，Web3.0 时代又被称为"去中心化时代"。**

互联网发展走向去中心化

信息无法集中在某一特定平台上。

隐私信息由用户本人管理。

去中心化

Web2.0 存在着私人信息被大型高科技公司垄断的弊端。
而在 Web3.0 中，个人信息由用户本人管理，信息被分散在世界各个地方。

03 Web3.0 的核心特征："去中心化"

与以往不同，Web3.0 中的数据和用户不再集中在某一大型企业手中，它的核心特征就是"去中心化"。

我们可以看到，Web3.0 具备多种特性，其中最具代表性的，莫过于"decentralized（去中心化）"这个特征了。去中心化又可以被称为**非中心化**。从互联网的发展史来看，Web2.0 可以说是一个中央集权型系统。而提供网络终端服务平台的企业则垄断了信息、财富和权力等资源。Web3.0 中建立的去中心化（非中心化）体系，就是为了规避个人信息、财富、权力被垄断的风险。

有管理者的中央集权型网络

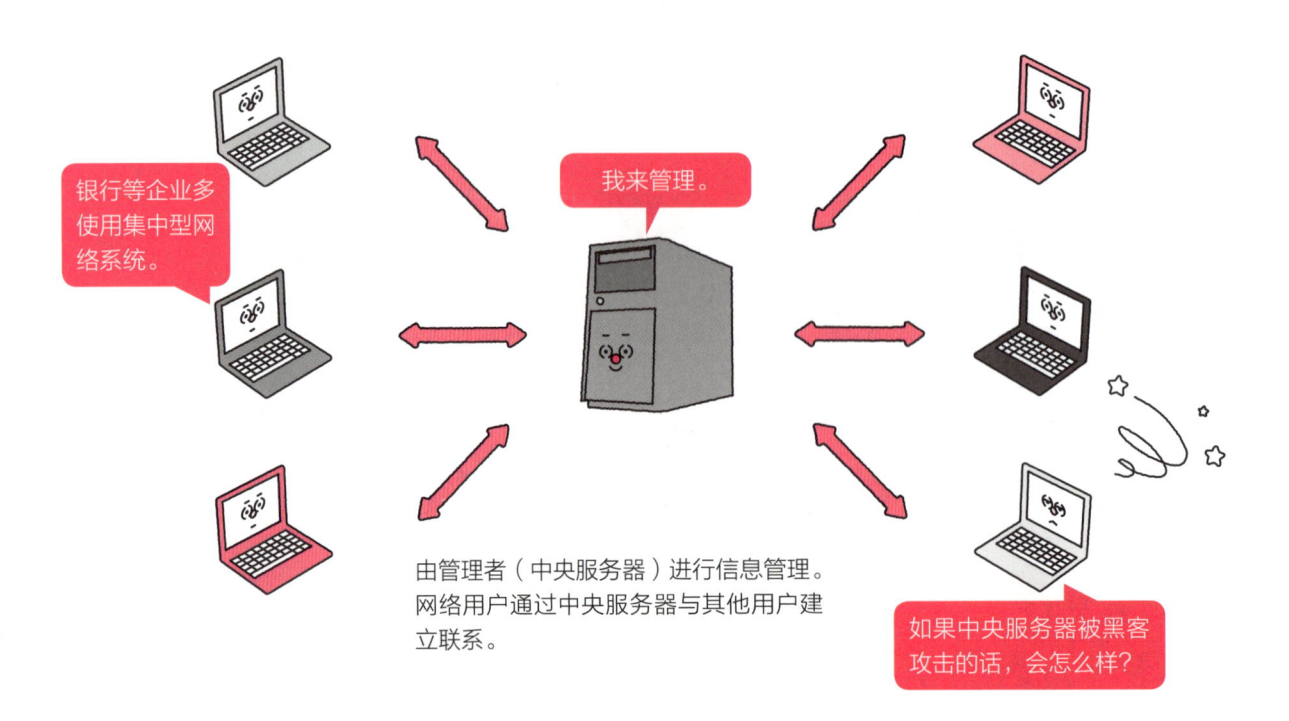

银行等企业多使用集中型网络系统。

我来管理。

由管理者（中央服务器）进行信息管理。网络用户通过中央服务器与其他用户建立联系。

如果中央服务器被黑客攻击的话，会怎么样？

Web3.0能够实现去中心化的网络认证系统，离不开区块链技术的支持。有关区块链的详细特征，我会在第三章进行具体说明，在此先简要总结一下它的主要特征：**区块链系统中不存在特定的管理者，而是由非特定的众多网络参与者共同完成管理工作**。同一数据被众多参与者分散保存，换言之，即管理者分散。这就带来了区块链技术的一个最大的优点，即"交易记录难以篡改""网络系统难以单方面终止"。如今，区块链技术更是广泛应用于加密资产的交易中，今后区块链也很有可能在虚拟技术中大展身手。

区块链技术中不存在管理者

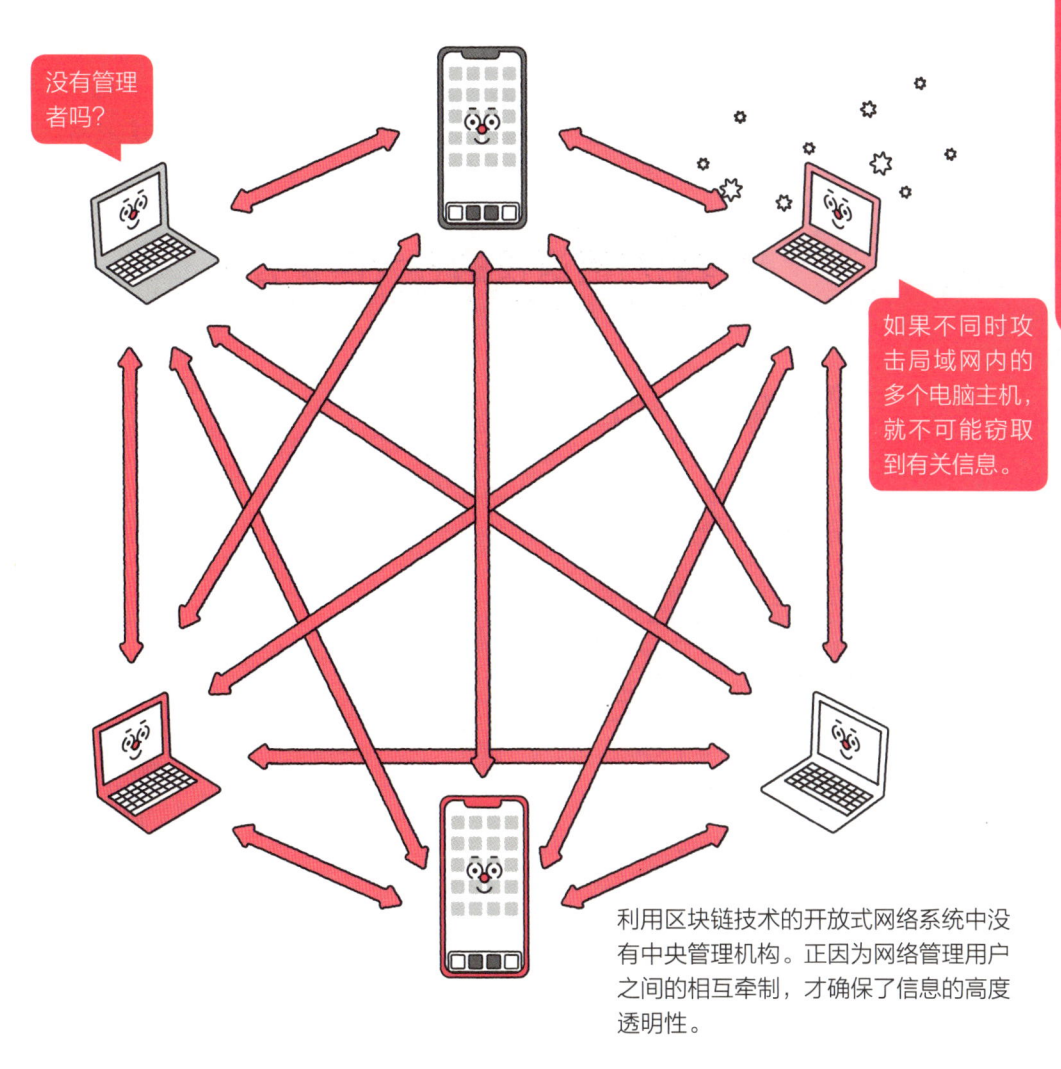

没有管理者吗？

如果不同时攻击局域网内的多个电脑主机，就不可能窃取到有关信息。

利用区块链技术的开放式网络系统中没有中央管理机构。正因为网络管理用户之间的相互牵制，才确保了信息的高度透明性。

04 Web2.0时代，科技巨擘独占鳌头

在 Web2.0 时代，科技巨头[①]得到了迅猛发展。这是因为如果没有科技巨头提供的互联网链接服务，我们将无法使用网络。

在 Web3.0 之前的 Web2.0 时代，有科技巨擘之称的大型信息技术公司拥有绝对的话语权。世界上有代表性的五家科技巨头公司分别是谷歌公司、苹果公司、亚马逊公司、脸书公司和微软公司。这就是被称为 GAFAM 的五大科技巨头公司，活跃在 Web2.0 时代的它们，因为开发出了优秀的终端服务平台，从而拥有了众多网络用户。虽然日本也有独具特色的信息技术企业或是网络终端服务公司，但在智能手机或云市场的竞争中，它们还是无力对抗 GAFAM。

拥有绝对话语权的五大巨头公司

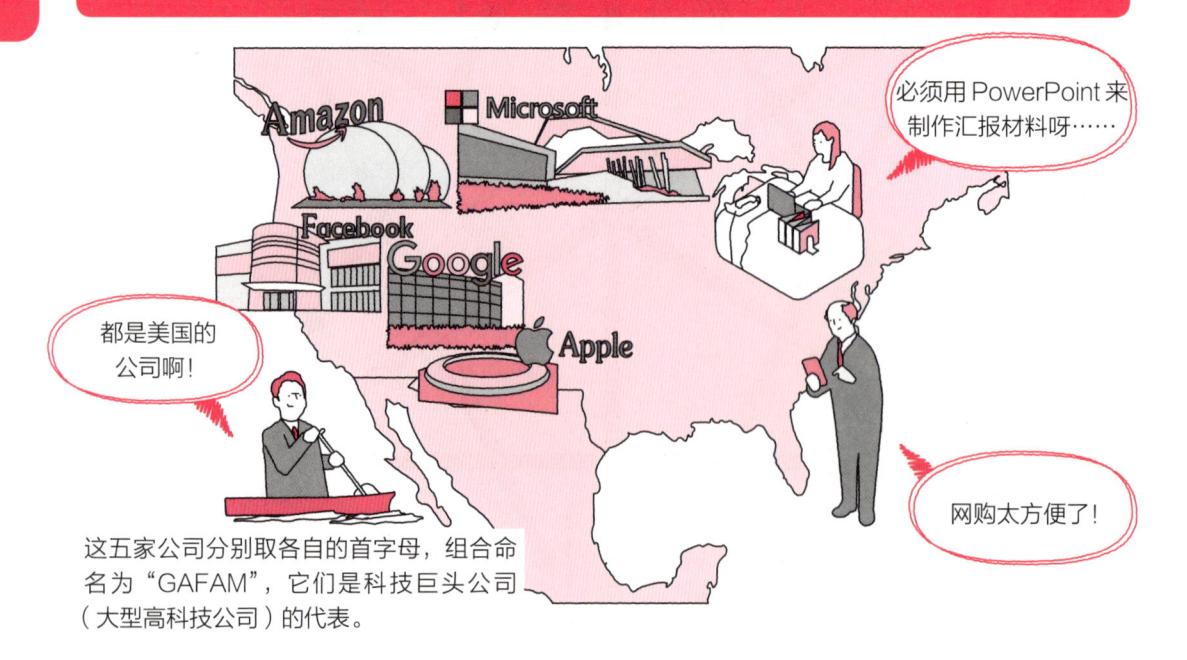

都是美国的公司啊！

必须用 PowerPoint 来制作汇报材料呀……

网购太方便了！

这五家公司分别取各自的首字母，组合命名为"GAFAM"，它们是科技巨头公司（大型高科技公司）的代表。

[①] 表示在全球范围内拥有众多用户的大型巨头垄断企业，多指 GAFAM（是谷歌公司、亚马逊公司、脸书公司、苹果公司和微软公司的总称）。它们的共同特征是，拥有庞大且稳固的平台，在世界范围内拥有较高的市场占有率。

时至今日，用户在使用互联网时，都无法拒绝科技巨头公司提供的日常服务。巨头公司的服务，早已深深扎根于我们的经济活动、日常生活中，如基础设施一般，成为不可或缺的存在。如在网购、信息查询、观影时，多数人会下意识地选择巨头公司所提供的服务。而想要获取这些服务，就必须登记个人信息。这样一来，用户的各种个人信息就会汇集到这些公司名下。科技巨头就是利用收集到的庞大的私人数据，进一步扩大自己的市场收益份额。

GAFAM 公司的股价在 10 年间飞速上涨

GAFAM 公司在 Web2.0 时代飞速成长，股价翻了近 10 倍。到 2020 年，GAFAM 公司的总市值达到 560 兆日元（1 日元 ≈ 0.0518 元人民币），超过了当时东证一部约 2170 家上市公司的总市值。

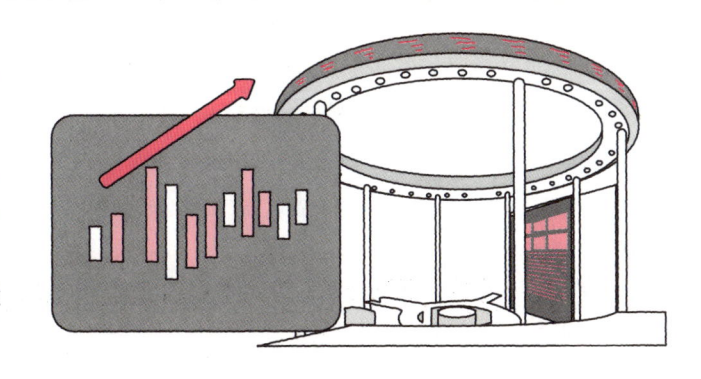

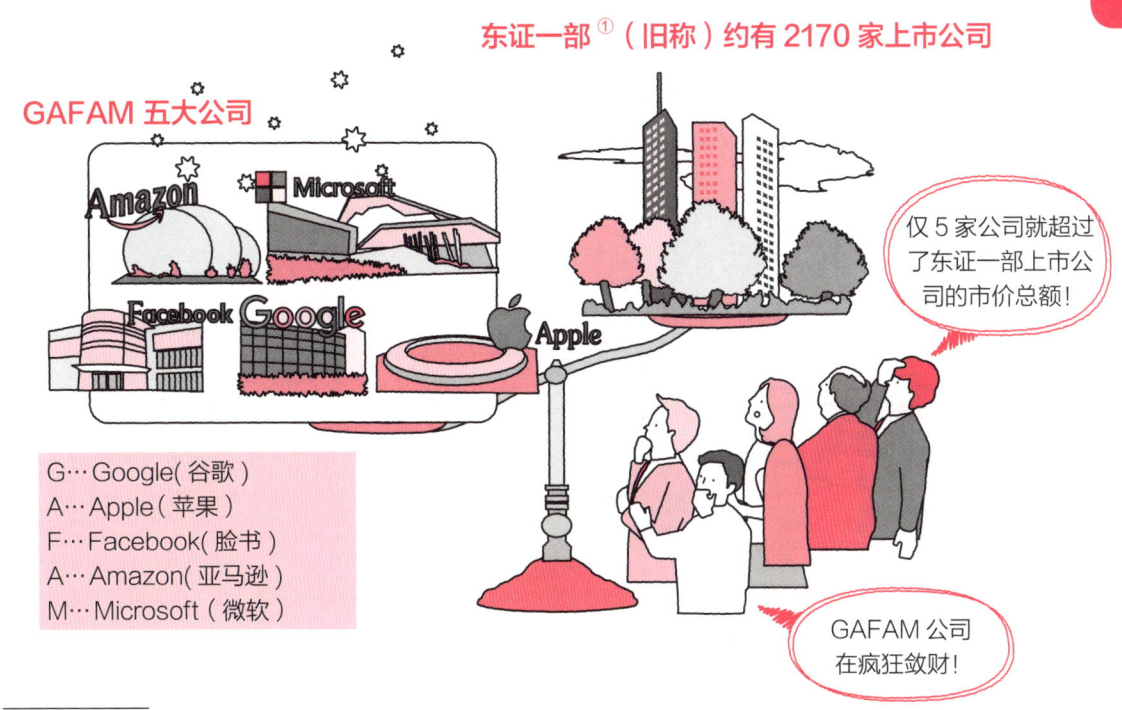

东证一部[①]（旧称）约有 2170 家上市公司

GAFAM 五大公司

G…Google(谷歌)
A…Apple（苹果）
F…Facebook(脸书)
A…Amazon（亚马逊）
M…Microsoft（微软）

仅 5 家公司就超过了东证一部上市公司的市价总额！

GAFAM 公司在疯狂敛财！

---

① 东证指东京证券交易所，是日本的证券交易所之一，东京证券交易所市场第一部相当于主板市场，是上市标准最高的股票市场。

05 打破巨头的藩篱、解除用户的枷锁

在过去，买卖双方都需要通过科技巨头公司提供的网络终端服务平台相连。而进入Web3.0时代后，第三方交易平台的实际控制力却在持续衰退。

科技巨头之所以能够获取如此多的利润，完全是因为他们搭建起了能够聚集用户和数据信息的**网络平台**[①]。以电子商务网站为例，它连接起了想卖商品的商家和想买商品的用户。平台运营商（负责提供服务、运营平台的企业）就是通过提供信息或交易的中介服务来获取巨额收益。而 Web3.0 技术发展的一个首要目标，就是去除这些中间运营商。

网络交易平台是卖方和买方的中介人

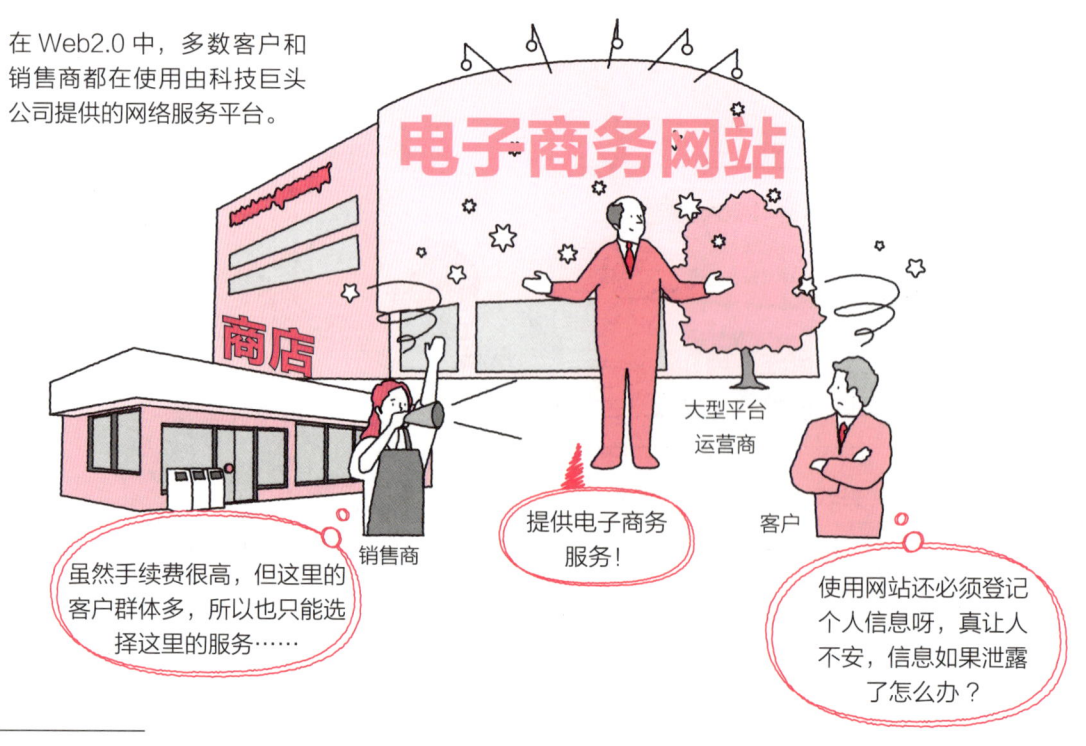

在 Web2.0 中，多数客户和销售商都在使用由科技巨头公司提供的网络服务平台。

电子商务网站

销售商：虽然手续费很高，但这里的客户群体多，所以也只能选择这里的服务……

大型平台运营商：提供电子商务服务！

客户：使用网站还必须登记个人信息呀，真让人不安，信息如果泄露了怎么办？

---

① 是指在互联网上聚集了大量用户，并提供基础（平台）服务的企业。例如，面向智能手机和 PC 端提供操作系统 iOS 的苹果公司，为视频平台"油管"提供服务的谷歌公司，等等。

想要实现卖方和买方的直接相连,关键需要系统实现"去信任[①]"。所谓的去信任,是指进行任何交易活动都不需要信用担保主体。这里所提到的主体,指的就是网络运营平台。

去信任是 Web3.0 的重要特征之一。例如,加密资产的交易也是不需要任何担保的。在现实生活中,即使是普通货币的交易,也需要有政府机构的信用担保,而网络加密资产却没有担保信用机构,用户只需要根据算法对交易进行验证、检验即可。**多亏了去信任系统的建立,在 Web3.0 时代,即使没有大型网络平台服务商,我们也可以尽情享受互联网服务。Web3.0 的目标之一,就是助力用户摆脱科技巨头的垄断统治。**

Web3.0 广泛采用无需许可、无需信任的网络系统

有权限系统

我来担保货币的价值。

在 Web2.0 以前的交易中,存在担保信用的主体。
例如,如果是法定货币,就由货币生产国来保证其价值。

无权限系统

加密资产的价值由大家来共同认可!

此外,因为加密资产可以在网络用户之间自由转移价值,所以它不需要第三方中介担保?

[①] 区块链的核心特征就是其"去中心化"的运行机制,而为了实现这一机制,首先要了解的概念就是去信任。加密资产与法定货币不同,加密资产中不存在像中央银行这样的发行机构,这也同样表明,区块链"不存在具备担保功能的信用主体"。

06 数据大集中会带来怎样的问题？

对于独占客户信息、商家资源、巨额利益的平台"巨无霸"，各国政府也是充满忌惮。

在 Web2.0 时代，科技巨无霸几乎垄断了全部的网络利润。对于普通用户来讲，你越是使用 IT 巨头公司提供的服务，你的个人信息、使用习惯等数据资源就越会流向科技巨头公司那里。聚集了大量数据和财富的 GAFAM 巨头，最终拥有了庞大的实际**控制权**。例如，某个应用程序的开发者，如果想要在谷歌商店或苹果商店的应用市场上，发行自己的新软件，谷歌

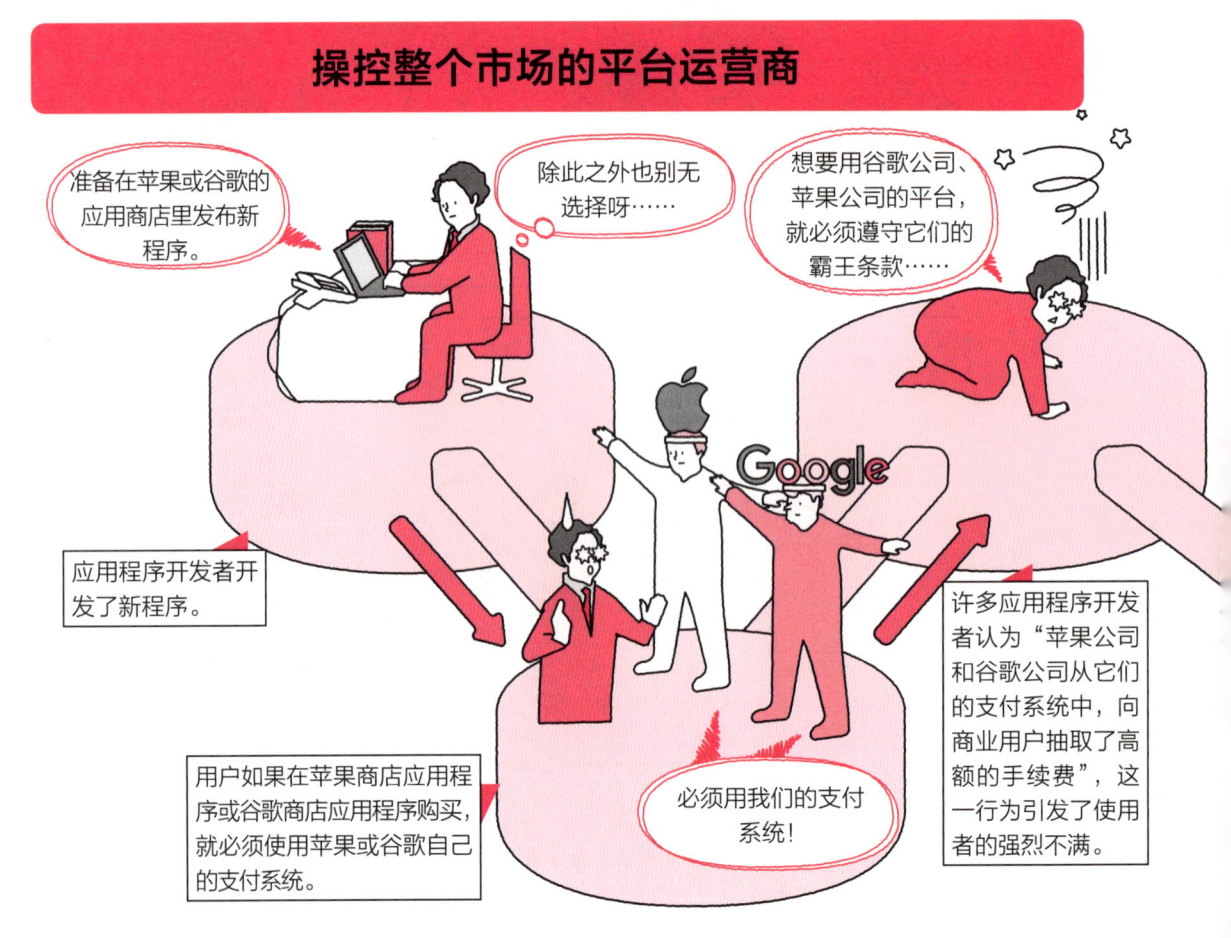

操控整个市场的平台运营商

准备在苹果或谷歌的应用商店里发布新程序。

除此之外也别无选择呀……

想要用谷歌公司、苹果公司的平台，就必须遵守它们的霸王条款……

应用程序开发者开发了新程序。

必须用我们的支付系统！

用户如果在苹果商店应用程序或谷歌商店应用程序购买，就必须使用苹果或谷歌自己的支付系统。

许多应用程序开发者认为"苹果公司和谷歌公司从它们的支付系统中，向商业用户抽取了高额的手续费"，这一行为引发了使用者的强烈不满。

公司和苹果公司就会向其追加霸王条款，要求该程序必须使用它们的支付系统进行付款。

谷歌公司、苹果公司之所以能够将这种霸王条款强加给软件开发者，就是因为在能够提供应用程序服务的平台上，它们所占的市场份额最大，开发者们没有选择的余地。这种垄断行为，也使各国政府纷纷提出了质疑。2022年2月，**美国参议院就通过了对谷歌公司、苹果公司的应用商店进行监管的法案。该法案一旦通过，强制使用它们结算系统的霸王条款就会被禁止。** 此外，韩国也通过了相似法律，法律规定允许在苹果应用商店内使用其他公司的支付系统。这样的规定，将给小规模的应用程序开发者提供契机，同时，也增加了消费者的选择面。

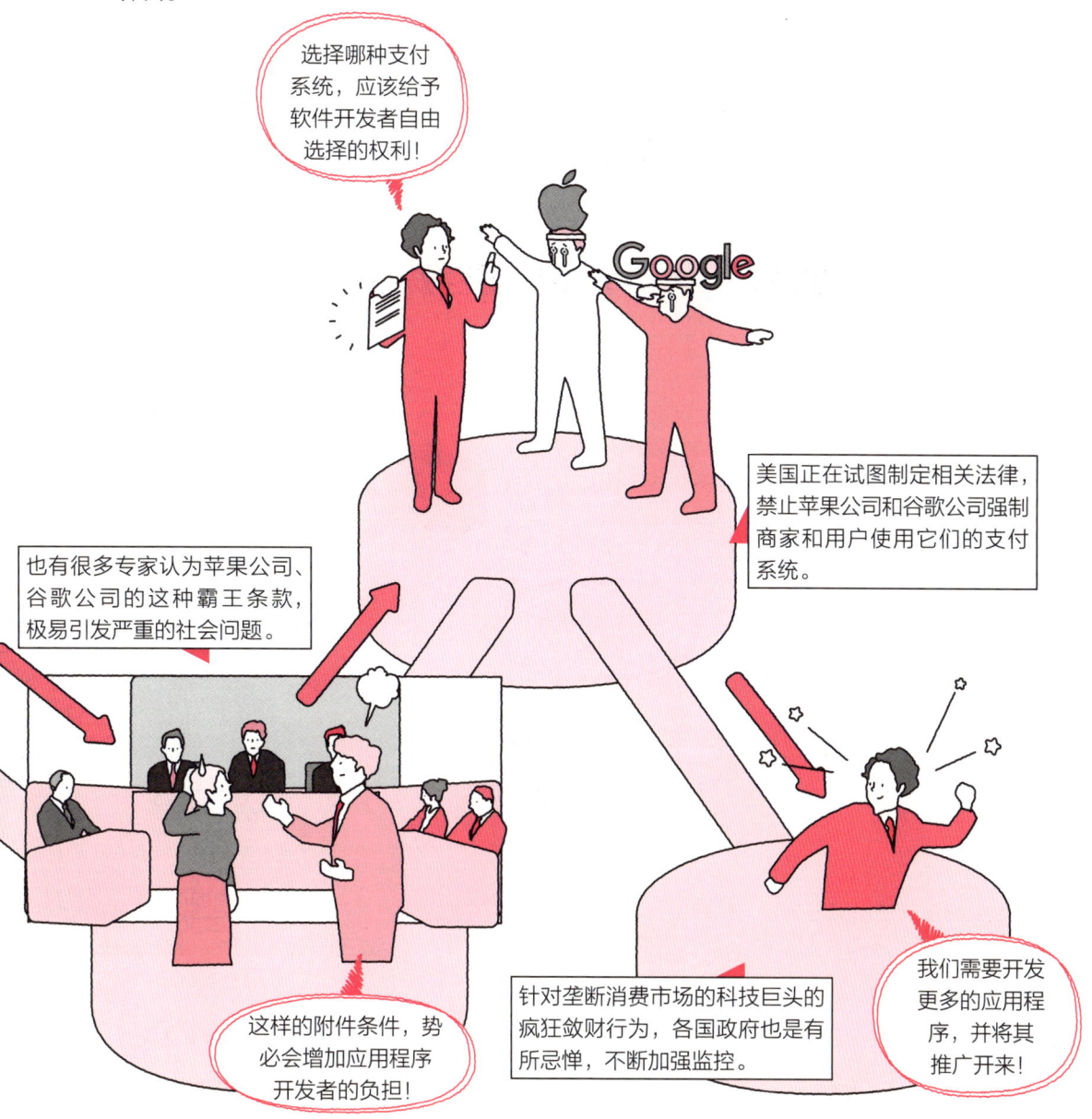

第1章 Web3.0究竟是什么？①

选择哪种支付系统，应该给予软件开发者自由选择的权利！

美国正在试图制定相关法律，禁止苹果公司和谷歌公司强制商家和用户使用它们的支付系统。

也有很多专家认为苹果公司、谷歌公司的这种霸王条款，极易引发严重的社会问题。

这样的附件条件，势必会增加应用程序开发者的负担！

针对垄断消费市场的科技巨头的疯狂敛财行为，各国政府也是有所忌惮，不断加强监控。

我们需要开发更多的应用程序，并将其推广开来！

07 "对贫富差距的不满"造就了 Web3.0 的主流价值取向

在世界范围内，各国不断拉大的经济发展差距，使得不少人生活在水深火热中。贫困人群对垄断世界资源的巨头公司的不满，直接助力了 Web3.0 的兴起。

在日本，**"格差社会"**[①] 现象是一个长期存在的深刻的社会问题，而存在贫富差距的国家不单单只有日本。联合国曾在 2020 年发布的报告中指出："收入差距拉大、机会匮乏等社会问题，造成了贫困阶层跨越几代人的不公、焦虑以及不满情绪，而这种恶性循环还在继续"。即

Web3.0 将重击贫富悬殊社会

在全世界范围内，贫富差距仍然在不断拉大。据 OECD（经济合作与发展组织）2014 年公布的数据显示，多数成员国的居民收入差达到了过去 30 年来的最高值。

让我们来改变世界吧！

对寡头垄断财富深感不满的人们，期待 Web3.0 技术能够带来社会大变革。

[①] 格差社会指的是社会上的民众之间形成严密的阶层之分，不同阶层之间经济、教育、社会地位差距甚大，且阶层区域固定不流动，改变自己的社会地位极难的一种现象。

使在发展中国家，其社会阶层贫富差距也在不断扩大。近年来，受新冠疫情的影响，世界范围内的经济差距也在进一步扩大。事实上，人们之所以如此看好 Web3.0，与人们对日益扩大的经济贫富差距的不满息息相关。

饱受贫富差距之苦的人们，对以 GAFAM 为代表的科技巨头的垄断资源的行为，更是深感不满。究其深层原因，正是因为多数财富集中于少数科技寡头手中，底层群众能够享受到的资源十分有限。抱有这种想法的年轻人居多，他们中的多数人将希望寄托到 Web3.0 上。换言之，**他们期待 Web3.0，能够改变这种贫富差距巨大的现有社会结构**。此外，有关普通民众对 Web3.0 看法的问题，美国在 2021 年进行了相关的问卷调查，结果显示，多数互联网用户对 Web3.0 持有积极态度。在他们的回答中，肯定回答也占多数，如"我觉得在 Web3.0 中，消费者可以更好地管理自己的个人信息""网络安全性得到了提高、隐私度得到了加强"等。

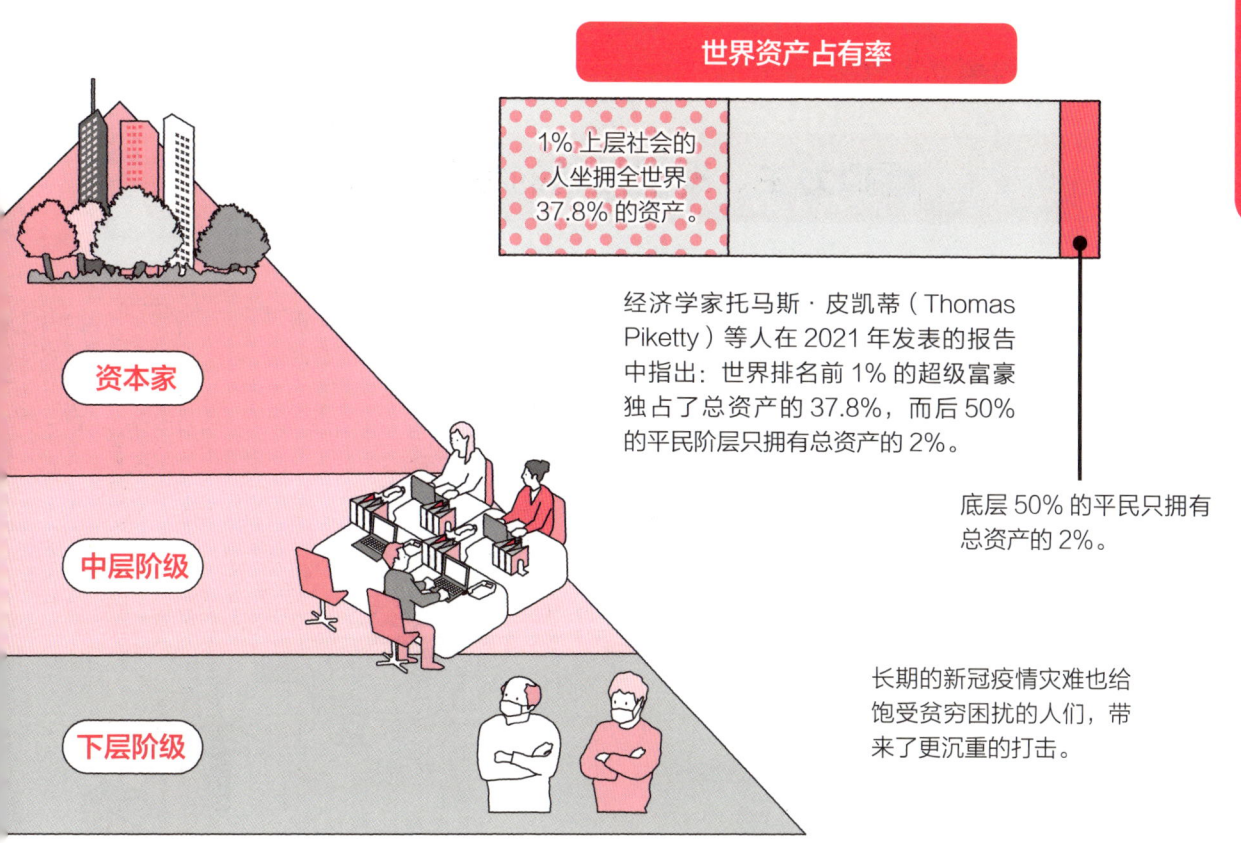

世界资产占有率

1% 上层社会的人坐拥全世界 37.8% 的资产。

资本家

中层阶级

下层阶级

经济学家托马斯·皮凯蒂（Thomas Piketty）等人在 2021 年发表的报告中指出：世界排名前 1% 的超级富豪独占了总资产的 37.8%，而后 50% 的平民阶层只拥有总资产的 2%。

底层 50% 的平民只拥有总资产的 2%。

长期的新冠疫情灾难也给饱受贫穷困扰的人们，带来了更沉重的打击。

08 虚拟优先的时代快要来临

在过去,虚拟世界说到底只不过是现实世界的辅助,而随着互联网技术的发展,越来越多的人开始认为:未来,很有可能变成虚拟(网络)为主、现实为辅的世界格局。

Web3.0给我们的社会带来了多种多样的变革,其中较大的一个变化是:推动了"虚拟优先"时代的来临。虚拟优先又被称为"网络优先"。如果我们把世界分为现实和虚拟(互联网)两部分的话,在以往的世界中,现实是主要的,虚拟是从属的。说到底,虚拟就是为了让现实变得更方便、更快乐的存在。而在虚拟优先的时代里,这种关系发生了逆转,变成了虚拟为主、现实为辅的世界格局。

虚拟为主、现实为辅的世界

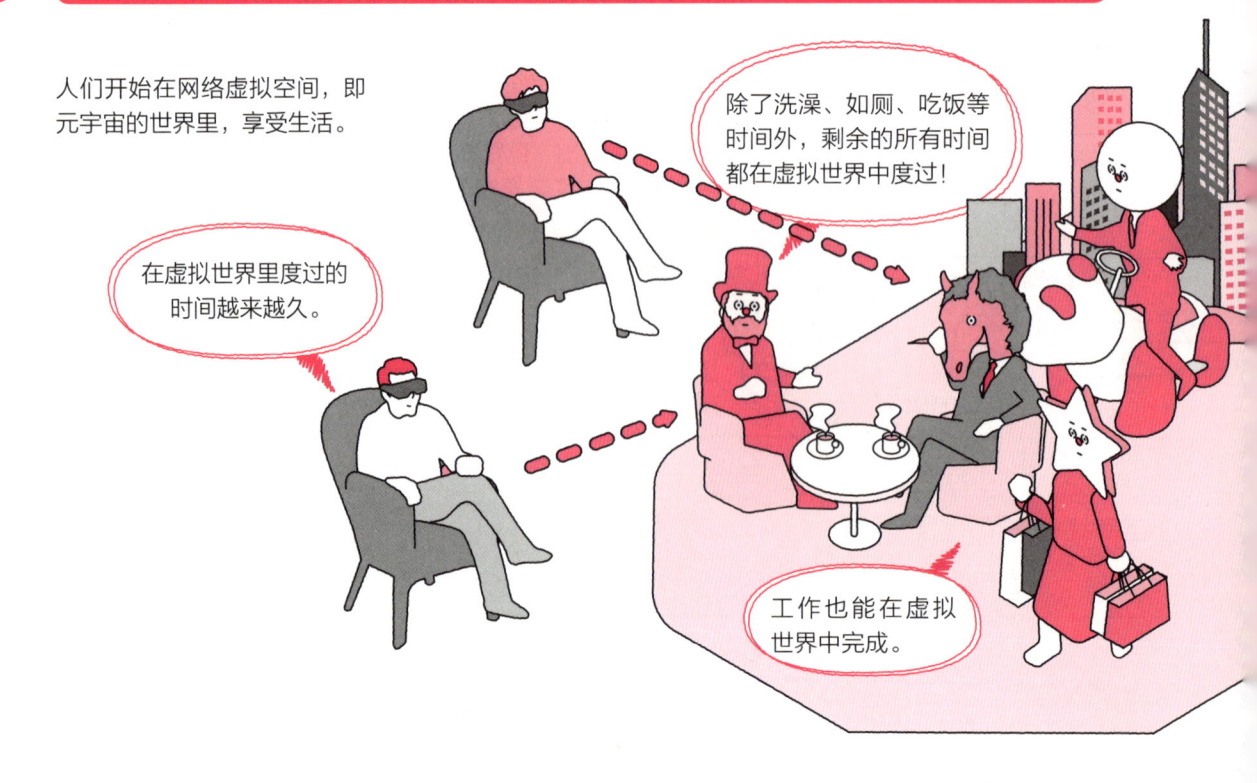

人们开始在网络虚拟空间,即元宇宙的世界里,享受生活。

在虚拟世界里度过的时间越来越久。

除了洗澡、如厕、吃饭等时间外,剩余的所有时间都在虚拟世界中度过!

工作也能在虚拟世界中完成。

"虚拟为主、现实为辅"，乍一听，仿佛天方夜谭一般。然而事实上，加密资产以及2021年以后经常听到的NFT（第四章详细解说）等新概念，就是虚拟技术变为现实财富的典型代表，它们也随着虚拟优先社会的发展而不断发展壮大起来。同理，如果用户愿意在当前火爆的"元宇宙"世界中，花费比现实世界更多的时间和精力，那么，就可以说他们已经提前进入了虚拟优先的状态。换言之，<u>世界已经开始朝着"虚拟优先"的方向发展了</u>。在虚拟世界中，因为没有太多的物质需求，过度消费也将会被终止。除此之外，可以在虚拟世界中享受都市生活，人们就没有必要在现实世界中争先恐后地挤入大都市了，世界将迎来大变革。

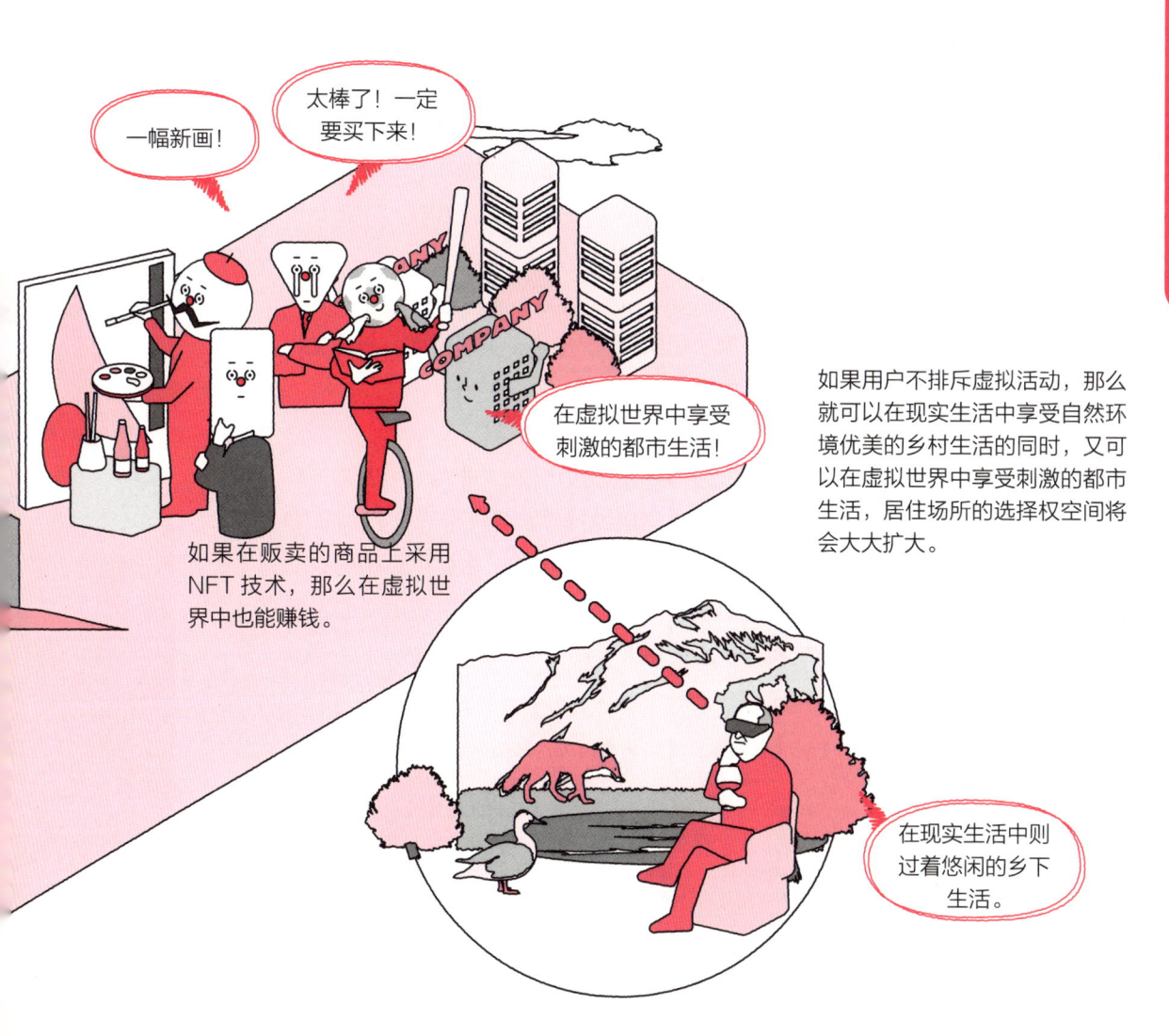

第1章 Web3.0究竟是什么？①

一幅新画！

太棒了！一定要买下来！

在虚拟世界中享受刺激的都市生活！

如果用户不排斥虚拟活动，那么就可以在现实生活中享受自然环境优美的乡村生活的同时，又可以在虚拟世界中享受刺激的都市生活，居住场所的选择权空间将会大大扩大。

如果在贩卖的商品上采用NFT技术，那么在虚拟世界中也能赚钱。

在现实生活中则过着悠闲的乡下生活。

互联网人物传①

"Web 之父" 蒂姆·伯纳斯－李

蒂姆·伯纳斯-李是一位英国计算机科学家。他因发明了当代互联网的基础——万维网（World Wide Web，WWW），也被称为"万维网之父"。如今被广泛使用的URL①、HTML②、HTTP③，都是由他创造出来的。

1955年6月8日，蒂姆·伯纳斯-李出生于英国伦敦。他的父母都是著名计算机研发团队的数学家。

1973年，他从伦敦的伊曼纽尔高中毕业，进入牛津大学王后学院，主修物理学。从此，他立志成为科学家的道路开始了。读书时，他就曾用一台二手电视机亲手制作了台电脑，由此可见蒂姆自幼聪慧、才能过人。据说他还是个"不安分"的孩子，还因与朋友私自闯入其他电脑系统而被禁止使用大学的电脑。

---

① URL：统一资源定位系统，是因特网的万维网服务程序上用于指定信息位置的表示方法。——译者注
② HTML：超文本标记语言。这是一个微软自主设计且研发的轻量级代码编辑器，它的特点在于免费、开源、跨平台。——译者注
③ HTTP：超文本传输协议，是互联网上应用最为广泛的一种网络协议。所有的万维网文件都必须遵守这个标准。——译者注

大学毕业后，他在国内一家电话公司任职，几年后独自创业，创办了自己的咨询公司。同时，他的研发工作也有了突飞猛进的发展，发明了以万维网为基础的、命名为"ENQUIRE"的资信原型系统。这在当时具有划时代的意义，它可以将各种文件任意地串联起来。

当时的蒂姆作为一名软件技术顾问，曾就职于欧洲核子研究中心（CERN），他把这一系统引入了工作中，方便数千名研究人员高效分享及更新信息。

不出所料，该系统一经问世，便大获成功。1990年，他在同事罗伯特·凯鲁的支持下，提交了详细的申报书，发明了世界上第一个网页浏览器。第二年，第一家网站成立，连接世界的互联网系统出现了。

如今，他继续作为万维网联盟的总监参与开发，持续拓展互联网的各种可能性。同时，他还作为麻省理工学院的首席研究员和南安普敦大学的教授，活跃在下一代互联网技术的应用开发中。

第 2 章

Web3.0 究竟是什么？②

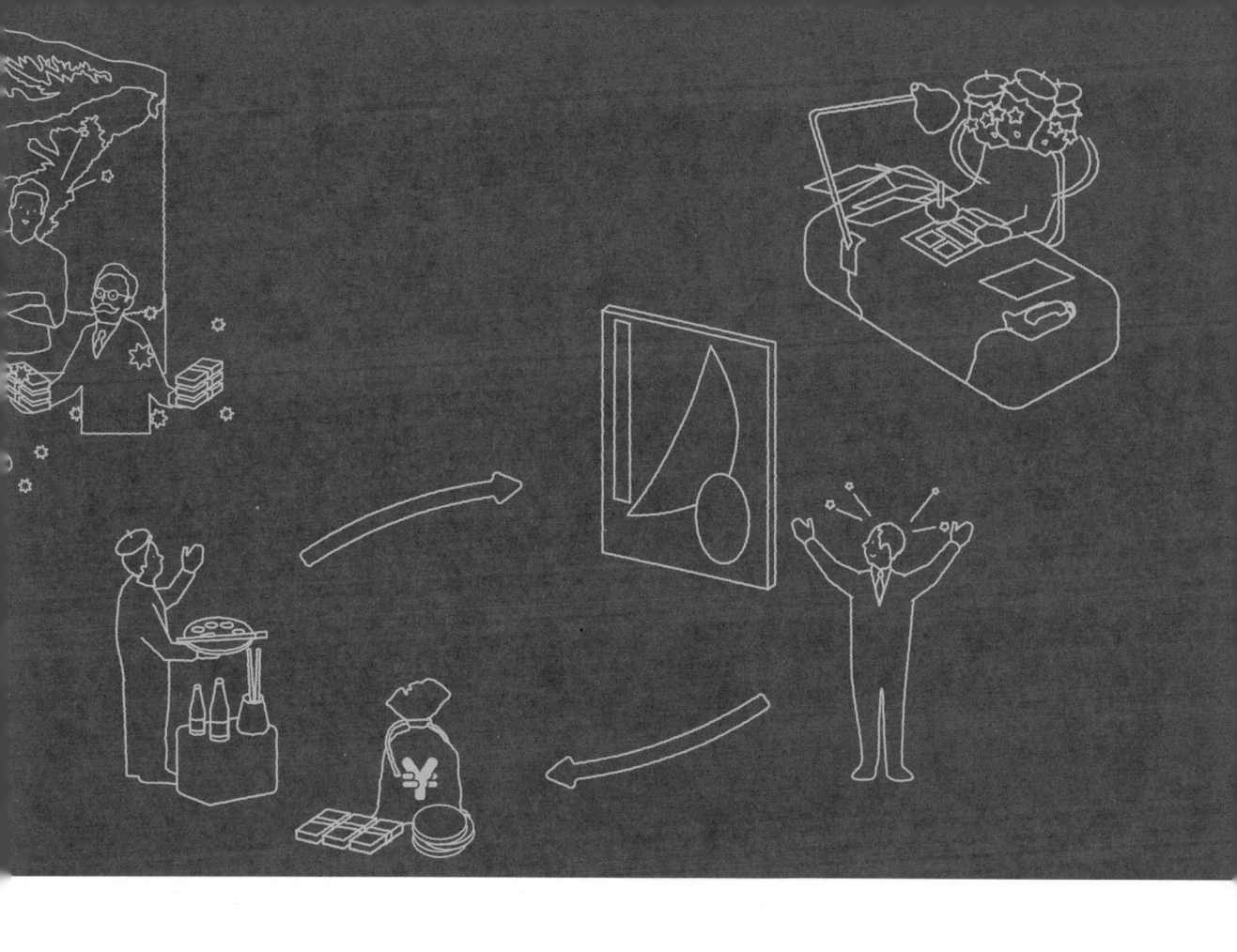

在第二章中，我们将继续介绍 Web3.0 究竟是一个怎样的存在。在未来，Web3.0 将会有怎样的发展趋势？Web3.0 在推广过程中会有怎样的问题或质疑声？我们将围绕上述问题，继续展望 Web3.0 的未来。

01 多用户可以同步操作同一数据

正因为采用区块链技术的Web3.0网络，没有特定的管理者。所以多个网络用户，可以同步操作同一数据。

区块链公链技术是支撑Web3.0系统的核心。正如在前文中所介绍的那样，Web3.0是开放式系统，不存在特定的管理员。区块链技术是成就该系统的关键。在使用区块链技术的Web3.0服务中，所有的用户平等地共享交易信息。也就是说，多个用户可以在区块链上**同步操作同一数据**。那么，这一功能的实现，究竟有什么优点呢？

集中型网络存在的风险

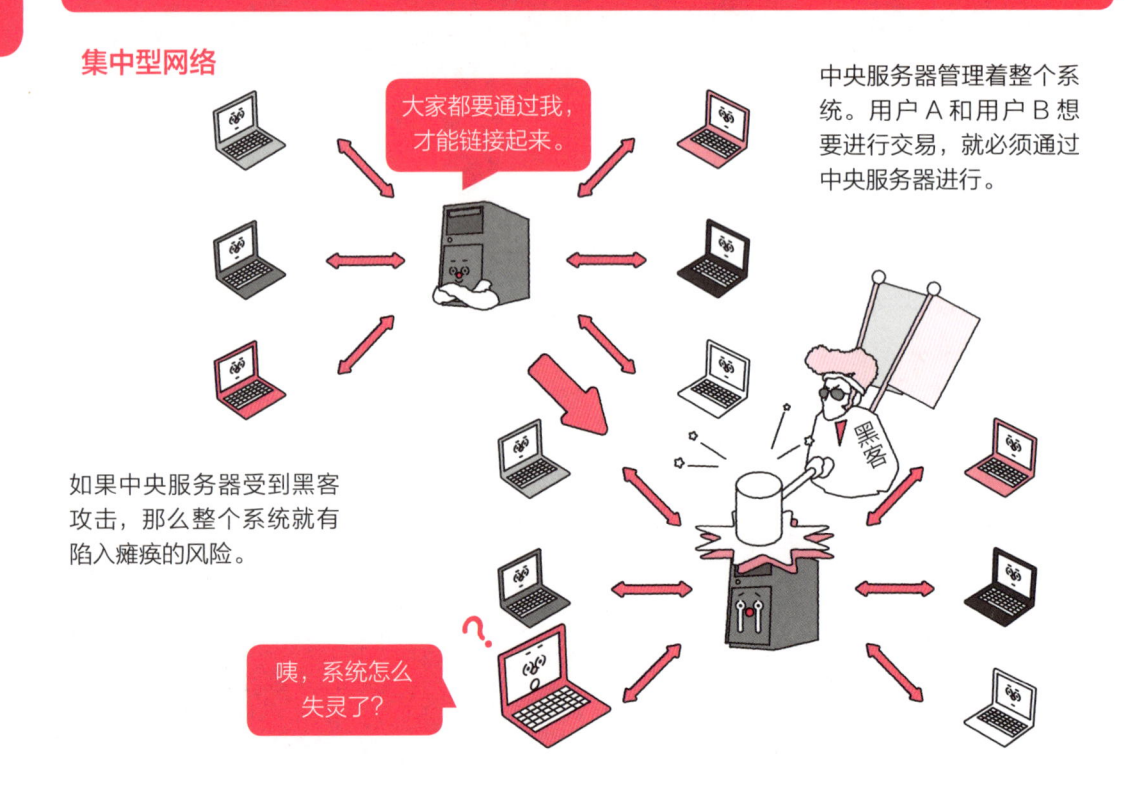

集中型网络

大家都要通过我，才能链接起来。

中央服务器管理着整个系统。用户A和用户B想要进行交易，就必须通过中央服务器进行。

如果中央服务器受到黑客攻击，那么整个系统就有陷入瘫痪的风险。

咦，系统怎么失灵了？

24

在传统的集中型网络中，用户连接网络离不开特定服务器的支持。**而在 Web3.0 系统中，用户不需要通过任何服务器，就可以直接相连。**因此，多用户也可以同步操作处理同一交易数据。因为信息存储在多个位置上，即使有的地方数据丢失了，也可以调集其他位置的数据进行修复。集中型网络存在服务器被攻击、数据被篡改的风险，而在 Web3.0 中，这种风险被大大降低。即使有部分信息被篡改了，因为有保护整个系统的分散机制的存在，网络的保密性和安全性也能得到相应的保障。

分散式网络具有较强的防御能力

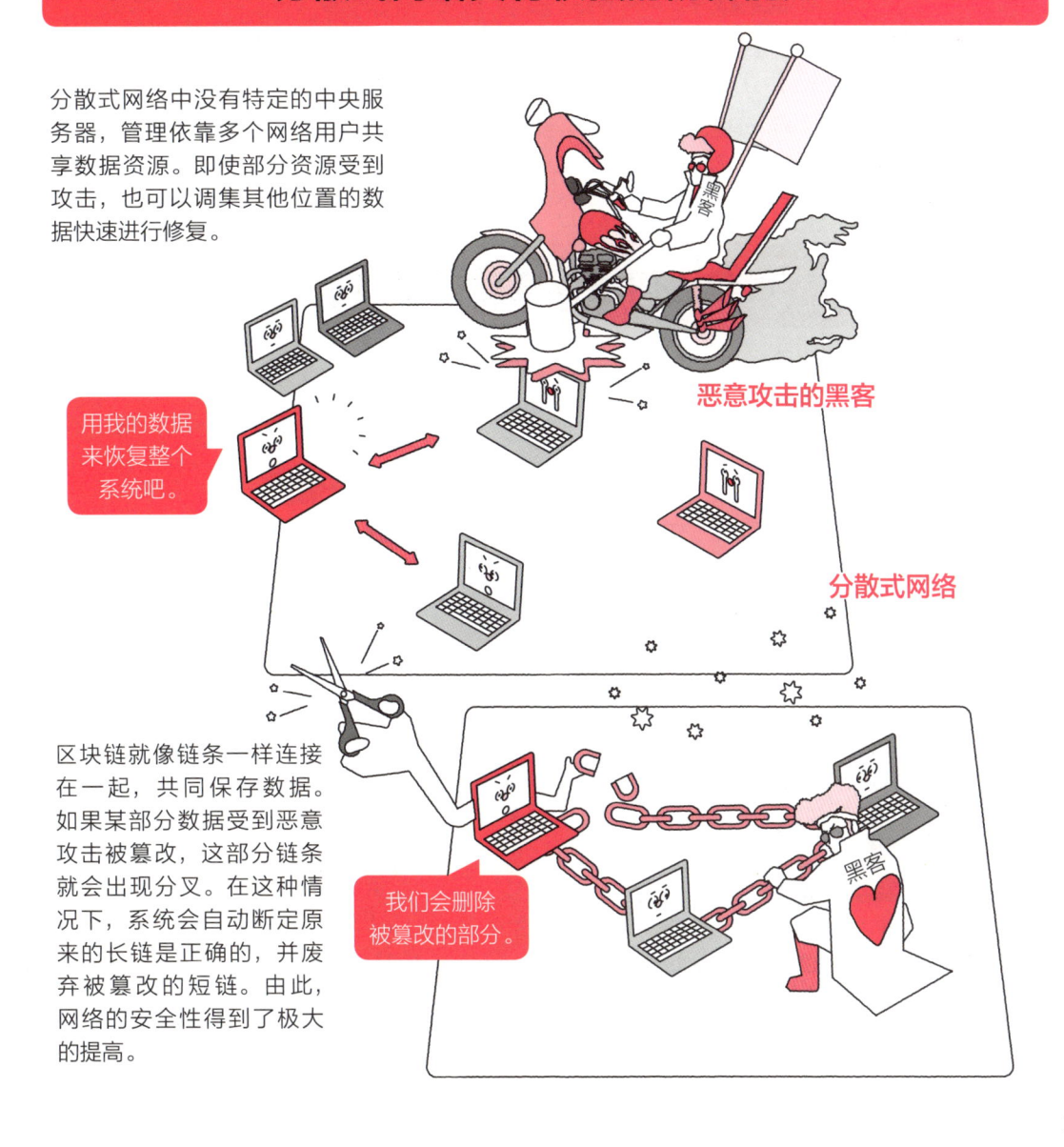

分散式网络中没有特定的中央服务器，管理依靠多个网络用户共享数据资源。即使部分资源受到攻击，也可以调集其他位置的数据快速进行修复。

用我的数据来恢复整个系统吧。

恶意攻击的黑客

分散式网络

区块链就像链条一样连接在一起，共同保存数据。如果某部分数据受到恶意攻击被篡改，这部分链条就会出现分叉。在这种情况下，系统会自动断定原来的长链是正确的，并废弃被篡改的短链。由此，网络的安全性得到了极大的提高。

我们会删除被篡改的部分。

第 2 章　Web3.0 究竟是什么？②

02 "去信任"思想推动 Web3.0 发展

Web3.0 的创始人、科学家加文·伍德曾建议，我们要对 Web3.0 "少一点信任，多一点真实"。"少一点信任"究竟是什么意思呢？

"去信任"是理解 Web3.0 的关键词之一。Web2.0 所创造的模型，与互联网出现之前的社会模型非常相似。在 Web2.0 里，同样建立了基于大公司权威的网络系统。网络系统建立在对权威的绝对信赖之上。而 Web3.0 的去信任系统，则与之前的体系截然不同。Web3.0 的创始人加文·伍德对 Web3.0 的定义是："少一点信任，多一点真实。"

百分百信赖权威的网络体系

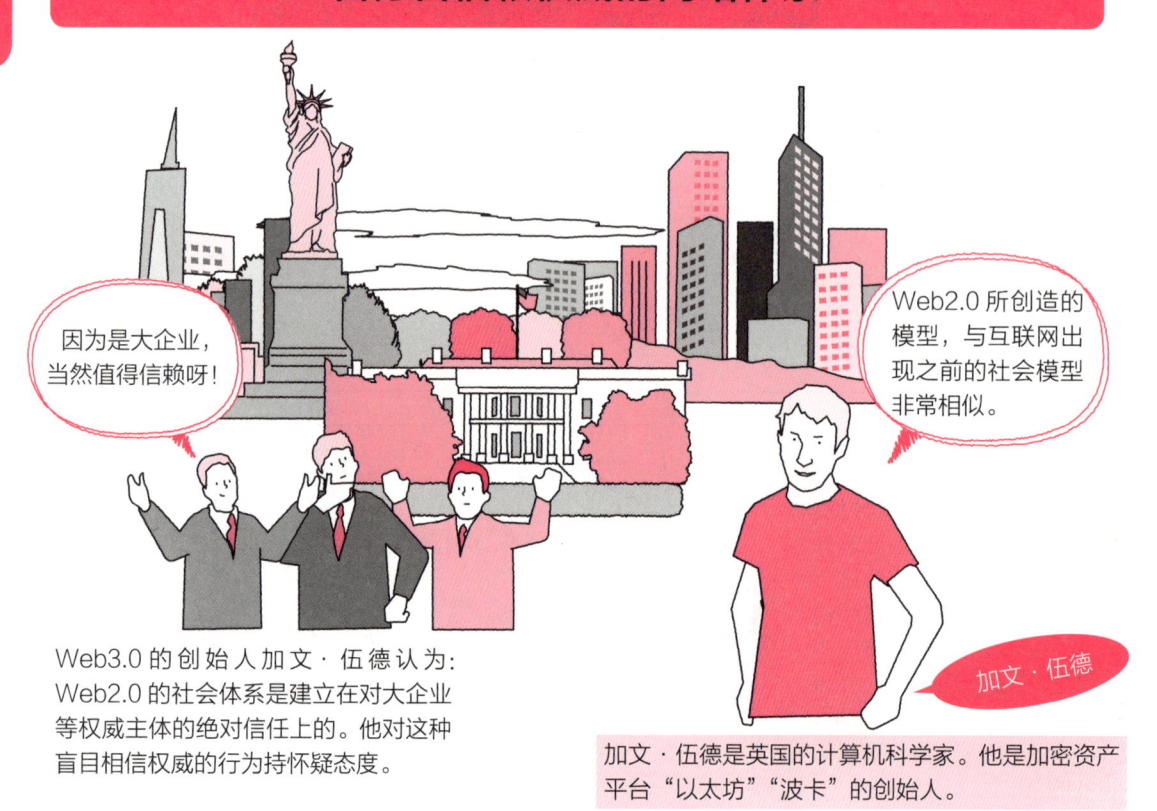

因为是大企业，当然值得信赖呀！

Web2.0 所创造的模型，与互联网出现之前的社会模型非常相似。

Web3.0 的创始人加文·伍德认为：Web2.0 的社会体系是建立在对大企业等权威主体的绝对信任上的。他对这种盲目相信权威的行为持怀疑态度。

加文·伍德

加文·伍德是英国的计算机科学家。他是加密资产平台"以太坊""波卡"的创始人。

伍德对自己的话是这样解释的:**"信任意味着你将某种权力授予其他人或某个组织。而他们将能够以任意方式使用该权力。"**"那个人或组织有权威,所以他们百分百正确",正是因为这种想法的存在,极易导致权力的高度集中或滥用。新理念"去信任",就是指减少对权威的信赖,而区块链技术的应用,使得这一理念最终得以实现。正如前文所提到的,区块链系统中不存在管理者。不需要管理中介就能直接进行交易,这正是去信任的体现,更是有效防止了权力过分集中于某一网络平台上。

用"去信任"推动 Web3.0 发展

核心要点

Web3.0 中的去信任思想,就是为了防止权力(信任)过度集中于某个特定企业中,从而避免权力滥用。

不设立绝对的权威,用户和用户间直接相连。

Web3.0 的核心思想:"少一点信任,多一点真实。"

Web3.0 系统的核心价值体系为"去信任(不依赖权威)"。在 Web3.0 系统中,传统的权威观念不再被重视,人们通过用户之间的密切联系来确保系统的正常运转。

第 2 章　Web3.0 究竟是什么?②

03 Web3.0 为什么会成为热门话题？

Web3.0 之所以爆火，一个关键的原因就在于前期 Web2.0 的发展已成熟。与 Web2.0 发展初期相似，Web3.0 发展初期的商业模式、组织形态等都发生了范式转移[1]。

Web3.0 之所以能够掀起如此大的浪潮，关键原因就在于 Web2.0 时期的各种服务或平台的发展已成熟。从 Web1.0 过渡到 Web2.0 的时候，也出现过类似的情况。Web2.0 得以普及的一个重要契机，就是 2007 年苹果手机的诞生。在 Web1.0 时代，主流工具是计算机，而苹果的登场，带动了智能手机的迅速普及。从此，智能手机优先、社交优先、云优先的服务模式便成了主流，Web2.0 时代正式开始了。

iPhone 的出现，引发了整个社会理论和实践的大变革

创造了一个面向未来时代的、具有革命性意义的科技设备。

史蒂夫·乔布斯

2007 年，苹果公司的史蒂夫·乔布斯发布了第一代苹果手机。

苹果手机的上市，昭示着智能手机时代的来临。在此之前，互联网的使用，主要通过电脑端，但随着智能手机的发展，手机端进入了主流视野，互联网也正式进入了 Web2.0 时代。

今后是智能手机的时代！

---

① 认知的模式、思维的模式的转变。某个行业的"范式转移"，就是指原先所赖以运作的理论基础和实践规范发生彻底的变化。

苹果手机的出现带来了社会理念和规则的<u>范式转移</u>。当时，在日本国内兴起了像 Mixi[①]、Cree[②]、梦宝谷[③]等翻盖手机（功能手机）常用的服务网站，形成了不同于国外的、独特的日本网络文化。随着智能手机和社交媒体软件的普及，这一发展趋势也逐渐融入了"以智能手机、社交网络、云市场为主流"的全球化 Web2.0 潮流中。而这一潮流的尽头就是我们常提到的 Web3.0。由此可以预测，今后，相似的社会变革也会发生，同时，在这种大变革的窗口期，将蕴藏着巨大的商机。而转变一旦完成，留给企业的就只剩下有限的夹缝市场了。因此，<u>想抓住这一风口机会，就应该在变革刚刚开始的时候，采取必要的行动</u>。

日本也加入了全球化大浪潮

在日本，1999 年的翻盖手机（功能手机）时代，出现了名为 i-Mode 的移动电话通信服务系统。

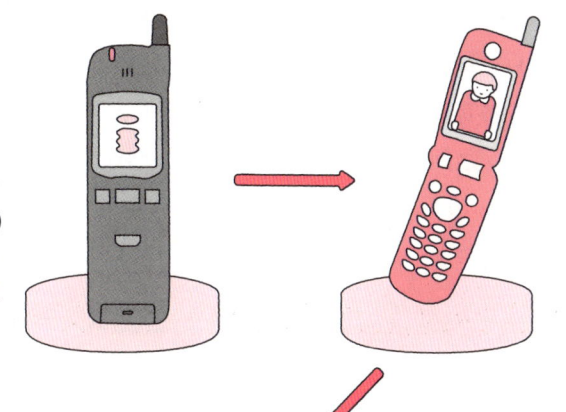

能够发送图像的"彩信"服务、手机阅读小说服务、手机铃声服务等都很流行。

Mixi、Gree、梦宝谷等社交游戏网站也十分火爆。

孙正义社长（当时）是软银移动株式会社的董事长（当时）

2008 年，苹果手机登录日本。随着智能手机的流行，日本也进入了 Web2.0 时代。

① Mixi（蜜秀）是日本排名第三的网站，主要提供 SNS 服务，包括日记、群组、站内消息、评论、相册等，是日本最大的 SNS 网站。
② Gree（聚逸）是日本第二大的 SNS 网络，在日本 16-30 岁的年轻人中享有很高人气，GREE 拥有庞大的手机用户群体，目前 Gree98% 的页面浏览量都来自移动设备，可以说是一家几乎完全基于移动互联网的社交网站。
③ 梦宝谷是由 DeNA 股份有限公司运营的社交网络服务和电子商务网站。随着广泛的社区基础和迅速扩充发展的产品阵容，梦宝谷目前在日本已拥有超过 3500 万的用户，并在智能手机以及个人电脑平台上提供 1800 多款游戏。

04 科技寡头们对 Web3.0 持怀疑态度

在 Web2.0 时代的巨头公司的主要创始人眼中，Web3.0 究竟是个怎样的存在？

虽然我们已经看到了 Web3.0 给社会发展带来的巨大福利，但仍有人对此持批判态度，比如某些科技巨头公司的创始人或经营者。例如，2021 年 12 月，电动车公司特斯拉的共同创始人**埃隆·马斯克**就曾在自己的推特上发文："谁看见过 Web3.0？我从没见过。"对于马斯克的推特，推特的共同创始人**杰克·多尔西**则开玩笑地回答道："可能是在 a 和 z 之间的某个地方吧。"多尔西所说的"a 和 z 之间"，被认为是暗指美国大型风险投资公司安德森·霍洛维茨基金公司[①]（Andreessen Horowitz）。

对 Web3.0 持否定看法的 Web2.0 科技寡头们

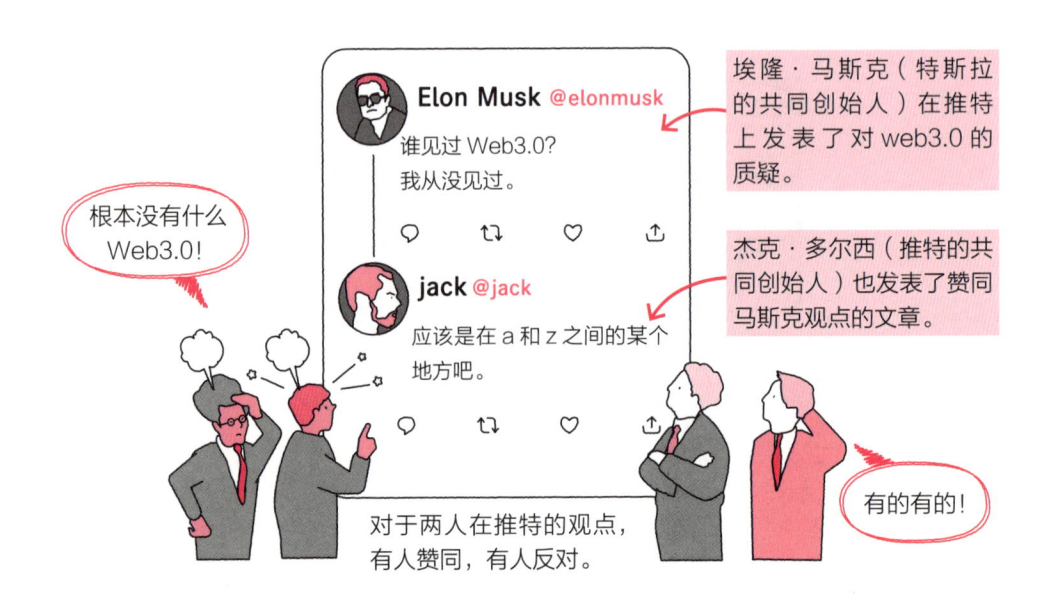

Elon Musk @elonmusk
谁见过 Web3.0？
我从没见过。

jack @jack
应该是在 a 和 z 之间的某个地方吧。

根本没有什么 Web3.0！

对于两人在推特的观点，有人赞同，有人反对。

埃隆·马斯克（特斯拉的共同创始人）在推特上发表了对 web3.0 的质疑。

杰克·多尔西（推特的共同创始人）也发表了赞同马斯克观点的文章。

有的有的！

---

① 安德森·霍洛维茨基金公司是一家美国私人风险投资公司，由马克·安德森和本·霍罗维兹于 2009 年创立。他们共同投资了包括推特公司、脸书公司等 90 家互联网公司。

安德森·霍洛维茨基金公司，是一家积极投资信息技术（IT）企业的风投公司[①]。

多尔西还在推特上写道："Web3.0不是属于大家的，而是属于风险投资（VC）公司或其资助的企业的。"正因为有这样的想法，他讽刺Web3.0是安德森·霍洛维茨基金公司的。**由于Web3.0的核心理念就是与大型科技公司抗衡，因此科技巨头的创始人提出否定的声音也不足为奇。**不过，马斯克和多尔西都对加密资产进行了高度评价，多尔西本人也致力于分散式SNS的开发，因此他们也不会对所有Web3.0成果都持批判态度。

Web3.0是风投公司的私有物？

安德森·霍洛维茨基金

我们的投资公司在积极地投资Web3.0产业。

Web3.0不是服务于用户的，它只是服务于投资者的。

Web3.0是骗人的东西！

杰克·多尔西　　埃隆·马斯克

马斯克和多尔西似乎对Web3.0在哲学层面上所阐述的理念提出了质疑。但在Web3.0的技术层面上，（有关区块链技术），他们则给予了高度的评价。

第2章　Web3.0究竟是什么？②

[①] 对上市前的新兴企业进行出资的投资公司。其目的是通过投资对象的上市而获得高额回报。有的风险投资公司将自己的资金作为投资的本钱，有的则设立基金，从投资家手里募集资金。

05 Web3.0 时代，什么样的设备将大受欢迎？

随着新一代互联网的兴起，相应的设备也在发生翻天覆地的变化。Web3.0 时代，什么样的设备会成为主流？

随着智能手机的普及，第二代互联网 Web2.0 迅猛发展。而互联网的发展，又与设备的更新换代密切相关。那么，什么样的设备又会在 Web3.0 时代异军突起呢？最近火爆的"AR(增强现实)眼镜""智能眼镜"等，除了有面向普通用户的类型出售，还出现了面向工业销售的类型，种类繁多，并在不断地推陈出新。VR（虚拟现实）眼镜也随着虚拟技术的发展得到了极大的普及，预计今后也会在普通民众中普及开来。

已经变为现实的高科技设备

虚拟现实眼镜
这是一款能够体验虚拟现实的护目镜，即使是在元宇宙的虚拟世界中，也可以使用。

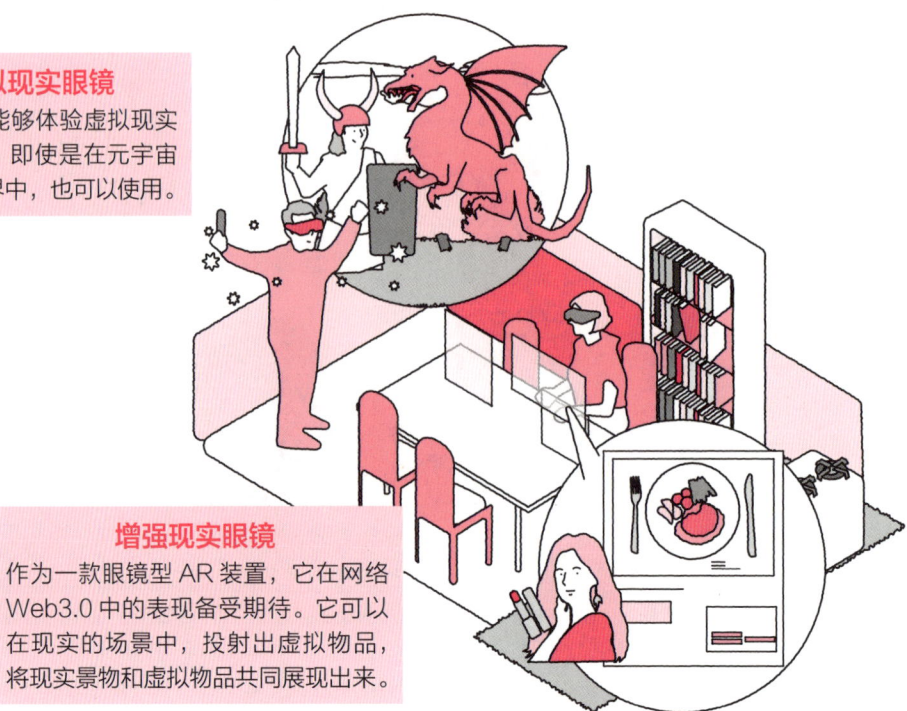

增强现实眼镜
作为一款眼镜型 AR 装置，它在网络 Web3.0 中的表现备受期待。它可以在现实的场景中，投射出虚拟物品，将现实景物和虚拟物品共同展现出来。

在 Web3.0 时代，不仅像 AR 眼镜、智能眼镜、VR 眼镜等这些已经横空出世的设备备受世人瞩目，那些还未出世的设备也深受人们的期待。戴在眼球上的"智能隐形眼镜"就是一个典型的例子。三星公司、谷歌公司、索尼公司等公司都在对智能隐形眼镜进行研究。据说甚至还在研究如何用从人体中提取的能量，来给隐形眼镜充电的方法。比智能隐形眼镜更先进的，当数直接连接大脑和计算机的"BMI"（脑机接口）技术了，据说马斯克的公司，也在进行将芯片植入大脑的 BMI 技术研究。

备受期待的新设备

智能隐形眼镜是在 AR 眼镜、智能眼镜、VR 眼镜之上的高科技智能产品，它可以在隐形眼镜上显示视频或影像。

脑机接口 BMI
这是一项直接连接大脑和机器的技术。当所有的感官都与电脑相连时，就能体验到更加完美的虚拟现实景象了。

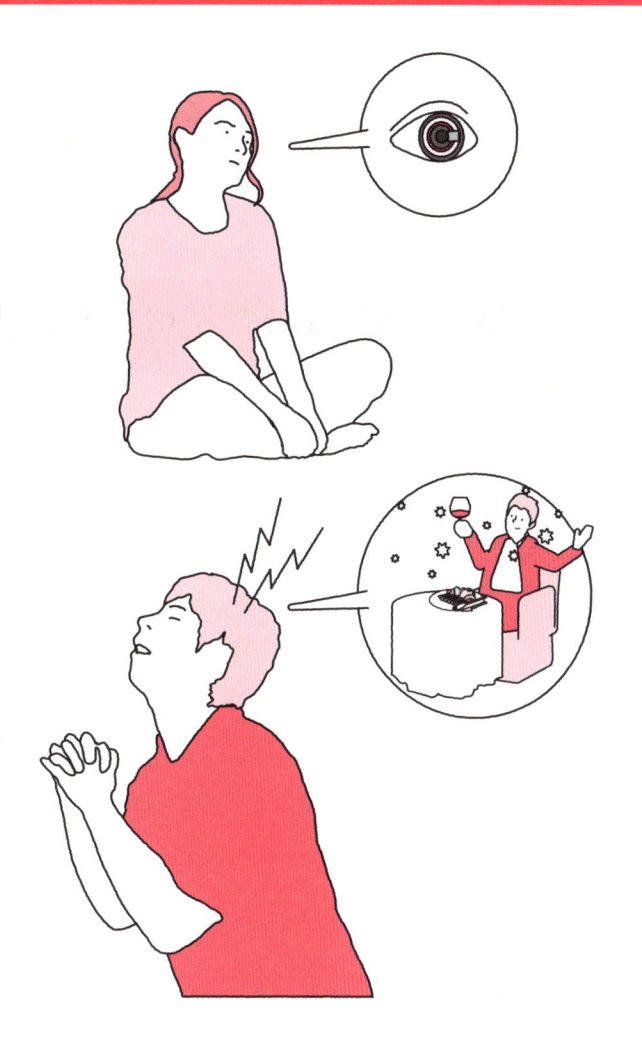

06 基于区块链（分布式账本）技术的Web3.0

Web3.0时代里备受瞩目的成果，几乎全部都建立在区块链技术之上。

Web3.0时代的三大前沿议题：NFT、DeFi和DAO。NFT是对可复制的数字作品交易进行开放式管理的模式。DeFi又叫"去中心化金融"。与传统的金融服务不同，在DeFi里，用户之间可以不通过任何中介，直接进行交易。DAO则被叫作"去中心化自治组织"，将来，它

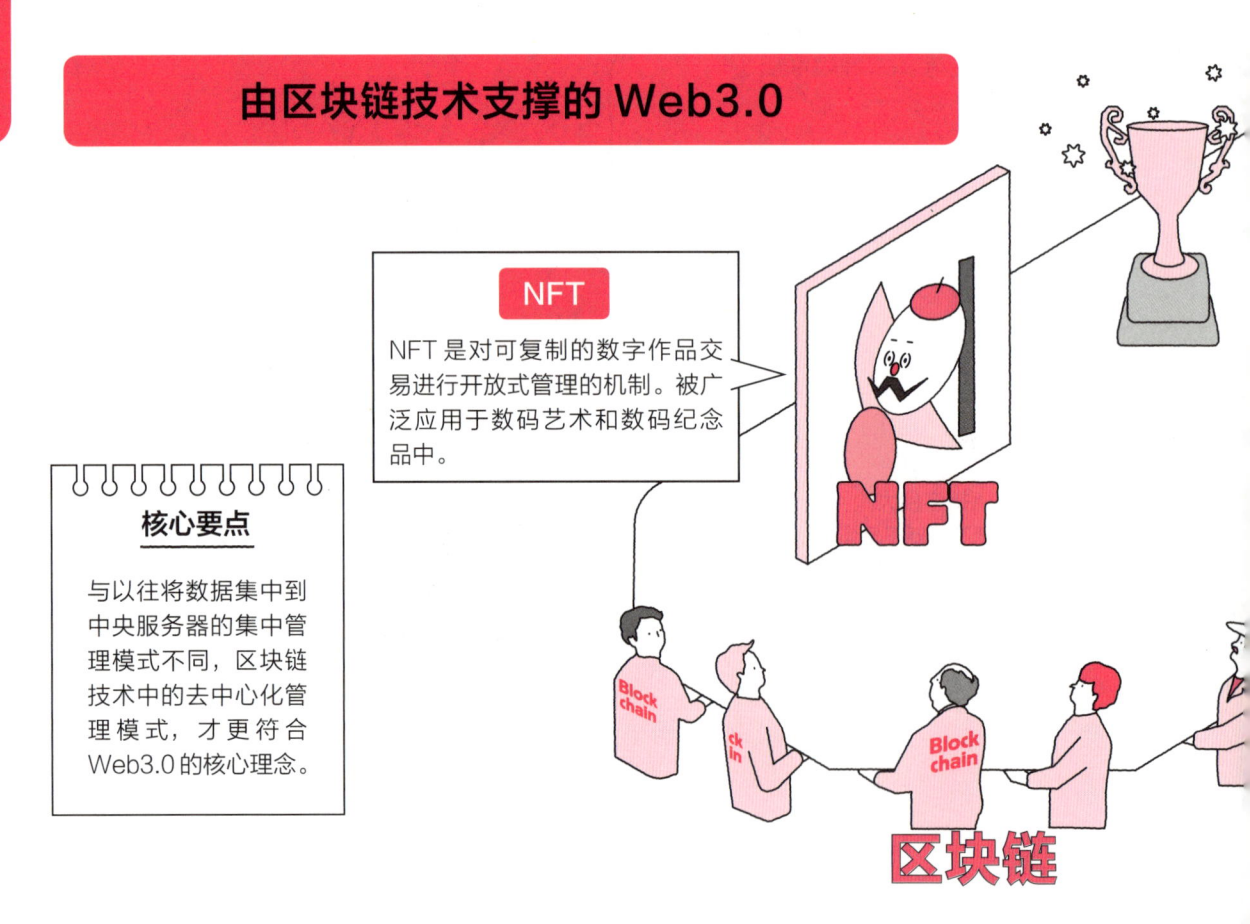

由区块链技术支撑的Web3.0

NFT

NFT是对可复制的数字作品交易进行开放式管理的机制。被广泛应用于数码艺术和数码纪念品中。

核心要点

与以往将数据集中到中央服务器的集中管理模式不同，区块链技术中的去中心化管理模式，才更符合Web3.0的核心理念。

区块链

很有可能代替股份公司制，成为新时代的公司组织形式。与传统公司的决策机制不同，DAO主要通过讨论或投票等全民参与的形式进行决策。

　　支撑 NFT、DeFi、DAO 系统顺利运行的核心技术就是区块链了。NFT 是通过区块链，来证明网络上的数字作品交易的合法性。DeFi 中的交易，会被区块链记录下来。而 DAO 中的扁平化组织，更需要在区块链技术上进行管理和运营。不仅仅是 NFT、DeFi 和 DAO，作为 Web3.0 时代的典型代表，社交代币①（虚拟货币的一种）也是建立在区块链技术基础之上的。可以说，在 Web3.0 时代里，几乎所有的服务都依托区块链技术展开。今后，基于区块链的新发明也必将备受期待。

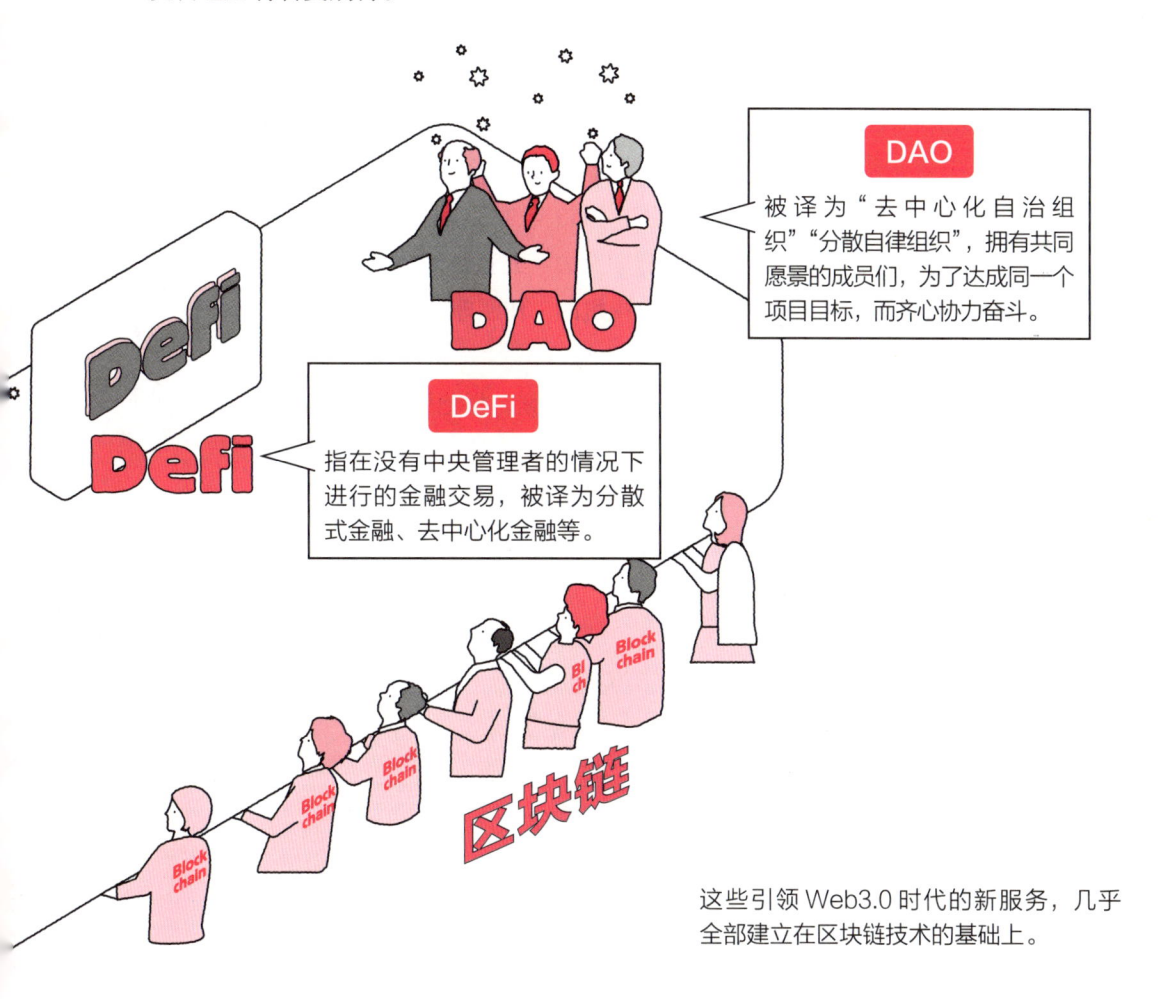

DAO
被译为"去中心化自治组织""分散自律组织"，拥有共同愿景的成员们，为了达成同一个项目目标，而齐心协力奋斗。

DeFi
指在没有中央管理者的情况下进行的金融交易，被译为分散式金融、去中心化金融等。

这些引领 Web3.0 时代的新服务，几乎全部建立在区块链技术的基础上。

---

① 社交代币（Social token）是一类新代币。大致分为个人代币和社区代币，发行社交代币是为了激励用户为社区创造价值。在社交代币的经济模型中，社区和用户是共生关系。

互联网人物传②

日本互联网之父　村井纯

"日本互联网之父"村井纯出生于 1955 年 3 月 29 日，他的父母都是大学教授。村井纯从小喜欢看科学杂志《儿童科学》。据说小时候的他，经常痴迷于破解收音机、电视机的工作原理，沉迷于创作。

村井纯第一次接触电脑是在读高中的时候。据他回忆，那时的他只把计算机当成了一个普通的计算工具，完全感觉不到计算机的魅力所在，甚至觉得"人就是在完全听从机器的摆布"。进入大学的工学院后，因为系统学习到了计算机构造等基础知识，他才开始对计算机产生了浓厚的兴趣。

大学毕业后，他又继续完成了研究生院的博士课程，开始了研究之路。1984 年，村井纯成功地将庆应义塾大学、东京工业大学的计算机串联了起来，使日本首次实现了网络线路的连接。

村井纯在后来的采访中这样描述当时的情形："当时，这种通信领域的事，本来应该由擅长处理这类事务的电信电话公司来完成，反而让民间的年轻的研究者做成了。我感觉要坏事了！"

同时，村井纯还致力于在网上推广使用日语。他还与各种IT公司合作，将以英语为中心的早期互联网推向了国际化。

在一系列成绩得到认可后，村井纯又开始以多种方式孜孜不倦地参与进日本IT技术的研发之中。1997年，他就任母校庆应义塾大学环境信息学部教授一职。两年后，他又担任了软银的独立董事。

到了2000年，村井纯作为专家，应邀在内阁府高度信息通信网络社会推进战略本部（简称"战略本部"）工作。在这里，他一心致力于日本IT的发展，不断地献言献策。2021年，他又担任了数字厅的顾问一职。

作为日本互联网开创者的村井先生，今后也将继续作为互联网改革的先驱，为互联网的发展贡献自己的一份力量。

第 3 章

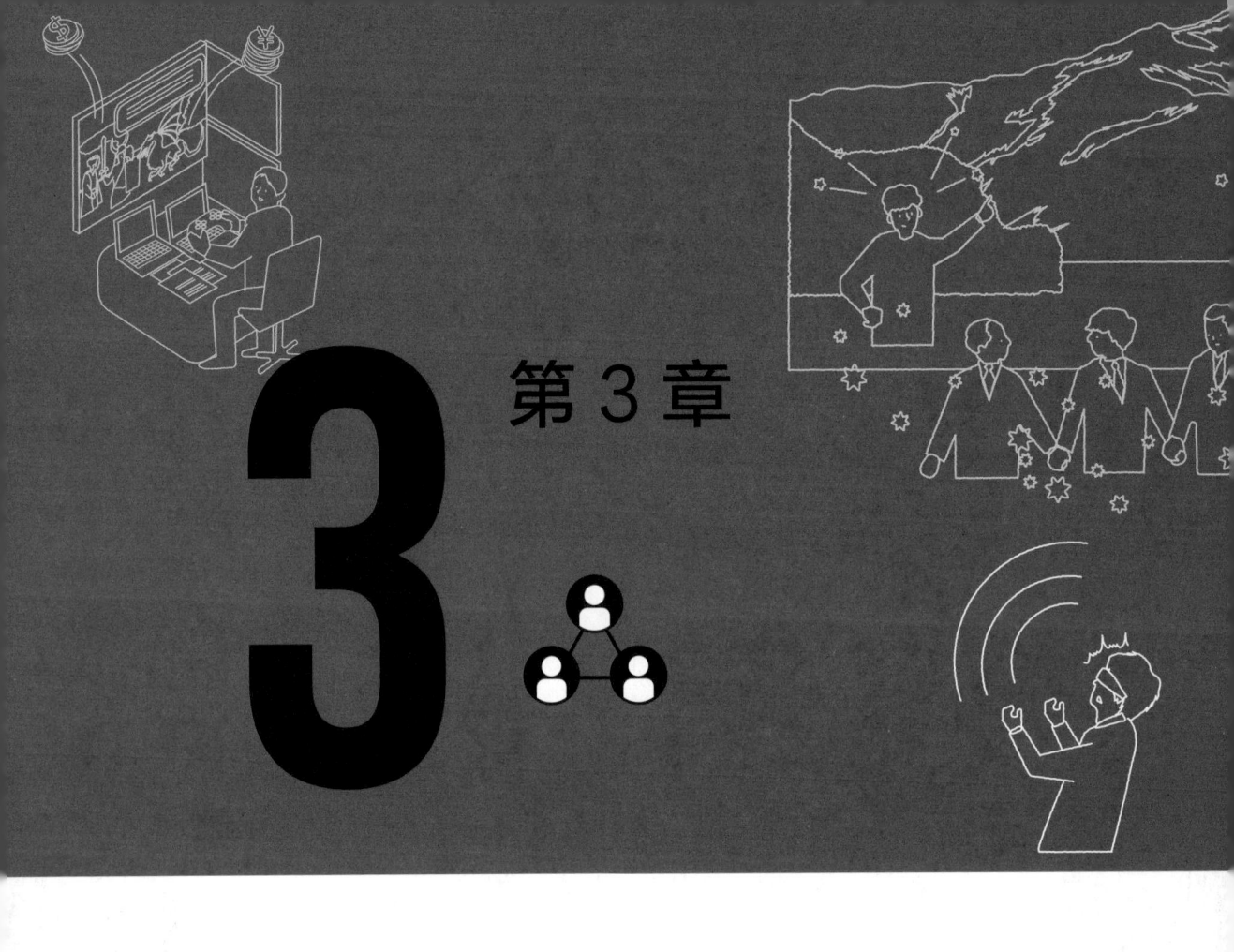

区块链催生的技术革命

"decentralized（去中心化）"是Web3.0时代的典型特征,而支持Web3.0实现去中心化功能的核心技术正是区块链技术。Web3.0时代出现的新服务,可以说几乎全部是建立在区块链技术基础之上的,那么区块链又有怎样的运行构造呢?让我们一起来看看吧。

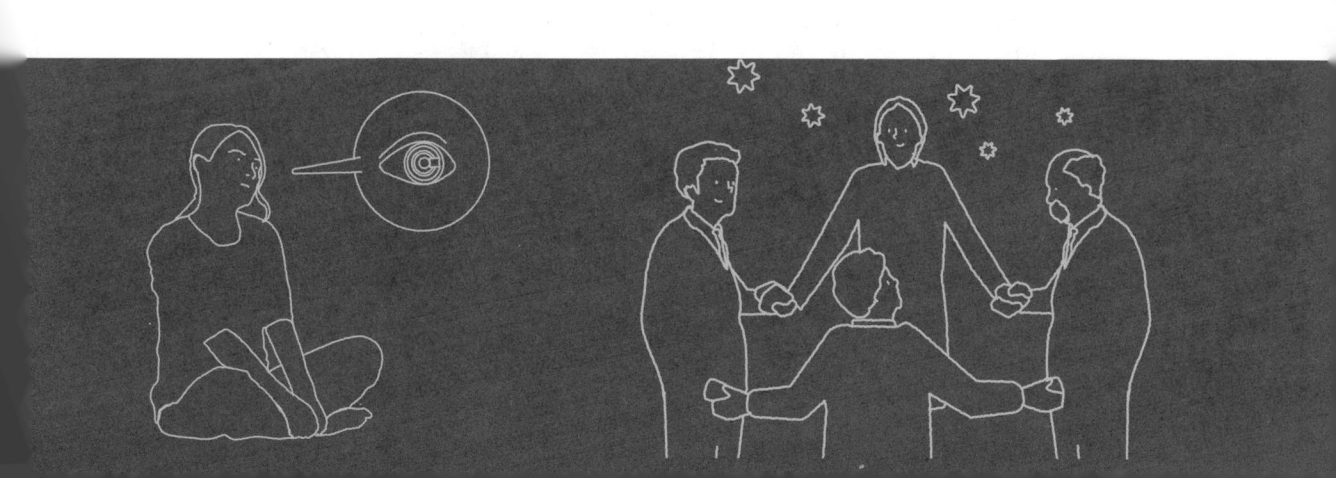

01 区块链技术究竟是什么？

原本，区块链技术是为了支持加密资产"比特币"而开发出来的。最初，一个神秘人在网上发表了一篇关于区块链的文章，瞬间引发了大家对区块链技术的关注，此后，区块链就真正普及了开来。

正如前文所述，Web3.0中的核心技术就是区块链。最初，区块链的出现就是为了实现比特币的功能。2008年，一个名为中本聪的不明身份人在网上发表了一篇关于比特币结构的文章。在这篇文章中，他也详细说明了与区块链有关的内容。从此，比特币以及区块链的概念便诞生了。

在区块链技术中，过去的所有交易数据都被分散管理。**数据被分散到各个区块中，每个**

从一个神秘人发表的一篇论文开始

有关比特币的一篇文章。

好厉害！深受启发！

密码资产就要变成现实了！

中本聪文章。

文章中所涉及的技术概念本身并不新，但其中有关经济学和货币论的观点，还是给许多人带来了启发。

中本聪至今仍是一名不明身份的人士。根据名字推测他很有可能是日本人，但目前他的国籍、性别、年龄都不清楚。

2008年10月，中本聪在讨论密码的邮件列表（网上最早的社交交流形式，相当于现在的微博）上，首次发表了关于比特币的文章。从此，比特币和区块链的概念诞生了。

区块就像链条一样，紧紧地锁在一起，所以又被称为区块链。在表示数据信息的区块链中，每个块都有前一个块的哈希值[1]。如果想要篡改区块链中的数据，为了不被发现，不仅要改变想要篡改区域的哈希值，还要改变之后所有区块中的哈希值。这是极其困难的，所以区块链数据被篡改的风险相当低。

篡改区块链数据非常困难

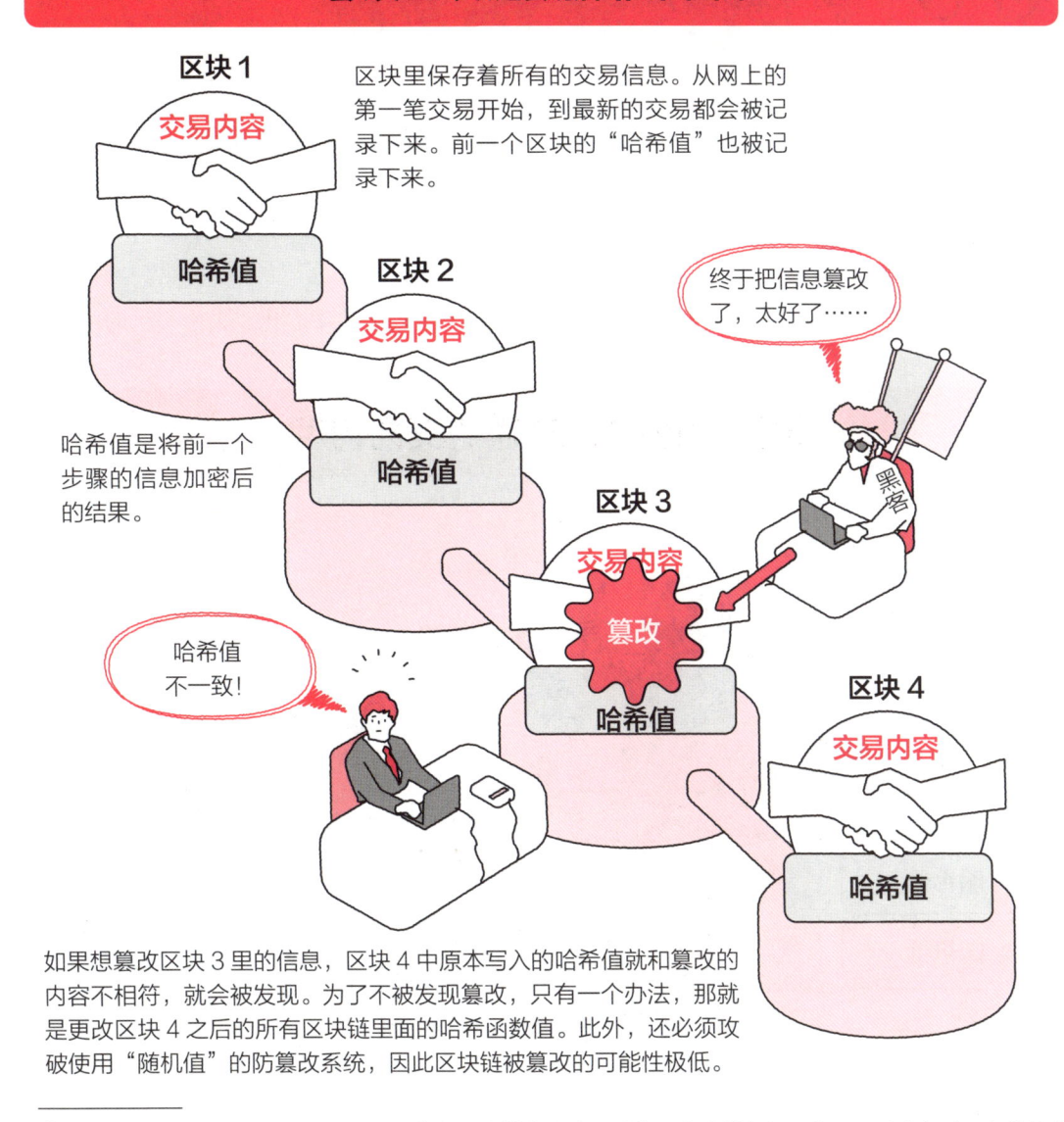

区块 1
交易内容
哈希值

区块 2
交易内容
哈希值

哈希值是将前一个步骤的信息加密后的结果。

终于把信息篡改了，太好了……

黑客

区块 3
交易内容
篡改
哈希值

哈希值不一致！

区块 4
交易内容
哈希值

区块里保存着所有的交易信息。从网上的第一笔交易开始，到最新的交易都会被记录下来。前一个区块的"哈希值"也被记录下来。

如果想篡改区块 3 里的信息，区块 4 中原本写入的哈希值就和篡改的内容不相符，就会被发现。为了不被发现篡改，只有一个办法，那就是更改区块 4 之后的所有区块链里面的哈希函数值。此外，还必须攻破使用"随机值"的防篡改系统，因此区块链被篡改的可能性极低。

---

[1] 根据原始数据，通过散列函数的计算方法计算出的值。图像、音乐等数据，也可以通过散列函数替换成相应的数值。在区块链中，每一个区块中都存储着前一个区块的哈希值，这样一来，可以有效防止数据被篡改。

02 将全部的交易信息分散存储在多台计算机上

区块链记录了网上所有的交易信息。同一数据不是集中存放在一个中央服务器里，而是存放在多台计算机上。

区块链可以将网上过去进行的交易记录下来，而且是过去的全部交易记录。区块链以区块为单位进行数据管理。这些区块就像链条一样，紧紧地连接在一起，其连接方式也是有规律的。为了将新区块链接到整个链条上，就必须找到一个符合这条规则的"钥匙"。寻找"钥匙"的过程，就是"挖矿"。

在之前的章节中我们也有过介绍，Web3.0 的典型特征就是去中心化。去中心化的网络是

通过"挖矿"来确认交易内容

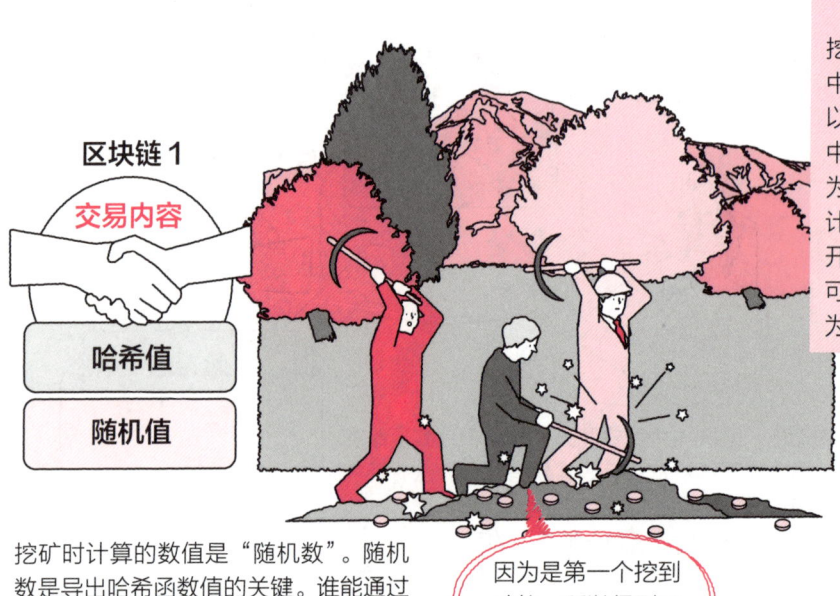

区块链 1

交易内容

哈希值

随机值

挖矿

挖矿就是创建区块链中新区块的工作。可以通过它来检查交易中是否存在不正当行为。挖矿需要庞大的计算能力，所以成功开发出新区块链的人可以获得加密资产作为报酬。

挖矿时计算的数值是"随机数"。随机数是导出哈希函数值的关键。谁能通过计算快速找出这个数值，谁就能得到相应的报酬。

因为是第一个挖到矿的，所以得到了相应的报酬！

由**对等网络**[①]（P2P）构成的。P2P是依靠用户群直接交换信息的互联网体系。区块链采用的，就是P2P体系，交易记录不是存储在某个中心服务器里，而是分散保存在多个地方。**用纸质版的账本来举例的话，就是复印了多本记载了所有交易信息的最新账本，并将这些账本放在不同的地方进行保管。**因此，区块链又被称为"分布式账本"。因为没有集中管理数据的平台，所以安全性更高。

区块链也被称为"分布式账本"

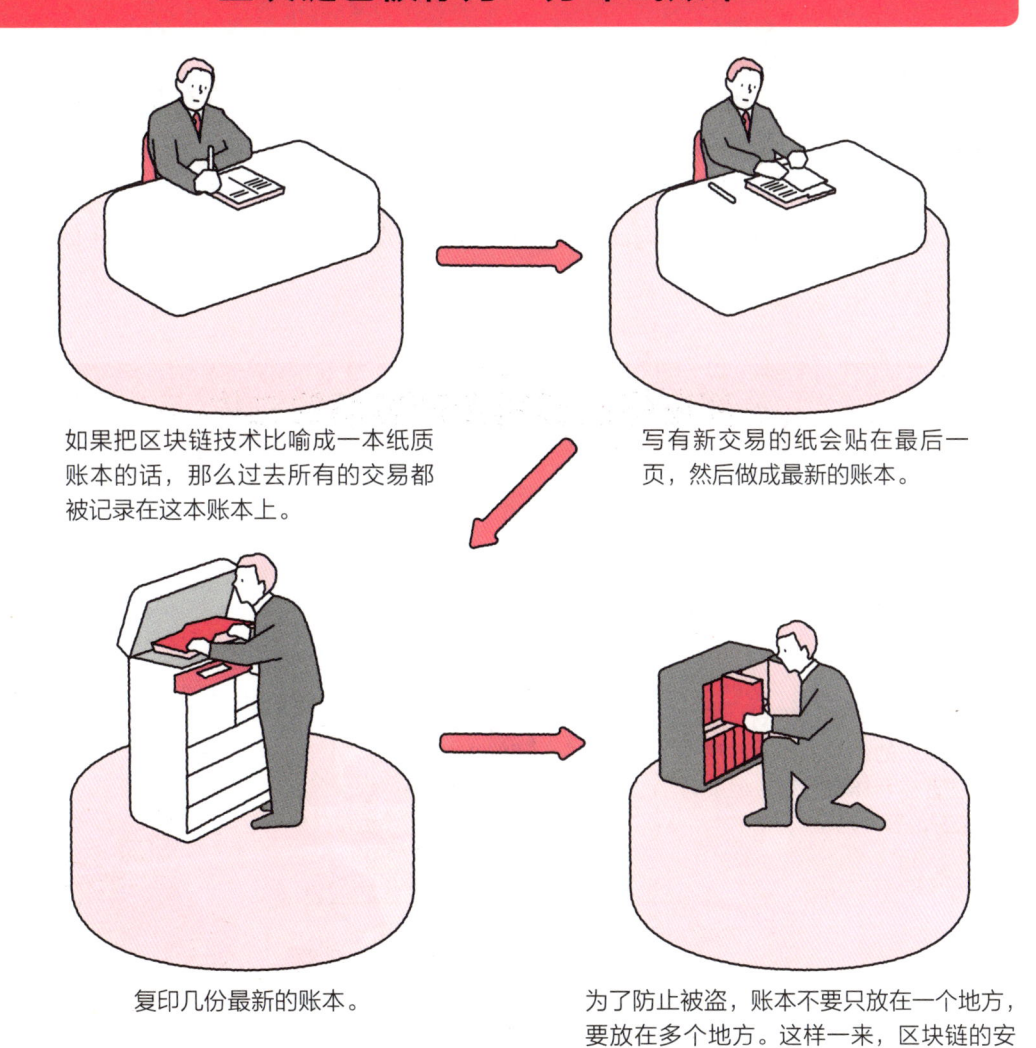

如果把区块链技术比喻成一本纸质账本的话，那么过去所有的交易都被记录在这本账本上。

写有新交易的纸会贴在最后一页，然后做成最新的账本。

复印几份最新的账本。

为了防止被盗，账本不要只放在一个地方，要放在多个地方。这样一来，区块链的安全性也就提高了。

第 3 章　区块链催生的技术革命

---

① 在网络终端间的通信中，能够将对等的用户终端直接连接起来的通信方式。由于不需要中间服务器就能够完成通信任务，所以被有极高安全性要求的通信软件所采用。对等网络同样具有去中心化的特征，同样使用区块链技术。

03 加密资产中不存在单一的发行主体

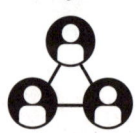

与法定货币或公司发行的积分不同，加密资产中不存在管理网络的运营主体。

如前文所述，由区块链技术所构建的网络系统是去中心化的，不存在管理网络的中央服务平台。由 Web3.0 所提供的服务也是去信任的，**基于区块链技术的加密资产中，更不存在管理它的单一发行主体。**如果说是现实生活中的法定货币或公司发行的积分，肯定是由政府或公司来保证货币或积分的价值。与此相反，加密资产中没有能保证其价值的担保主体。

不存在保证加密资产价值的主体

加密资产与法定货币不同，不存在某个单一的运营主体。虽然也有开发者或合作者存在，但没有介入交易的管理组织。

我要为大家挖矿！

我能借给你！

谁能借给我？

还差得远呢，千万不要涨价。

加密资产是由区块链网络用户来对交易进行验证或认可的。例如，比特币是通过用户挖矿来运行的（指区块链交易中的计算处理。挖矿的人又被称作"矿工"）。当然，挖矿行为并不是在某人的指挥下进行的，挖矿所得也不是固定的，换言之就是多劳多得。矿工们为了自己的利益，自主地进行挖掘。像这样，让用户自主行动起来，这在Web3.0中非常重要，也可以说这是区块链技术得以实现的根本。

第3章　区块链催生的技术革命

我们来募捐吧。

有丰厚的酬劳呀，加油挖！

请给我这个。

我来捐钱。

比特币是极具代表性的加密资产之一，它可以进行转账、结算（实体店、网上购物）、投资、支付公共费用、捐赠、购买NFT等。这些交易都是在用户之间自主进行的。

核心要点

"电子货币"与加密资产最大的不同，就在于电子货币是"将现金（法定货币）直接数字化"，电子货币存在明确的运营主体。

45

04 "以太坊"带来新的经济圈

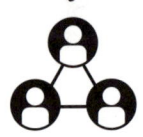

继比特币之后的第二大流行电子货币，当数以太坊了。第三代 Web3.0 中所提供的多数服务，都是建立在以太坊的基础之上的。

众所周知，比特币是最有名的电子货币了，而现今它最大的竞争对手，当数以太坊了。目前，在虚拟货币排行榜中，比特币高居榜首，以太坊则紧随其后。以太坊通过向大众提供

以太坊可以支持 Web3.0 的多项服务

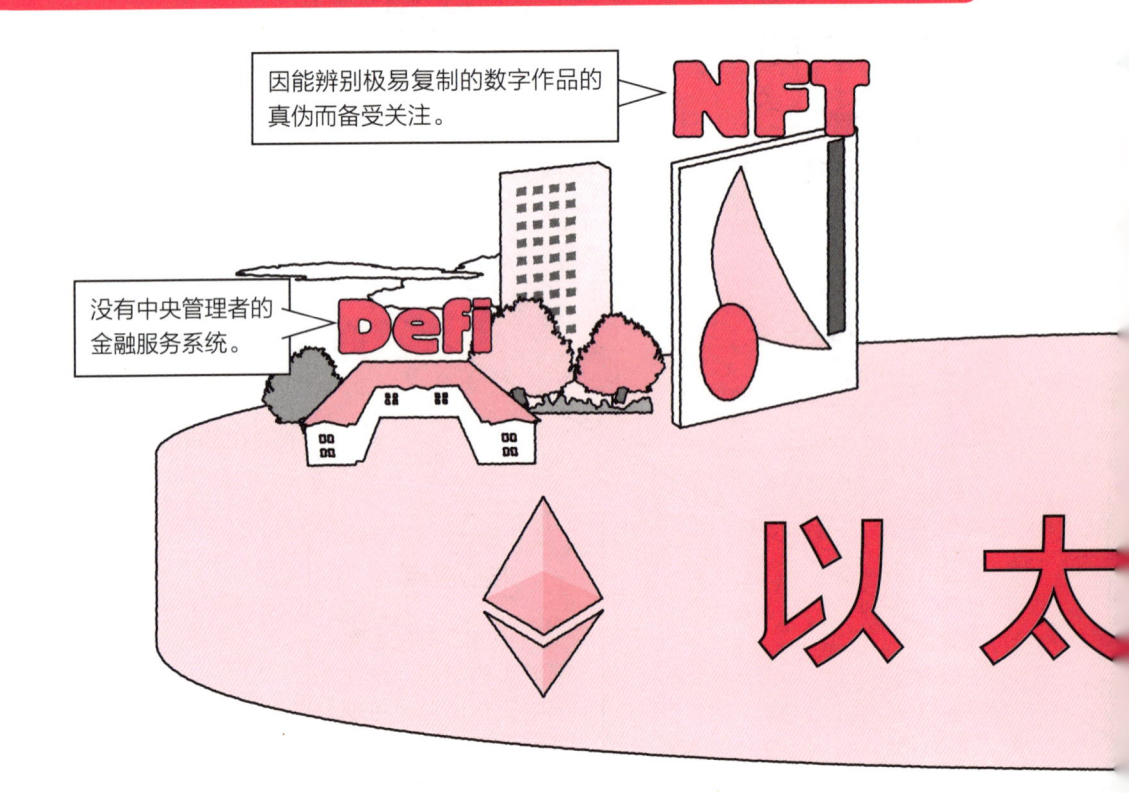

因能辨别极易复制的数字作品的真伪而备受关注。

没有中央管理者的金融服务系统。

免费的开放程序、完善的开发环境，从而获得了开发者的压倒性支持。可以说，以太坊最大的优势，就是在这样的开放式环境中酝酿出的新服务。

我们在前文中介绍的 DeFi 和 NFT，都与以太坊有着密不可分的关系。DeFi 是在以太坊的区块链上运行的，而大多数的 NFT，也都是在以太坊的区块链上进行交易的。除此之外，作为融资手段的 ICO（首次公开发行数字货币），也是在以太坊平台上流行起来的。像这样，**以太坊为许多需要应用区块链技术的新服务提供了契机**。当然，以太坊自身也面临着一些问题。可扩展性[①]问题就是其中之一。如果交易量增加，就会出现处理不及时导致延迟的情况，而且在延迟期间还会存在手续费高额上涨的问题。

以太坊
以太坊是维塔利克·布特林开发的区块链平台。
其数字代币"以太币"的总市值，仅次于比特币，居世界第二位。

在以太坊平台上使用的数字代币被称作"Ether（以太币）"。作为平台的以太坊和作为货币的以太币都可以被称作"以太坊"。

通过玩游戏获得的加密货币，用户可以用来交易游戏内的NFT道具，从而获利。

Ether （以太币）

ICO 利用加密资产进行资金筹措的方法。

GameFi
（游戏化金融）

坊

---

① 指的是系统或软件能够承受的最大规模或最重负荷量，表示系统"扩张性"的大小。在区块链系统中，由于在一个区块中能够记录的交易数量有限，所以有可能会发生"可扩展性不足的问题"。

47

05 基于区块链的应用程序 "DApps"

DApps 是指那些不需要中央管理平台,可以自主运行的应用程序,以太坊就是 DApps 程序运行的主要网络平台。

　　DApps 是英文 "Decentralized Applications" 的缩写,被称为 "分散式应用程序" 或 "自主分散式应用程序"。正如字面意思所表达的,对于 DApps 程序来说,"自主" 和 "分散" 是关键。在不存在中央管理机构的分散型 P2P 网络中,DApps 按照既定的规则,自主运作。以太坊就是 DApps 程序的主流开发平台。

应用区块链技术的小程序

DApps
基于区块链技术的应用程序也被称为 "自主分散式应用程序"。与过去普通的应用程序相比,该软件具有更高的持久性、透明性和抗审查能力。

普通的应用程序
系统正在维护中,不能使用……

持久性

DApps
24 小时不间断运行!

DApps 是在智能合约基础上运行的,它可以在不需要干预的情况下自动执行协议条款。

DApps 和普通的应用程序相比，存在些许不同，主要体现在"持久性"、"透明性"和"抗审查性"这三个方面。DApps 没有中央管理机构，管理权限分散，可以持续运行，其持久性好。在透明性方面，任何人都可以检索代码，操作日志会被永久记录在区块链中。**与只有开发者才知道后台情况的普通应用程序相比，它的透明度非常高。**

抗审查性是指防止某单一组织控制网络交易，在普通的应用程序中，管理员可以随便更改内容，而 DApps 程序的代码不能改变，因此在用户不同意的情况下，谁也不能更新程序。

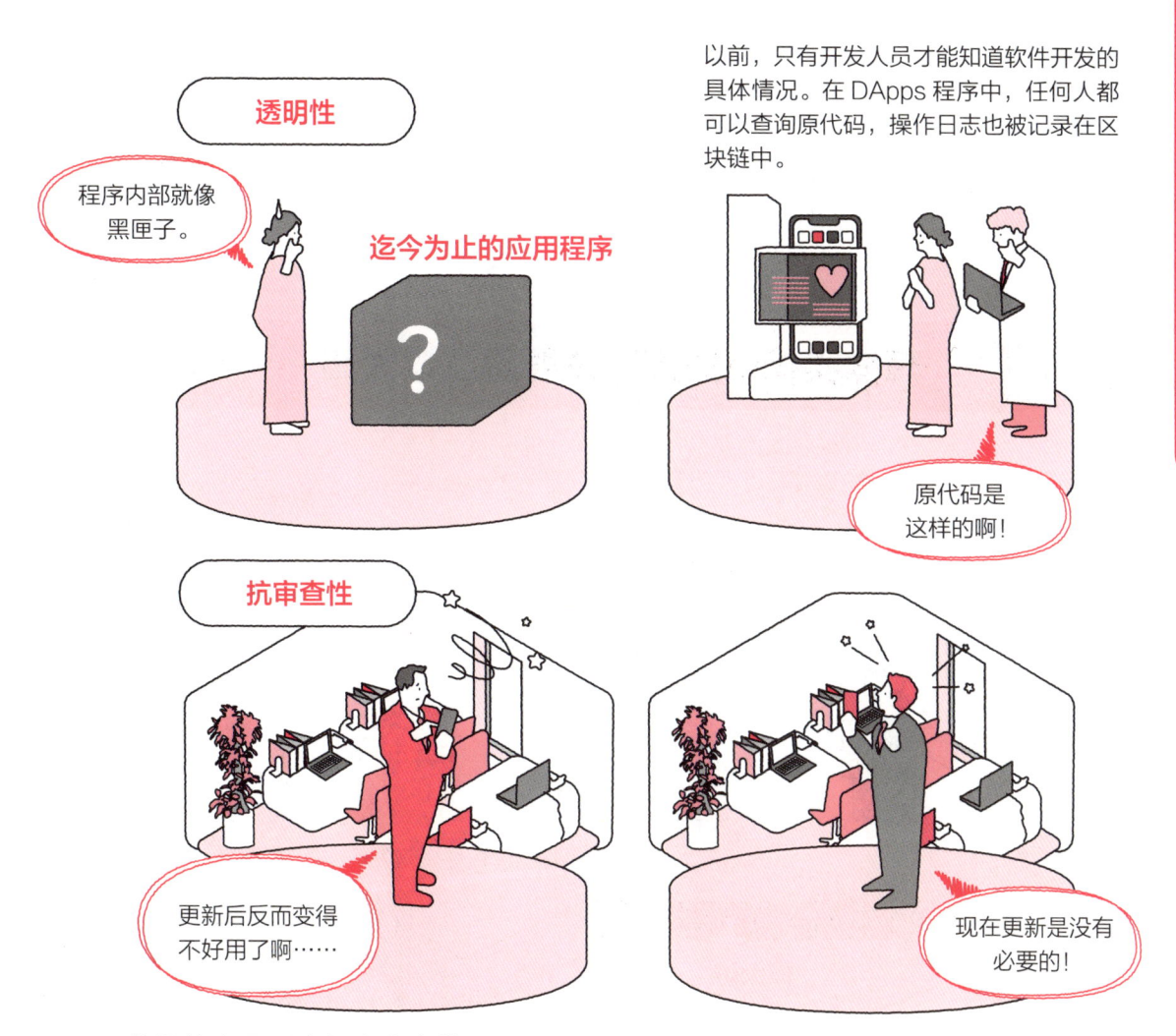

第 3 章　区块链催生的技术革命

透明性

程序内部就像黑匣子。

迄今为止的应用程序

以前，只有开发人员才能知道软件开发的具体情况。在 DApps 程序中，任何人都可以查询原代码，操作日志也被记录在区块链中。

原代码是这样的啊！

抗审查性

更新后反而变得不好用了啊……

现在更新是没有必要的！

普通的应用程序都有中央管理员，而 DApps 程序没有。DApps 一旦运行，就不能更改代码，更新也需要用户的同意。

06 想买代币，就必须先买以太币

以太坊为各种软件提供了开发平台。想要购买软件程序上发行的代币，就需要先购买作为平台通用货币的以太币。

以太坊大受欢迎的原因之一，当数它可以为各种应用程序提供开发平台。在之前的章节中也有过介绍，以太坊为 DApps 程序的开发提供了平台。在以太坊平台上，任何人都可以随

想购买代币的人，先要购买以太币

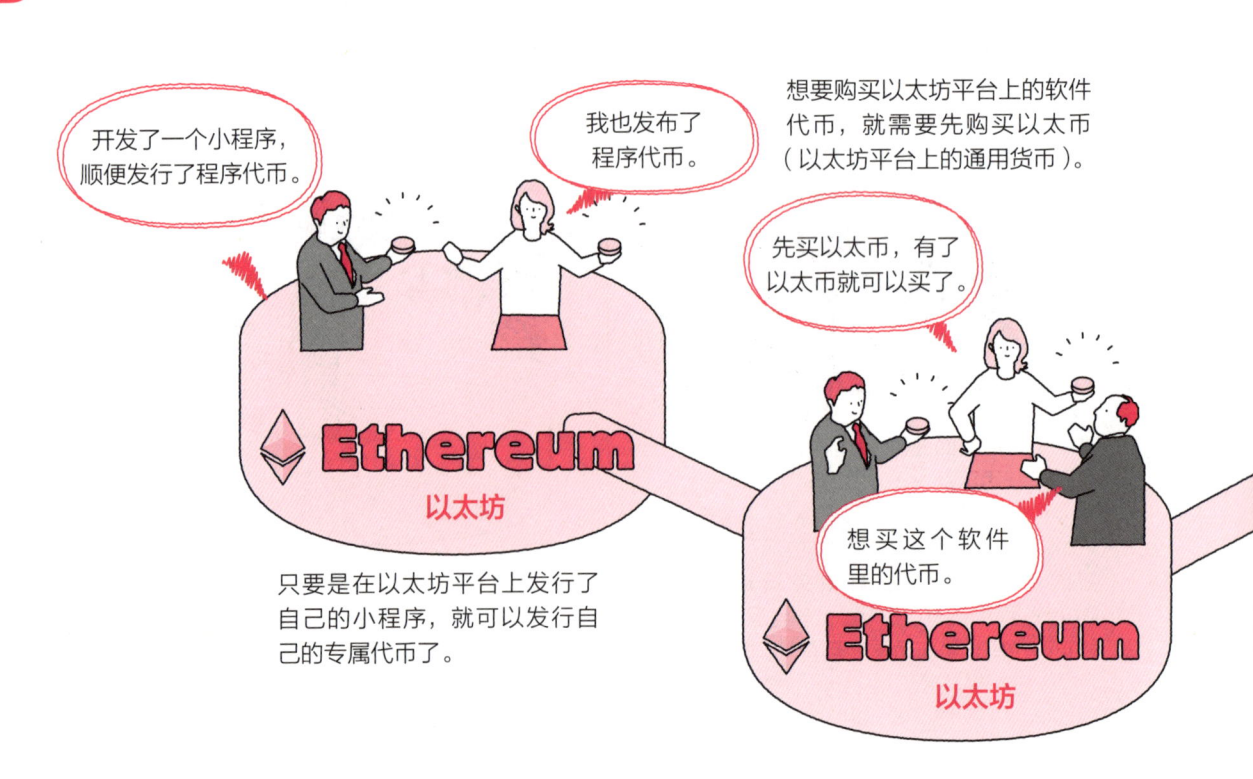

开发了一个小程序，顺便发行了程序代币。

我也发布了程序代币。

想要购买以太坊平台上的软件代币，就需要先购买以太币（以太坊平台上的通用货币）。

先买以太币，有了以太币就可以买了。

Ethereum 以太坊

只要是在以太坊平台上发行了自己的小程序，就可以发行自己的专属代币了。

想买这个软件里的代币。

Ethereum 以太坊

心所欲地开发自己的程序，程序完成后又可以继续发行属于自己的独特token（**代币**[①]）。这里所提到的代币一词有多种含义，可以在不同语境下使用，本文中所提到的代币，是指在区块链的应用程序中进行交易的货币。

简单来说，代币就相当于加密资产。如果你想要购买以太坊平台上小程序所发行的代币，就先要购买"以太币"。以太币是以太坊内的通用货币。购买软件代币的人一增加，势必会增加以太币的销量。**一旦以太坊平台上诞生了某款爆火软件，想要购买该软件发行的代币，首先要购买平台通用货币以太币，因此以太币的市值也会随之飙升。**以太坊为开发者们提供了丰富的工具，使得开发者们可以自由地进行创作，平台因此广受好评。开发者们在平台上发布的程序越多，以太币的市值也会越高。

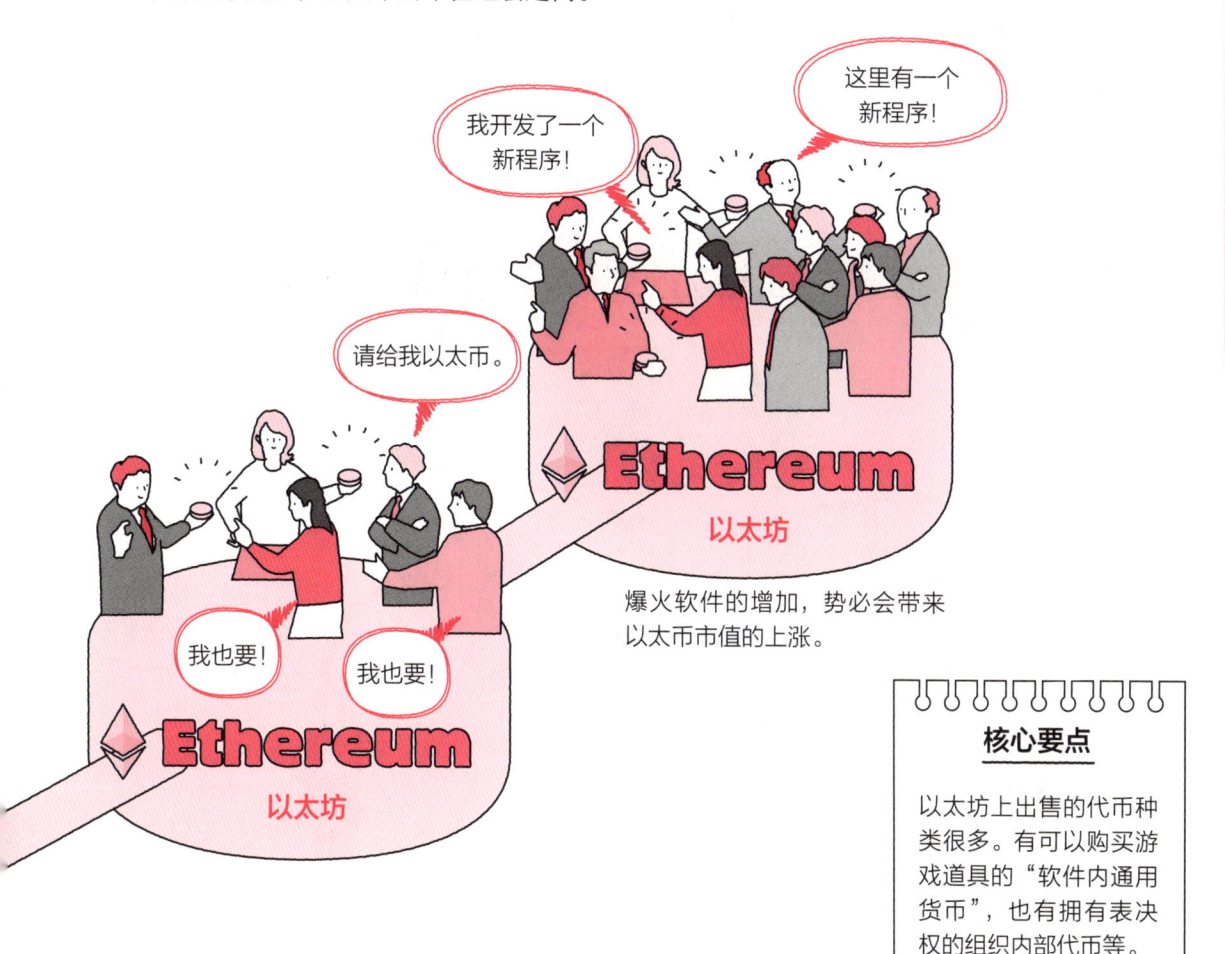

第 3 章　区块链催生的技术革命

我开发了一个新程序！

这里有一个新程序！

请给我以太币。

Ethereum
以太坊

我也要！　我也要！

Ethereum
以太坊

爆火软件的增加，势必会带来以太币市值的上涨。

核心要点

以太坊上出售的代币种类很多。有可以购买游戏道具的"软件内通用货币"，也有拥有表决权的组织内部代币等。

[①] 指在区块链平台上发行的"加密资产"。个人、企业、团体在以太坊平台上发行的NFT（非同质化代币）就是其中的一种。有时也指"比特币或以太币以外的其他加密资产"，是一个使用场合多样的术语。

51

07 "智能合约"，没有中间商赚差价

基于区块链的智能合约技术，在进行网络交易活动时，不需要传统经济交易中的中间人参与，彻底实现无需中介自主运行。

进入 Web3.0 时代后，像 NFT 这样的服务，人们通过**"智能合约"**技术，彻底实现了高效便捷。智能合约的意思是"自动执行合约条款的计算机交易协议"。以 NFT 为例，NFT 发行时就在区块链上写入了半永久的持续运行程序，之后，程序就可以根据协议自动运行了。

通过中间人进行交易的风险点

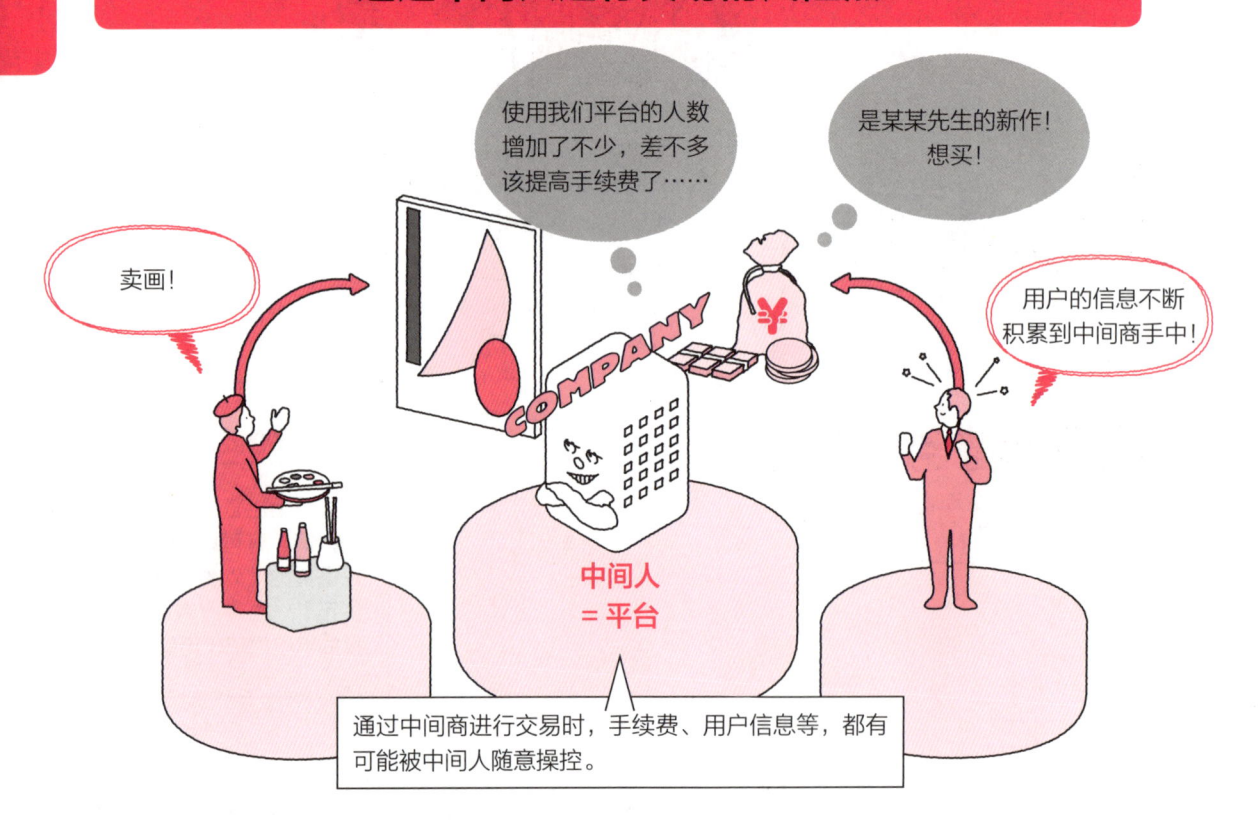

卖画！

使用我们平台的人数增加了不少，差不多该提高手续费了……

是某某先生的新作！想买！

用户的信息不断积累到中间商手中！

中间人 = 平台

通过中间商进行交易时，手续费、用户信息等，都有可能被中间人随意操控。

在以往的经济活动中，为了处理烦琐的交易信息或是进行信用担保，通常需要借助"中介"，即中间机构的力量。**久而久之，掌管众多交易的中间机构（交易平台）的权力变得越来越大，逐渐会带来手续费上涨、榨取用户信息等弊端，使交易一方蒙受不必要的风险损失。**

在智能合约体系中，可以实现交易的自主化，即可以省去中间人，从而将所有的权利交还给用户主体。以 NFT 艺术为例，**卖方（艺术家）和买方之间的交易不存在中间人，这样一来，就可以减少交易成本，**如减少交易时间、减少手续费用等。自主交易的好处非常多。

通过智能合约直接进行交易

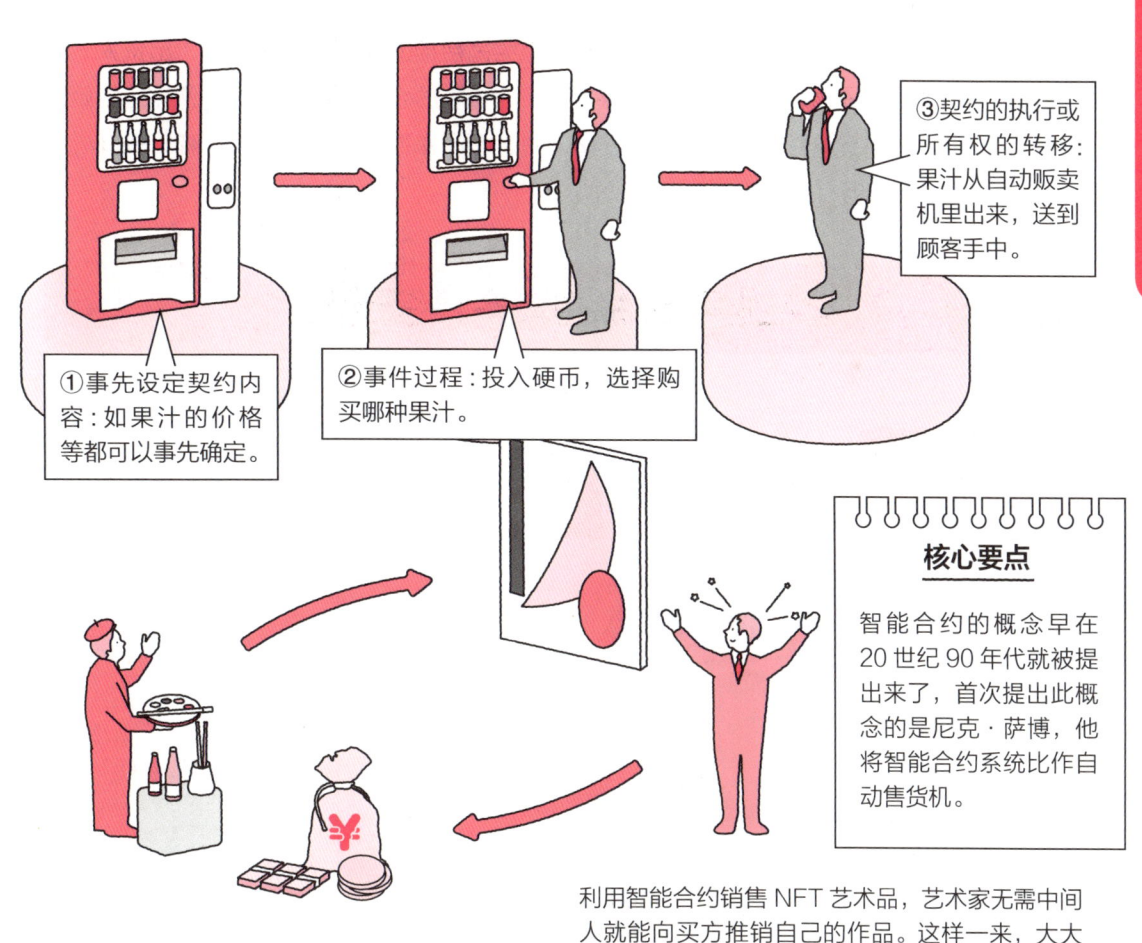

①事先设定契约内容：如果汁的价格等都可以事先确定。

②事件过程：投入硬币，选择购买哪种果汁。

③契约的执行或所有权的转移：果汁从自动贩卖机里出来，送到顾客手中。

核心要点

智能合约的概念早在 20 世纪 90 年代就被提出来了，首次提出此概念的是尼克·萨博，他将智能合约系统比作自动售货机。

利用智能合约销售 NFT 艺术品，艺术家无需中间人就能向买方推销自己的作品。这样一来，大大减少了艺术品的所有权或收益被中间人大肆抽取的风险。

08 新型组织结构"DAO"究竟是什么?

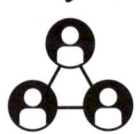

DAO 又被称为"新型公司组织形式"。进入 Web3.0 时代后出现的新型公司组织结构，究竟是什么样子的?

在Web3.0的时代的热潮中，最受瞩目的当数DAO（Decentralized Autonomous Organization 的缩写）了。DAO翻译过来就是"去中心化自治组织"，作为引入区块链机制的新型组织形态，目前备受世人瞩目。**在这一组织机构中，具有共同目标的成员聚集在一起，出资人、开发人等都为了项目的成功，积极主动地采取行动。**在传统的企业中，只有高层领导或创始人等极少数人群，才拥有绝对的决策权，而在DAO中，不存在拥有决策权的管理者，所有成员根据其代币的持有比例，平等地享有发言权。

以往的组织机构大多是指示型

指示性组织机构

"按照我的指示来做就行。"

公司内部有上下等级之分，上司向部下下达指令。最终的团队整体能力不会超过个人能力之和。

"按照上面的决策做就行了。"

以股份制公司为代表，传统公司的组织形式大都是"指示型组织机构"或"金字塔型组织机构"。

比特币和以太币也是在去中心化组织结构中成立起来的。比特币和以太币成立之初，都是一群拥有共同梦想的成员自发地聚集起来，发行了属于自己的代币，这一组织形式，就是我们通常所说的 DAO 形式。以以太坊为例，2013 年，19 岁的维塔利克·布特林提出了以太坊的初步设想，赞同他想法的人自发地聚集起来，共同创建了以太坊。公司成立初期只有 6 名员工，如今已经发展成拥有 1.8 亿名员工的大型互联网公司。这种组织形式就是 DAO。在 Web2.0 时代，创业公司的所有权，往往集中在创始人、少数员工或风投公司手中，而 DAO 则截然不同，它的所有权更广泛，也更加分散。

"去中心化自治组织" DAO 的诞生

去中心化自治组织

怎样才能把项目做好？

我来干吧！

DAO

在去中心化的 DAO 中，成员们相互协调，自主行动。团队能力是个人能力做乘法倍增得来的。

第 3 章 区块链催生的技术革命

09 给所有的参与成员以报酬奖励

在以往的创业公司中，能够获得报酬奖励的，只是其中的一小部分成员。在 DAO 中，所有参与成员都能获得报酬奖励。

DAO 的独特之处，不仅在于"所有人都平等地享有发言权"的民主决策机制，在**激励机制**方面，它也与以往的组织有着很大的不同。DAO 可以给所有参与成员以现金酬劳，并通过这种新型奖励机制，激励团队成员朝着成功积极主动地采取行动。这样看来，DAO 不仅具有决策的民主权，它的激励机制也可以说是相对公平的。

迄今为止，创业公司最具代表性的奖励机制就是发放股票期权。

股票期权的好处仅局限于少数人群体

在创业公司中，作为报酬，有时会给董事层或员工购买公司股票期权的权利。拥有本公司的股票，如果股价上涨，就可以大赚一笔。

股价上涨了！

赚大钱了！

我们从一开始就购买你们的产品，给予你们支持呀，我们什么都没得到……

持有公司股票的，只是一小部分成员。另外，一直支持该创业公司的用户，也得不到任何金钱上的奖励。

我也做出了贡献了呀，却什么都没有……

所谓股票期权的发行权，就是赋予董事层或员工购买公司股票的权利，随着公司的发展，股价的上涨，员工们可以从中获得利润。然而，股票期权只授予以创始人为首的极少部分人群，可以说是偏向于部分群体的激励机制。与此不同，**DAO 实现了全员奖励机制，对所有的项目参与成员，根据他们的贡献率给予相应的奖励**。奖励成员中甚至包括用户，这也是 DAO 的特征之一。以苹果手机为例，初期购买并支持苹果产品的用户，都获得了实质性的现金奖励。

DAO 对全体成员进行激励

这个项目成功了！

作为用户一直使用和支持该产品，也获得了报酬，真是太好了！

让大家共同分享成功的喜悦吧！

在 DAO 中，参与项目的所有成员都能获得奖励，甚至连支持 DAO 服务的用户，都能得到相应的奖励。

第 3 章　区块链催生的技术革命

57

10 由 DAO 助力的"数字国家"，究竟是什么样子的？

建立"数字国家"，也是元宇宙自治组织 DAO 的目标之一。独立意识强烈的西班牙加泰罗尼亚自治区，甚至将区块链技术运用到了地区独立运动中。

DAO 模式运用到不同的团队中，就会产生不同的终极目标。DAO 组织的目标多种多样，其中也不乏宏大的终极目标。西班牙加泰罗尼亚地区的卡塔兰自治组织（CatalanDAO）的目标就是建立数字国家。加泰罗尼亚州拥有自己独特的语言和文化，许多居民都希望从西班牙独立出去。卡塔兰的 DAO 虽然没有明确表示支持加泰罗尼亚独立，但该组织承认，他们的区块链技术对独立运动起到了助推作用。

独立意识强烈的加泰罗尼亚地区

我们的语言文化和西班牙完全不同！

加泰罗尼亚州位于与法国接壤的西班牙地区。他们有自己独特的语言，即加泰罗尼亚语，也有自己独特的文化。

加泰罗尼亚自治州原本的独立运动就非常活跃。早在 2017 年，由于在居民投票中大多数人赞成独立，加泰罗尼亚就曾宣布独立，甚至被中央政府暂停了自治权。时至今日，由于在加泰罗尼亚议会中，独立派仍占多数，他们仍在积极寻求与中央政府探讨地区独立的机会。

卡塔兰自治组织 DAO 于 2021 年 9 月启动，在此之前，加泰罗尼亚州就有过将梦想中的虚拟国度建设成数字国家的举动。该运动被称为"加泰罗尼亚 2.0 版"，主要关注在传统政治中被忽视的难民问题、贫困问题以及性别问题等。<u>支持加泰罗尼亚 2.0 的，主要是区块链技术，该组织利用区块链技术向难民发放身份证件、受理同性恋者的婚姻登记等</u>。卡塔兰 DAO 更是通过使用去中心化金融和分散式 ID 系统等，对使用已过时系统的国家施加压力。卡塔兰 DAO 宣称，他们的目标就是建立一个更加民主、更加有透明度以及国民更加自律的国家。

在虚拟空间上建立理想国度

加泰罗尼亚州正尝试在虚拟空间中建立一个理想国度。无论是"加泰罗尼亚 2.0"运动也好，还是"卡塔兰 DAO"运动也好，都致力于建立一个更加民主的数字国家。

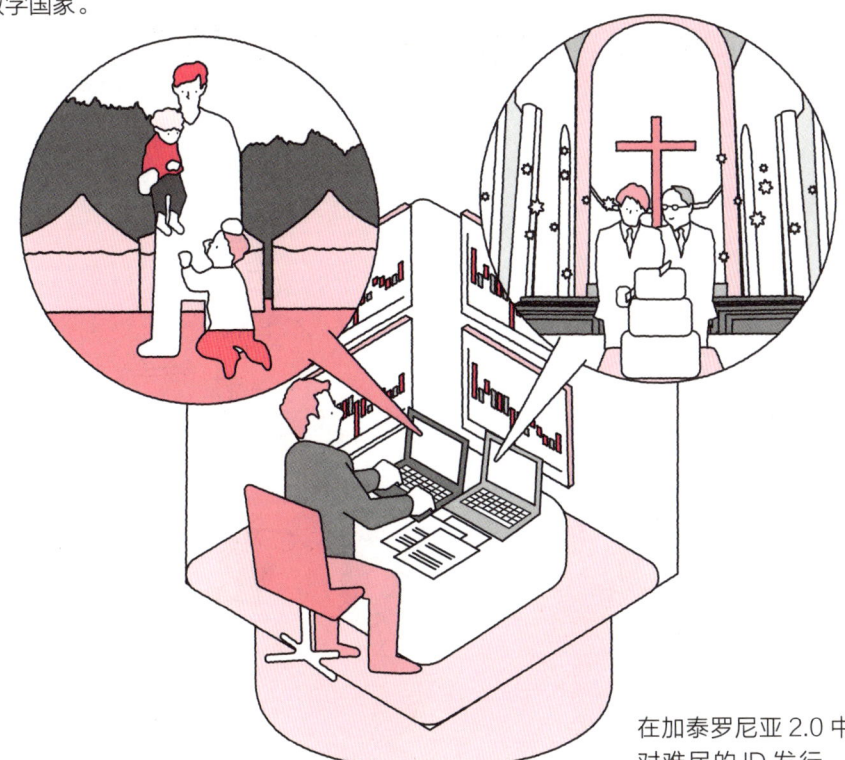

在加泰罗尼亚 2.0 中，州政府对难民的 ID 发行、同性恋者的婚姻登记受理等都采取了积极态度。

第 3 章　区块链催生的技术革命

11 与"个人创作时代"十分契合的 DAO

在创作者经济中,创作者们不再受制于公司的摆布,仅通过发布自己的原创作品就能获益。这样的经济模式最近备受世人瞩目。如果在这样的创作模式中应用 DAO,受众也能从中获益。

过去,创作作品想要在社会上发布,就必须有专门的制作公司帮忙。但近年来,创作器材变得唾手可得且价格低廉,网络的迅猛发展也使得网络发布变得便捷易行。在这样的情况下,我认为今后将迎来以个人为中心而非以公司为中心的**"创作者经济"**时代。所谓的创作者经济,是指不分领域,创作者单凭自己的作品就能够获得报酬的经济模式。

用个人创作进行赢利的经济模式

包括业余创作者在内的创作者们,通过自己的创作活动就能获得收入,这样的机会越来越多。通过这种模式形成的经济圈被称为创作者经济。

视频创作者

音乐家

插图画家

摄影家

在"创作者经济"中,创作者们通过油管网(YouTube)等平台发布自己的作品,受众在平台上进行有偿观看。赢利模式当然也是通过平台实现的,一般情况下,受众不能获得任何实质性的好处。但正如我们在前文所提到的,自治组织DAO可以给平台粉丝带来现金奖励。**如果创作者们运用DAO,参与其中的受众也能获得相应的物质奖励。**受众在金钱奖励的刺激下,也会更加热情地支持创作者。

自治组织DAO可以把利润返还给受众

在现在的创作者经济中,通过网络平台进行赢利的例子很多。

我们掷钱支持你!

因为参与进DAO的受众也可以获得金钱奖励,所以受众支持创作者的热情就大大增加了。

第3章 区块链催生的技术革命

12 去中心化金融组织 DeFi

被称为开放金融的 DeFi 与传统的金融系统不同,它没有中央管理者。因此在去中心化金融组织 DeFi 中,可以最大限度地降低时间或金钱的成本。

在 Web3.0 时代里备受瞩目的去中心化金融 DeFi,是建立在以太坊区块链技术上的应用程序。DeFi 是英文"Decentralized Finance"的简称,翻译成中文为"去中心化金融"。网上的普通金融交易,一般由提供服务的金融机构所管理,而在 DeFi 系统中不存在中央管理者。DeFi 中的交易都会记录在区块链上。**由参与交易的用户确认并认可整个交易流程,是 DeFi 的最大特点。**

由于不存在中间管理机构,DeFi 也被称为"**开放式金融**"。DeFi 的最大优势在于,由于没有作为中介的管理者,时间和金钱的成本被大大降低了。利用传统的中央集权型金融系统向海外汇款时,因办理相关手续,必然会存在时间上的延迟,还必须向中间商支付高额的手续费。如果是全部运用线上金融程序 DeFi 的话,成本就会被大大降低。DeFi 的另一大特点,就是无论何种国籍的用户,都可以畅通无阻地使用该金融系统。只要下载了保管加密资产的 DeFi 钱包,在世界的任何地方都可以通过 DeFi 进行交易。

DeFi 带来的全部好处

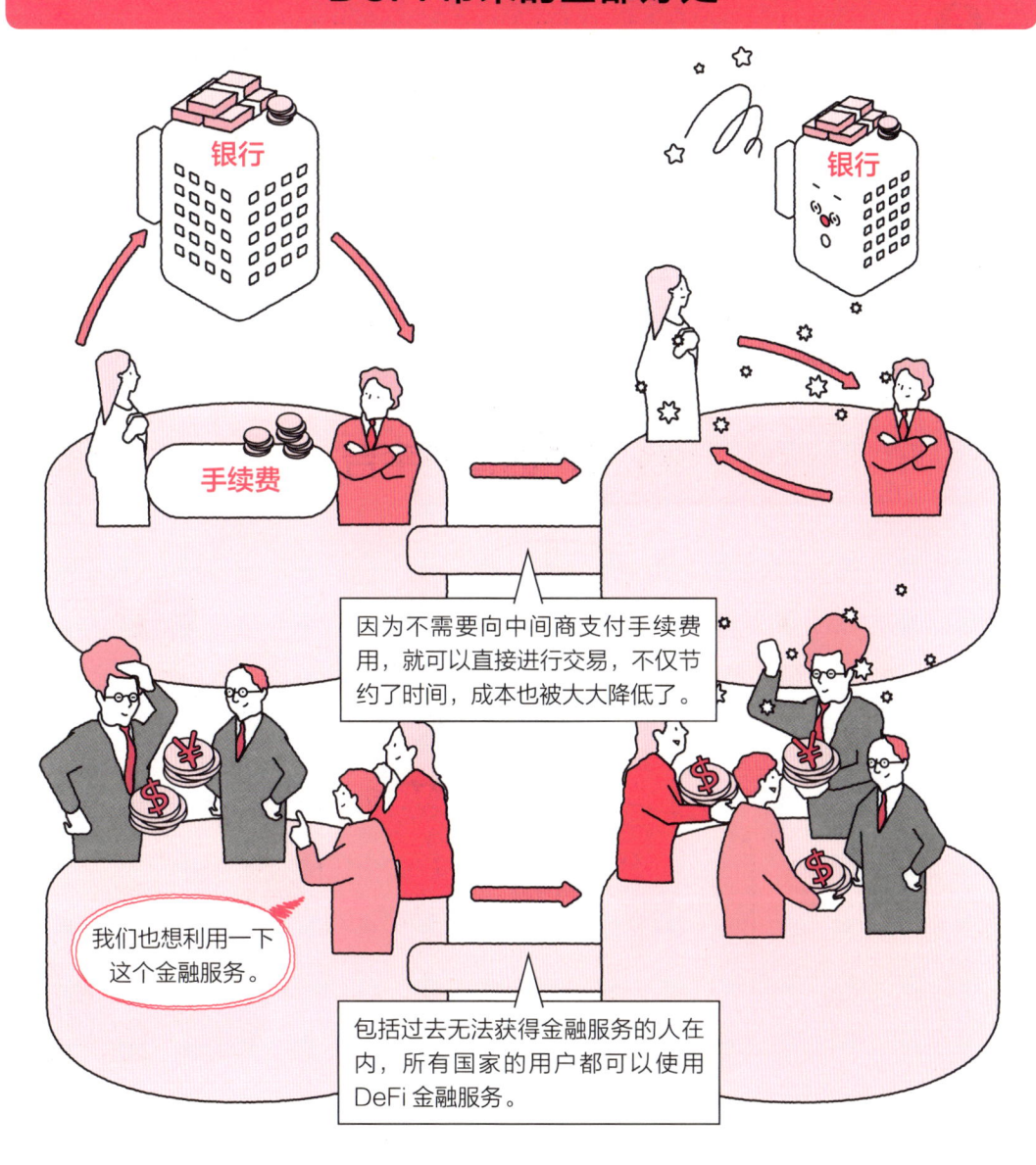

银行

银行

手续费

因为不需要向中间商支付手续费用，就可以直接进行交易，不仅节约了时间，成本也被大大降低了。

我们也想利用一下这个金融服务。

包括过去无法获得金融服务的人在内，所有国家的用户都可以使用 DeFi 金融服务。

第 3 章 区块链催生的技术革命

13 DeFi 的明星项目："去中心化算法银行的 Compound"

通过 Compound 的服务，我们可以更好地理解去中心化金融 DeFi 是如何运作的。Compound 是一个非常受欢迎的加密资产借贷平台。

提起 DeFi 的明星项目，不用问，那肯定是 **Compound** 了。Compound 是建立在以太坊上的加密资产借贷平台。因为 DeFi 就与传统的金融系统不同，它不存在中央管理者，Compound 中就更没有中央管理机构了，它通过智能合约将贷款人与借款人连接起来。与传统的金融服务一样，在 Compound 银行中，将钱存入可以获得利息，还可以将持有的加密资产作为担保进行

加密资产的借贷平台

Compound
是加密资产的借贷平台。和普通银行一样，可以通过存钱获得利息，也可以将加密资产作为担保进行借款。利息收入通过名为 cToken 的铸造代币进行衡量。

想借钱

想放款

想借钱

想放款

由于没有管理者，贷款人和借款人通过智能合约连接起来。

图解 Web3.0

64

贷款。

　　Compound 可以提供多种加密资产服务。用户为银行提供贷款时，可以获得代币 cToken 作为利息。放贷利息高也是 Compound 的一大优势。除了代币 cToken 外，在 Compound 银行进行交易的用户还可以获得名为 COMP 的银行治理通证[①]（governance token）。**如果持有虚拟币 COMP，就可以根据持有率在决定 Compound 的运营方针时获得相应的投票权。**Compound 的银行业务开始于 2018 年，到了 2020 年，虚拟币 COMP 本身就像其他加密货币一样，可以在多个交易场所买卖。因此，如果虚拟币 COMP 的人气高涨，Compound 的用户也会剧增。

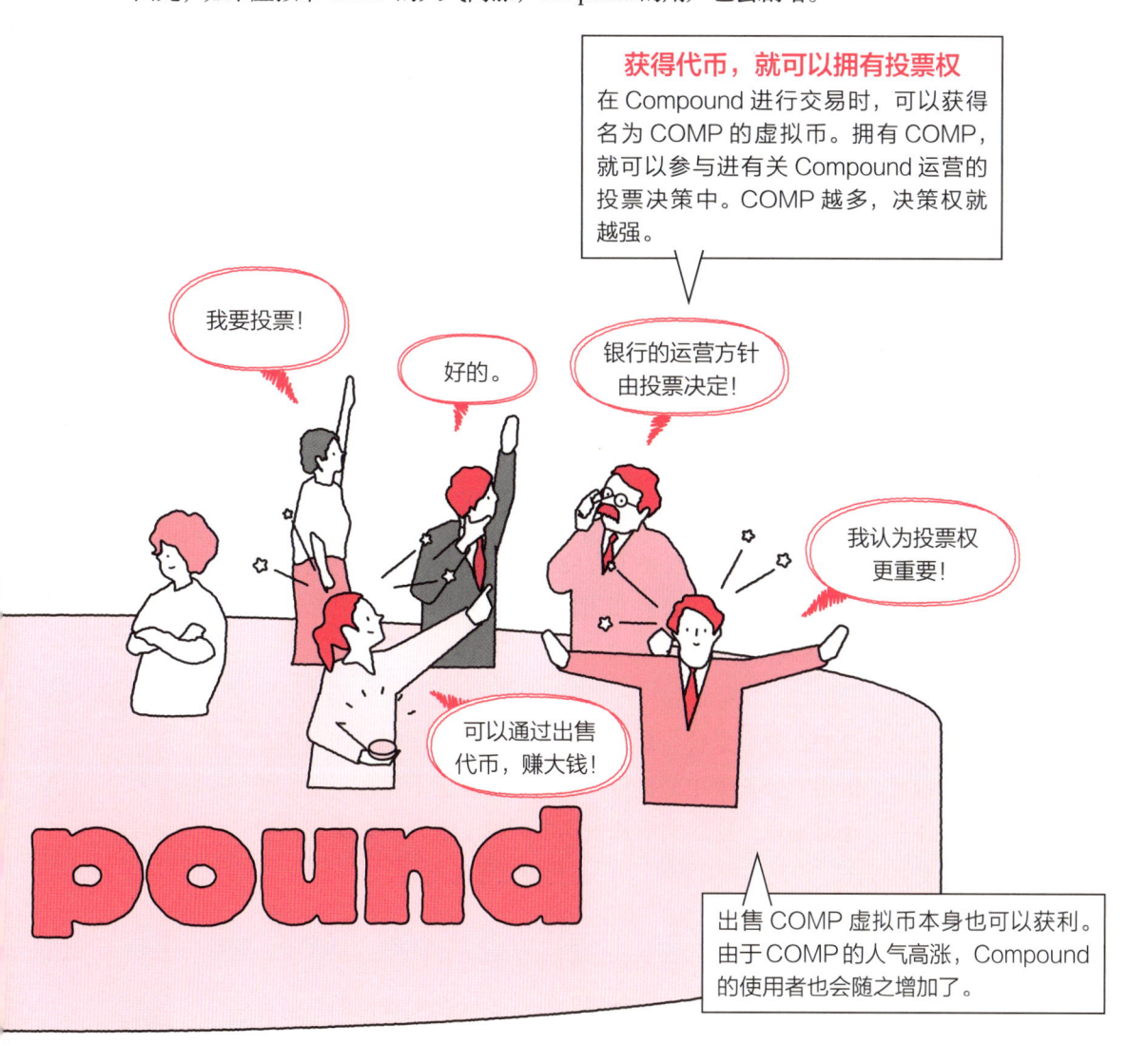

获得代币，就可以拥有投票权

在 Compound 进行交易时，可以获得名为 COMP 的虚拟币。拥有 COMP，就可以参与进有关 Compound 运营的投票决策中。COMP 越多，决策权就越强。

我要投票！

好的。

银行的运营方针由投票决定！

我认为投票权更重要！

可以通过出售代币，赚大钱！

出售 COMP 虚拟币本身也可以获利。由于 COMP 的人气高涨，Compound 的使用者也会随之增加了。

[①] 授予 DAO 成员的有管理权限的虚拟货币。拥有此管理货币的成员，可以在自治组织 DAO 中行使表决权。与少数高层拥有决策权的集团不同，DAO 更看重集体共同决策，通过赋予成员具有治理通证功能的虚拟货币，来体现该成员是否拥有决策权。

第 3 章 区块链催生的技术革命

互联网人物传③

身份不明的区块链发明者　中本聪

　　中本聪被认为是比特币的最初发明者，也是区块链技术的发明者。然而，他的真实身份至今仍未被公开，至于他是何方神圣，更是众说纷纭。有人说他是日本人，也有人说他是中国人，甚至还有人说他代表着一个团队组织，时至今日，关于他身份的争论仍在持续。

　　中本聪真正开始发行比特币是在2009年1月3日。早在发行前的2008年10月，他就整理发表了有关比特币结构的文章。他在文章中这样描述自己的发明："比特币不需要可信赖的第三方，是点对点的新型电子货币系统。"

　　这里所说的点对点系统，是指在货币交易中，那些以往必然存在的银行、信用卡公司等中介机构彻底消失，完全不存在第三方的交易体系。也就是说，这篇文章从根本上颠覆了过去中央集权式的货币交易模式，为交易模式转向去中心化提供了可行性。

　　虽然文章发表之初，专家们对他的说法深表怀疑，但他的名字还是渐渐在全世界传播开来。与此同时，有关他真实身份的纷争也愈发激烈。

他的名字第一次出现在公众视野中，是在比特币发行的几年前。从那个时候开始，他就活跃在网络论坛中，经常发帖、与软件开发者通过邮件沟通。直至今天，他的发言数据仍被细心保管，供程序员和研究人员分析学习。

目前，关于中本聪身份的主流猜测有以下几种：从他在网络论坛上使用流利的英语交流来看，他很有可能是以英语为母语的人。从他在论坛上的投稿时间来看，他很有可能居住在北美、中美或南美等地区。根据这些推测，大家罗列出了许多符合条件的密码理论家或记者的名字，但至今为止，还无法确定他的真实身份。

因区块链技术而备受关注的中本聪，他的真实身份，至今仍是未解之谜，现在，全世界都在寻找他。

第 4 章

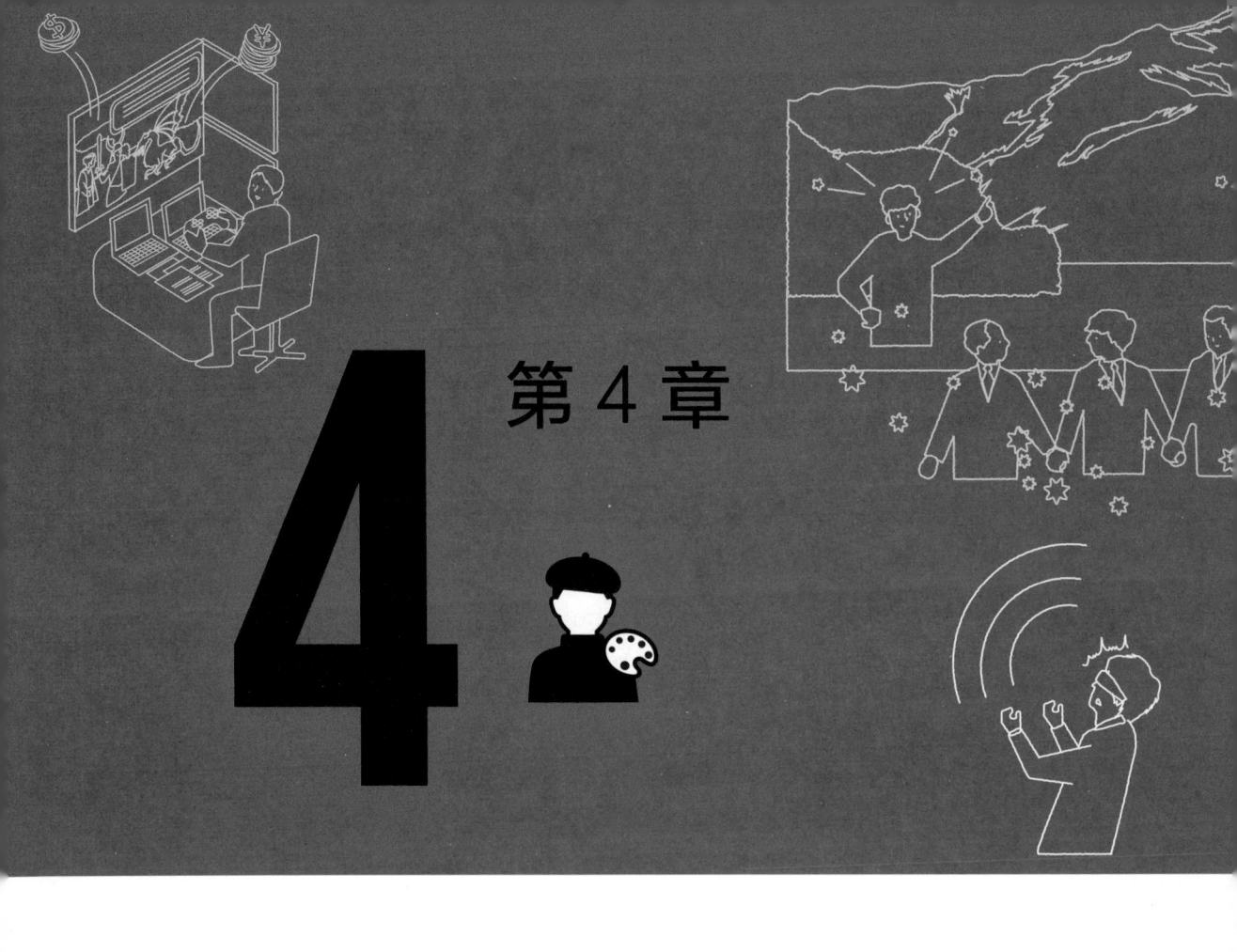

NFT 开启了经济新模式

NFT 是 Web3.0 时代极具代表性的科技之一。通过 NFT 技术，我们期待将会产生一个不同于以往的、全新的"数字经济圈"。接下来，让我们一起了解一下带来新商机的 NFT 的组成结构以及具体的应用案例吧。

01 一文解读 NFT 交易平台架构

被寄予带来新商机厚望的 NFT，是 Web3.0 时代的关键科技之一，让我们一起来了解一下它的架构吧。

　　NFT 是英文 "Non-Fungible Token" 的缩写，翻译成中文为 **"非同质化代币"**。NFT 是在区块链上发行的唯一性数字令牌，通过该令牌就可以确认数字交易的合法性。例如，如果将某个数字作品与某个非同质化通证 ID（标识符）链接起来，那么该令牌的所有者就可以主张自己是该数字作品的合法所有者了。

链接数字作品的标识令牌

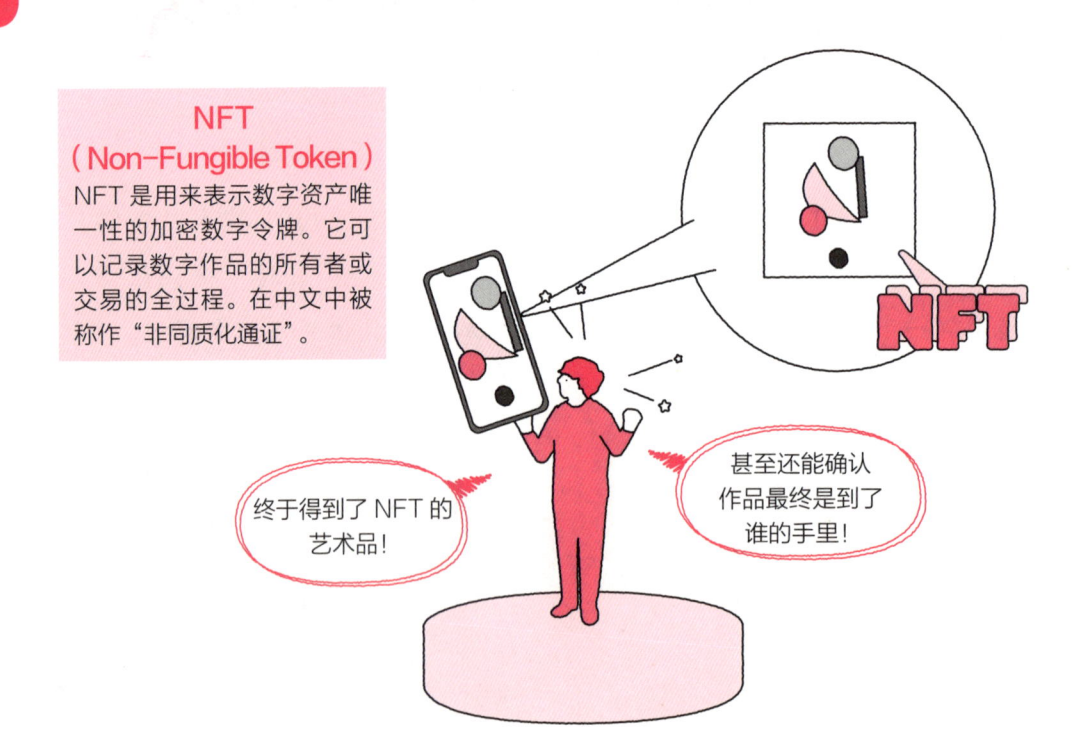

NFT（Non-Fungible Token）
NFT 是用来表示数字资产唯一性的加密数字令牌。它可以记录数字作品的所有者或交易的全过程。在中文中被称作"非同质化通证"。

终于得到了 NFT 的艺术品！

甚至还能确认作品最终是到了谁的手里！

数字令牌 ID **可以把制作者、现在的所有者、过去的所有者等相关历史数据都关联起来**，而且，记录在区块链上的信息或交易很难被篡改或被删除。NFT 正是充分利用了区块链的技术，而创作出的优秀认证机制。与 NFT（非同质化代币）相对的是 FT（同质化代币）。例如，比特币等加密资产就属于同质化代币。自己持有的比特币和别人持有的比特币没有任何区别，可以相互替代。因此，与比特币类似的代币可以说是 FT（同质化代币 = 不具备唯一性的令牌）。

NFT 和 FT 的区别

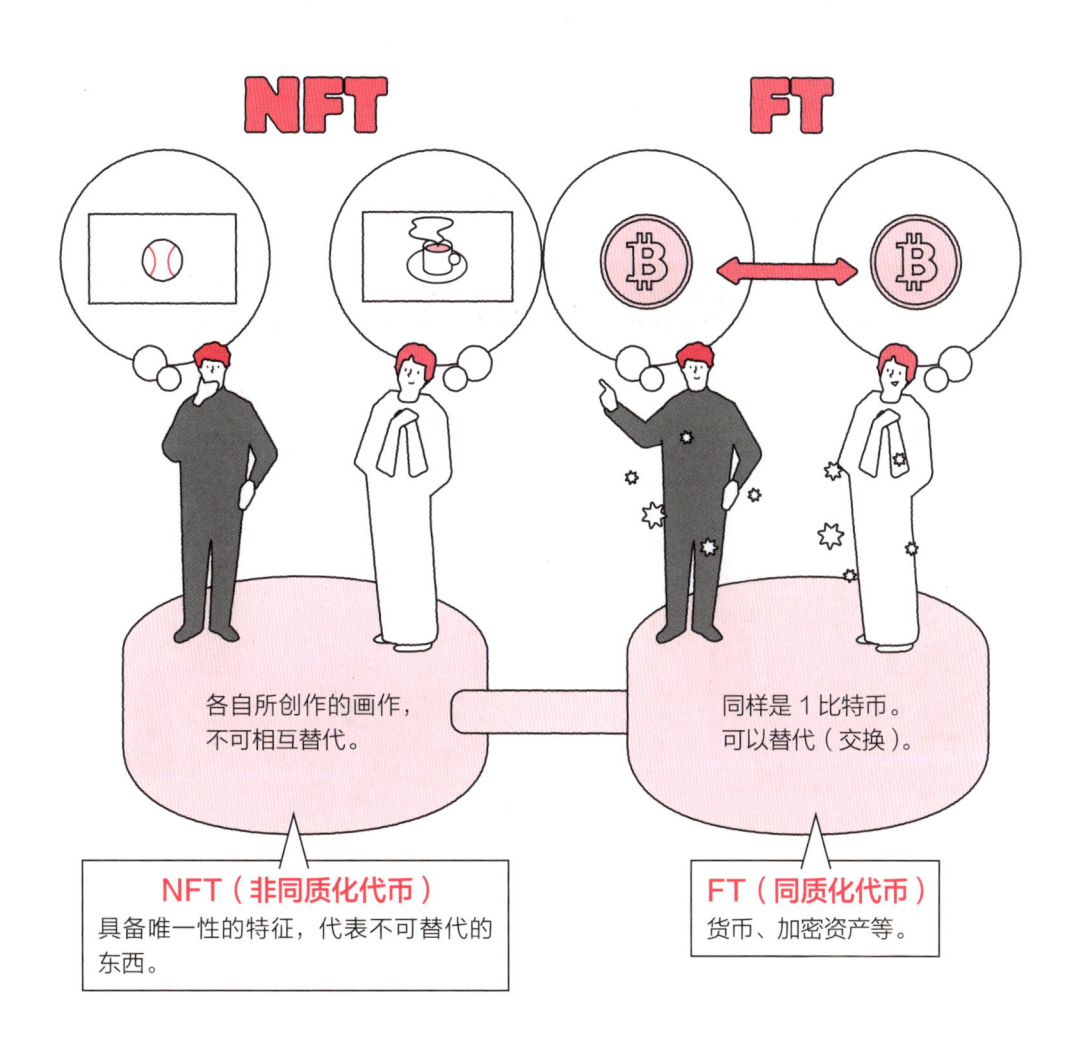

各自所创作的画作，不可相互替代。

同样是 1 比特币。可以替代（交换）。

NFT（非同质化代币）
具备唯一性的特征，代表不可替代的东西。

FT（同质化代币）
货币、加密资产等。

第 4 章　NFT 开启了经济新模式

02 如今，NFT 为何会走红？

早在 2014 年前后，NFT 艺术作品就已经出现了。为何最近几年，NTF 突然就火了起来？

最初的 NFT 作品，据说早在 2014 年就出现了，但最近几年，它又突然爆火了起来，这是为何？据说最近出现"**NFT 热潮**"，主要有以下几个原因。

一种说法是因为"全球金融缓和政策的实施"。由于新冠疫情的影响，全世界的政府或金融机构都实行了金融缓和政策[①]，从而产生了民众"**有余钱**"的状态。就如同投资黄金或比特

加密资产近在咫尺

> 金融缓和政策的收益太低了，存钱真没意思！

> 看来必须再去找个好的投资对象了！

> 听说 NFT 市场最近很火！

> 开辟一个新的金融市场吧！

因新冠疫情的影响，全世界都在实行金融缓和政策，人们手中的闲钱增多了，于是，作为新投资对象的 NFT 市场越来越受欢迎了。

---

① 金融缓和政策的目的是让资金流动起来去帮助实体经济创造价值，金融缓和的意思是通过降低银行利率刺激银行存款参与金融市场交易。

币可以获得高收益一样，人们正在寻找最佳的投资对象，让自己手头的闲钱多生利息。

另一种说法是，金融行业的从业者们，纷纷开始投资比特币等加密资产，带动了NTF的兴起。例如，在美国的罗宾侠（Robinhood）公司里，就出现了许多持有比特币的私人投资者，提供支付服务的贝宝（PayPal）公司，也开始提供比特币买卖服务。像这样，人们对加密资产的投资越多，对NFT的关注度也会随之提高。此外，敏锐的艺术家们迅速**察觉到了这股NFT热潮**，接连高价销售了大量的NFT作品，NFT的受关注度也就越来越高了。

加密资产近在咫尺

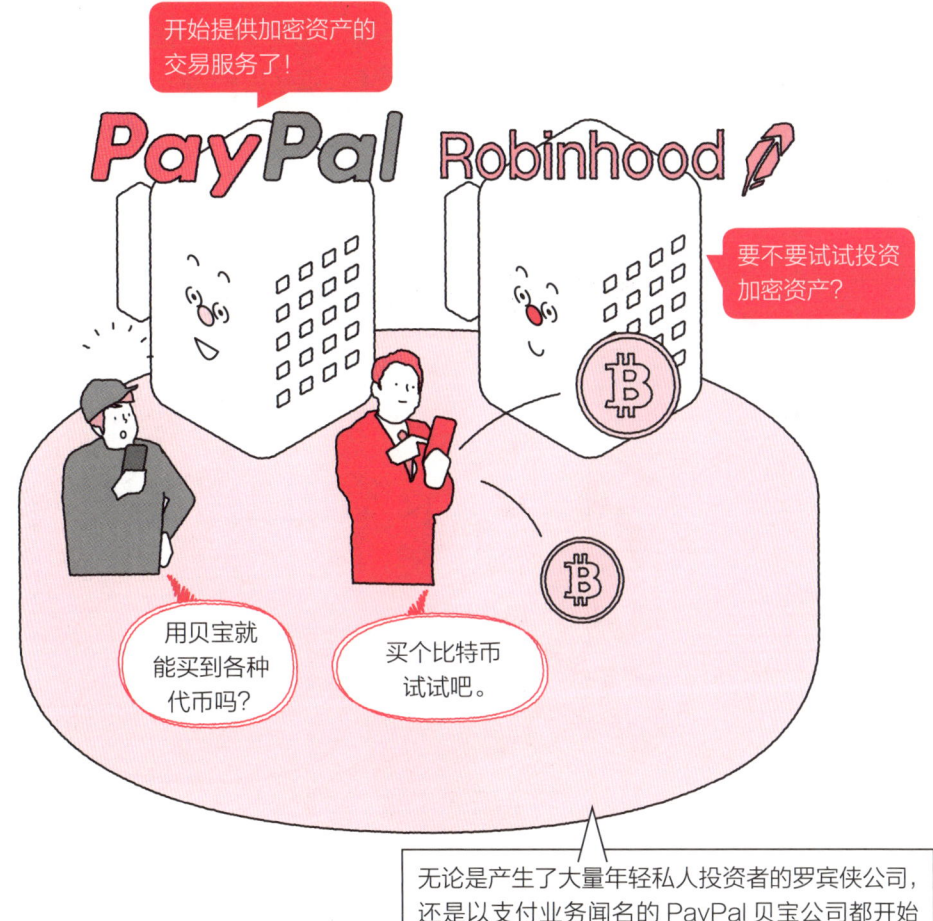

开始提供加密资产的交易服务了！

要不要试试投资加密资产？

用贝宝就能买到各种代币吗？

买个比特币试试吧。

无论是产生了大量年轻私人投资者的罗宾侠公司，还是以支付业务闻名的PayPal贝宝公司都开始提供比特币的买卖服务了，对于用户来说，加密资产已经来到了我们的身边。

第4章 NFT开启了经济新模式

03 "史上第一条喃喃自语的推特",竟然卖了 3 亿日元?

"史上第一条推特"NFT 被天价收购,一时间成为爆炸性新闻。

2021 年 3 月,Twitter 上的一条自言自语似的推文,在 NFT 市场上竟以 3 亿日元的天价成交,一时间轰动了全世界。这条推文,是推特创始人杰克·多尔西写的第一条推文,也可以说是**"世界上第一条推特"**。此推文的中标人说:"这不是一条普通的推特,多年后人们就会意识到,它和著名的艺术作品一样有价值。"这样看来,他是预估到了"世界上第一条推特"的资产价值。

世界上第一条推特

第一条喃喃自语的推文
推特上最早的推文是创始人杰克·多尔西所写的一段文字:
"just setting up my twitter(刚刚建立我的推特)"。

jack @jack

我的推特要是能流行开来就好了……

推特创始人
杰克·多尔西

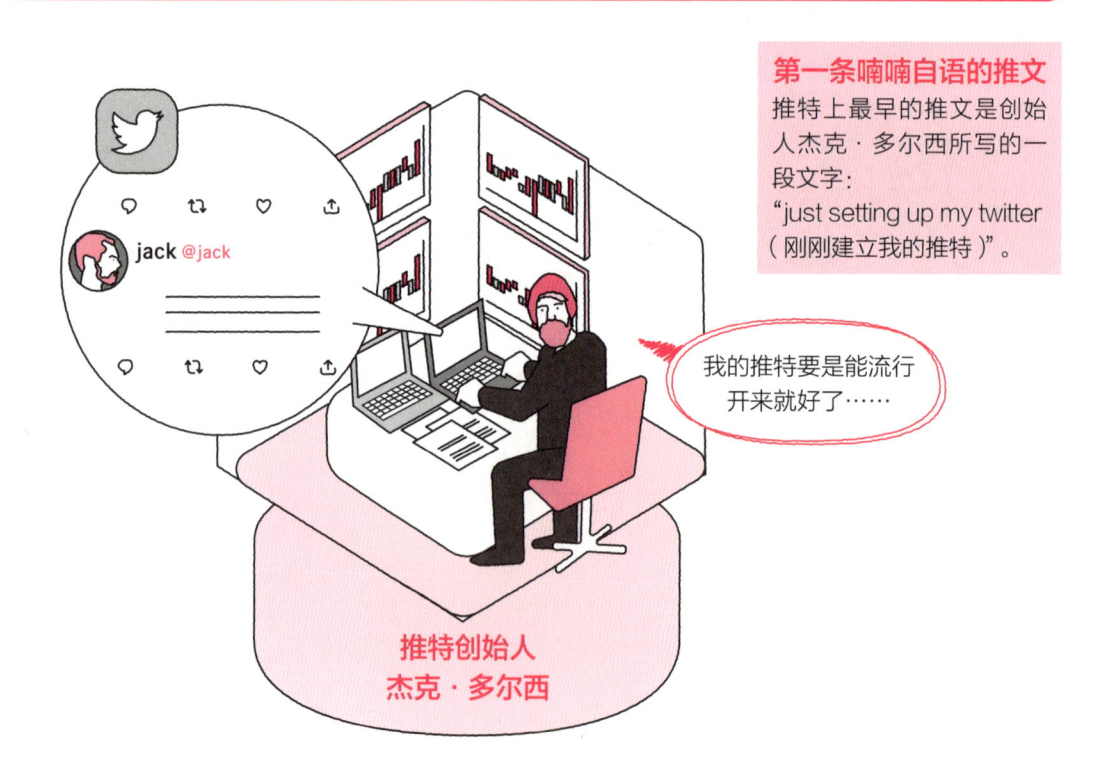

虽说是世人爱用的推特的第一条推文，但它也只不过是一条网络推文，无论是谁，无论在何时，都可以随时随地浏览，这样的推文竟被卖出了 3 亿日元的天价，可以说，这是 NFT 作品走向市场化的典型例子。NFT 让我们知道了"世界上第一条推特"的所有权，即使是任何人随时随地可以浏览的推文，都和有名的艺术品一样，展现出了它作为"资产"的价值。如此看来，NFT 技术扮演了"商品履历证明"的角色，在它的帮助下，**今后所有具有稀有价值的数字资源，都有望成为具有实际价值的资产。**

第 4 章　NFT 开启了经济新模式

NFT 给出了 3 亿日元的价格

世界上第一条推特，我用 3 亿日元买到了！

jack @jack

诶！3 亿日元！

"拥有"就是对其价值的绝对认可！

那个推特，随时随地都能轻易看到……

NFT 热潮的代表性事件

世上第一条推文是杰克·多尔西所写，它在 NFT 市场上卖出了 3 亿日元的天价，轰动一时。

04 赋予"数字作品原作"以价值

随着 NFT 的出现,"真品才有价值"的概念也被带入了虚拟数字世界。

大家都知道 NFT 可以辨别数字作品的真假,但这并不是说"NFT 化的数字作品无法复制",即使是 NFT 已经认证过的数字作品,也是可以复制的。与以往不同的是:NFT 可以提供一份**"商品履历证明"**,可以从履历上看出,该作品是复制品还是原作品。

已被 NFT 认证过的数字作品也并不是"不可被复制"的

我买了 NFT 艺术品。

这种就不能被复制了吗?

复制本身是可以的,但是,很容易就会知道那是复制品。

原来如此。NFT 可以查询所有者和交易记录。

如果不是数字作品，而是实体艺术品，则可以通过在网上搜索图片，或是以欣赏众多画家的复制画或临摹画的方式，体验赏画的乐趣。但是，**人们逐渐发现，真正有价值的是原画，也就是所谓的真品**。NFT 也将同样的价值观引入了虚拟数字世界。使用 NFT 技术的数字作品，甚至比实物艺术品更容易，也能更准确地判断"真伪"。基于区块链的 NFT 技术，或许将改变人类依靠"慧眼"来判断真假的历史。

更准确地看清真品

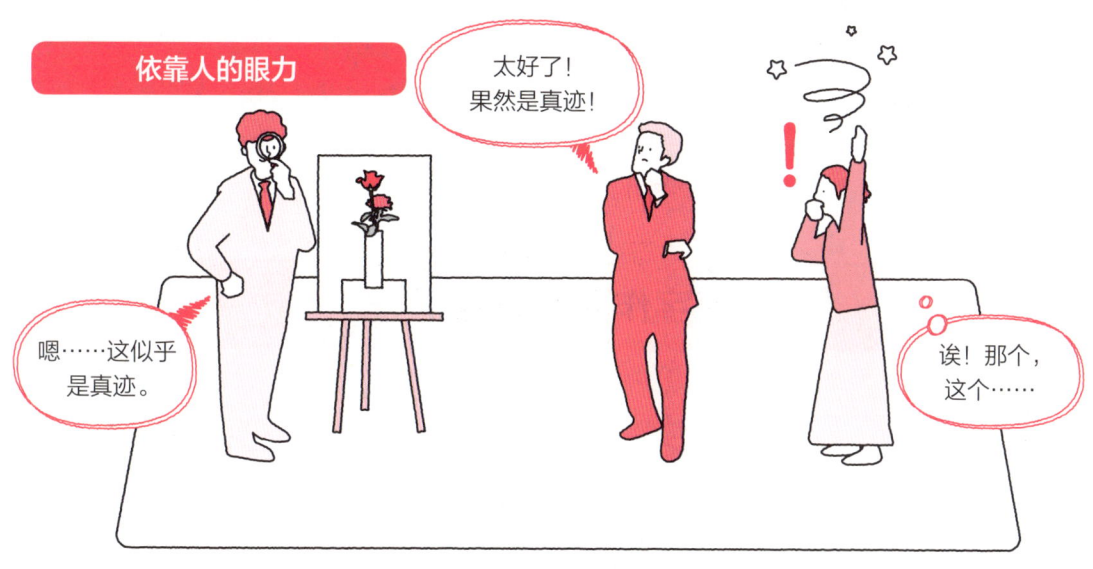

依靠人的眼力

太好了！
果然是真迹！

嗯……这似乎
是真迹。

诶！那个，
这个……

使用 NFT 认证的作品

看！
很漂亮的画吧？

因为使用了 NFT，
很容易分辨真假。

好厉害！
这就是最近很火的
画啊。

05 "数字作品易被复制"的常识将会改变

易被复制、易传播的数字作品一直被认为很难进行市场化销售，而 NFT 技术的出现，正在颠覆这一传统认知。

数字作品的特点之一，就是容易被复制。照片也好，音乐也好，视频资料也好，只要轻轻点击一下右键，就可以轻松复制下来，互联网上更是各类数字资源泛滥，久而久之，在人们的潜意识中，就形成了一种"数字作品都是免费的"的观念。这样一来，以销售 CD、DVD 等实体作品为生的运营商，很难直接将作品转化成数字资源进行销售。

数字作品难以定价？

噢！只要支付 50 元就能听到各种音乐呀！

50 元/月，音乐免费听！

社长！已经是数字化时代了，我们也在网上销售音乐作品吧。

嗯……数字作品太容易被复制和传播了，所以很难上网啊……

要是听音乐的话，还是这种先预付，然后可以随便听的模式好！

数字作品也在商业化运作了呀！

受"数字作品易被复制"的传统观念影响,近年来,我们的很多文化产业[1]不再销售网络作品,而是引入了定额制的不限量服务模式[2]或是现场直播模式等,文化产业转向了"服务业"的盈利模式。但随着 NFT 技术的普及,数据具备**唯一性**的时代来临,可以想象,复制版数字作品的价值将会降低。这样一来,**一直被盈利模式所困扰的网络作品运营商或个人创作者们,或许能找到新的盈利方式。**

复制作品的价值会降低

- 新曲的试听版在 NFT 上限量销售!
- 想听听那首曲子的原版!
- 都是数码作品,所以复制应该是免费的吧?
- 真品才是有价值的。
- 如果是爱好者的话,绝对想听原版!
- 盗版本来就不行……
- 这个感觉与成品的曲子相比,有些许不同,不过也很好听。
- 真是今生的无价之宝!

---

[1] 日本将文化产业称为"内容产业",指通过一定介质将信息化的内容作为产品提供的产业,包括出版、新闻、电影、广播电视、音乐、游戏、动画等。

[2] 可以在一定期间内,无限使用产品或服务的权利。其中,音乐免费听、视频免费观看等服务是最为人所熟知的。易被复制的数字作品难以单独销售和用户的拥有欲望变低等原因,被认为是定额制的不限量服务流行的原因。

第 4 章　NFT 开启了经济新模式

06 在 Web2.0 中，数字作品被各大平台所管控

在互联网 Web2.0 的世界里，巨头电商平台掌控着各种数字作品资源，人们对此习以为常，而进入 Web3.0 时代，摆脱这些巨头平台的呼声日益高涨。

在 Web2.0 的世界中，创作者所创作出的文化作品会受到网络平台的极大影响。比如，音乐家创作的音乐作品，会被音乐播放器管理在定额制的不限量服务模式中，而视频则被存储在像 YouTube 一样的平台上。一旦平台单方面变更规章制度或修改收益分配的比例，创作者们就会立刻陷入不利的境地，这样的运营方式对创作者们来说，是十分不利的。

作品掌握在网络巨头平台手中

各位用户，我们平台上收集了很多优秀作品！

各位创作者们，我们平台上聚集了很多忠实用户！

想要寻找买家，只能登陆那个网站平台啊，虽然手续费很高，但没办法……

果然在这个平台上，有趣的作品应有尽有！

气氛好像又热烈了起来！

将作品的所有权从这种集中型网络平台里夺出，归还到创作者手中，这就是 Web3.0 未来的发展趋势。NFT 技术的广泛应用更是加速了这一进程。在过去，创作者们只能通过特定的网络平台将作品展示给受众，而现在，创作者们可以通过去中心化的 NFT 平台，直接向受众销售自己的作品。另外，因为 NFT 市场遍布世界各地，作品很有可能被传播到未曾谋面的受众手中，从而开发出新的受众群体。

Web3.0，让作品回到创作者手中

07 二次流通也能获利？拯救创作者的 NFT 技术

在过去，创作者们是无法参与进作品的二次销售市场的，但随着 NFT 技术的普及，创作者们很有可能在二次分配中获益。

  NFT 技术给创作者们带来的好处之一，就是**"通过二次流通获得收益"**。在对数字作品进行 NFT 化时，就提前设定了"二次销售时，创作者们也能获利"的功能，这样一来，不仅是在第一次销售时，即使是在二手市场，原作的创作者们也能获益。只有使用了区块链技术的 NFT，才能实现通过智能合约准确记录交易历史，并让创作者在二次交易中同样获益。

将二次流通的销售额归还给创作者

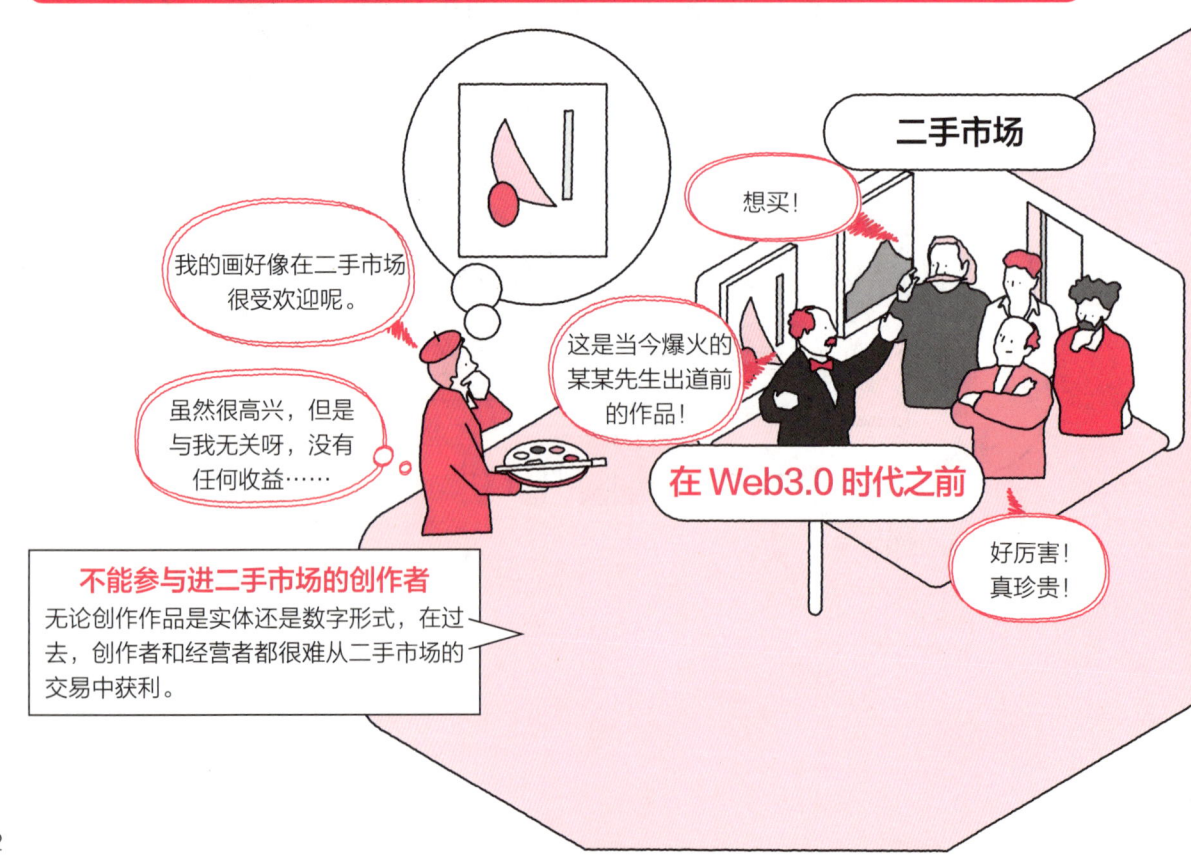

二手市场

想买！

我的画好像在二手市场很受欢迎呢。

这是当今爆火的某某先生出道前的作品！

虽然很高兴，但是与我无关呀，没有任何收益……

在 Web3.0 时代之前

好厉害！真珍贵！

不能参与进二手市场的创作者
无论创作作品是实体还是数字形式，在过去，创作者和经营者都很难从二手市场的交易中获利。

在此之前，无论作品是实物还是数字形式，创作者都很难通过二次销售获利。创作者们最佳的获利时机，就是在首次交易中，即把作品卖给第一个买家的时候，作品一旦转手到二手市场，创作者便再也无法获益了。然而，**如果可以广泛使用 NFT 技术的话，即使作品在首次交易后，又得到广泛认可，价值大幅上涨，创作者也有可能从二次交易中受益**。这样的形式，不仅有利于作品的创作者们，对在 NFT 平台上销售商品的商家们来说，都是一个绝好的契机。

第 4 章　NFT 开启了经济新模式

二手市场

很久以前就卖出去的作品，现在才火了起来！

想买下来！如果卖出去的话，部分收益还会返还给创作者。

在他出道之前，您就开始关注他的作品了，眼光真高！

这是某某先生出道之前的作品哟！

手续费

Web3.0 时代

将二手市场的销售额返还给创作者
根据 NFT 的设定，每次在二手市场进行交易时，创作者还可以从中获得部分销售额。

08 Web3.0 时代的"所有者经济"

去中心化，可以说是 Web3.0 时代的典型特征，用户可以重新找回在 Web2.0 时代失去的"所有权"。

在以"去中心化"为核心的 Web3.0 时代，**"所有者经济"**模式备受瞩目。与以往不同的是，Web3.0 中不再由某个集中了庞大数据的网络公司来管理平台，而是由各个用户来构建、运营、共同拥有平台。这样一来，通过 NFT 技术的运用，将原来集中在某个网络平台上的数字作品所有权又归还到了创作者手中。

赋予用户所有权

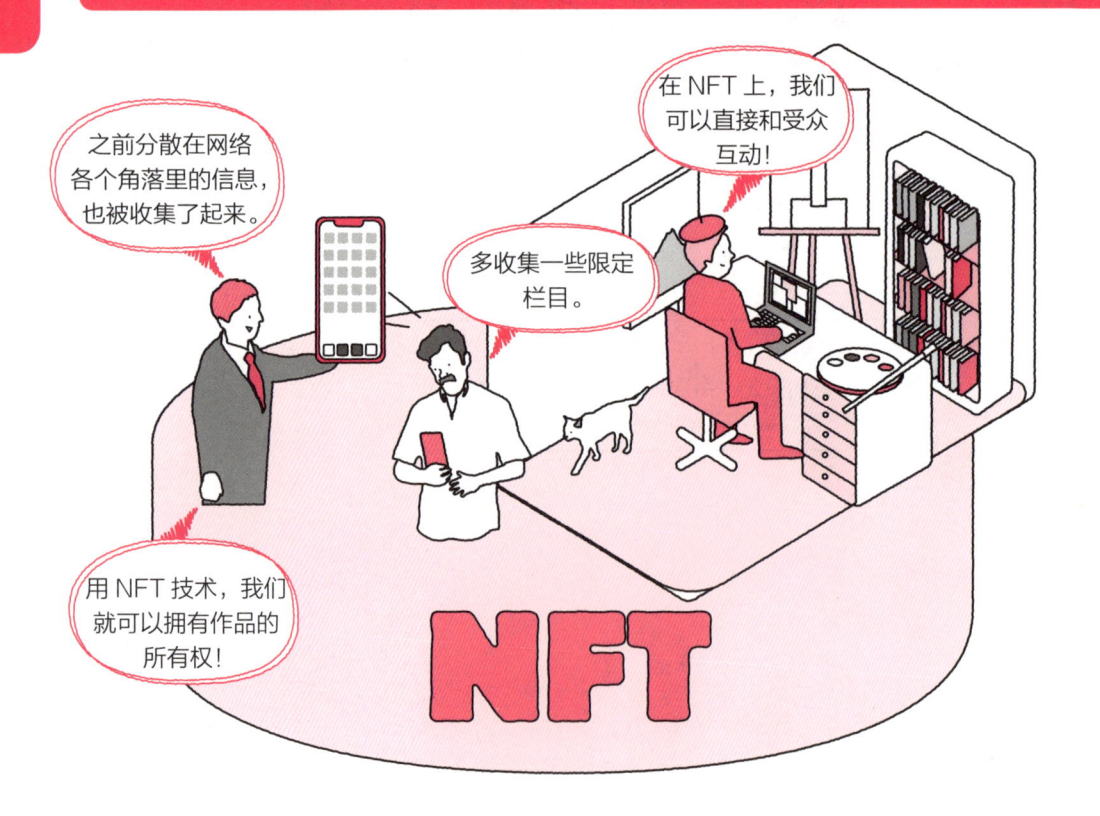

- 之前分散在网络各个角落里的信息，也被收集了起来。
- 在 NFT 上，我们可以直接和受众互动！
- 多收集一些限定栏目。
- 用 NFT 技术，我们就可以拥有作品的所有权！

我们在前文中，向大家介绍的自治组织"DAO"，也是所有者经济的一种。在自治组织 DAO 中，用户可以获得由所有权或管理权带来的经济利益。在"所有者经济"之前，巨头网络平台承担着"信用担保"的作用。尤其是在互联网 Web2.0 时代里，各类网络平台将众多信息、资源，以及客户资料从纷杂的互联网世界里整合起来，并为其提供了一个安全的平台环境，让人们可以放心地进行交易活动或享受服务。<u>进入 Web3.0 时代后，由于区块链技术的普及，已经不再需要网络平台这一信用担保主体了。</u>最终的结果就是，主权，也就是所有权，就被牢牢掌握在用户手中了。

DAO 让所有人都成为项目的主人

目标

朝着共同目标，大家一起努力前进吧！

每个人都是项目的主人！

我来发挥我的领导才能，管理好团队，为项目作贡献！

我来提供资金支持！

DAO

09 哪些数字作品可以在 NFT 销售，哪些不能？

NFT 机制对于创作者来说，带来的好处有很多，但并不能简单地把所有数字作品都 NFT 化。在以往的创业公司中，能够获得报酬奖励的，只是其中的一小部分成员，而在 DAO 组织中，所有成员都能获得金钱奖励。

NFT 是一种有助于创作者进行商业活动的新机制，但这并不意味着，只要将所有的作品都 NFT 化就可以了，而是需要找出"适合在 NFT 上销售的作品"。例如，旨在让更多人欣赏自己作品的人气音乐人，如果把自己的作品 NFT 化，会出现怎样的情况呢？由于 NFT 存在"**可扩展性问题**"，即如果交易量集中，就会导致处理速度下降，因此并不适合以百万次下载为目标的数字作品。

什么才是"适合 NFT 化"的作品？

我将在 NFT 上发布新曲！大家快去听听！

最新歌曲

这就是传说中的 NFT 啊！

NFT 不适合追求大数额的产品？
区块链存在可扩展性问题（即如果交易量增加，就会导致处理延迟），所以不适合发布以百万次下载为目标的数字作品。

太慢了，什么时候才能听到？

让大家都来听，却只限定播放 50 次？

不适合 NFT 化的作品

当然，也有很多适合 NFT 销售的商品，如"限定商品"。限量销售可以避免可扩展性低的问题，更重要的是可以向买家宣传有"收藏价值"。**比如，音乐的话有在构思阶段的试听曲，影视作品的话有幕后制作花絮等，这些与最终的乐曲或影视成品不同的，能够吸引粉丝的限定商品，才可以说是与 NFT 投缘的作品。**如果乐曲的成品想要卖得更多，或推广得更广，那就使用当前的营销模式，而对于那些能够提供"稀有价值"的物品，就充分利用 NFT 模式最好，像这样，兼顾已有的商业模式和 NFT 战略，才是当前的重中之重。

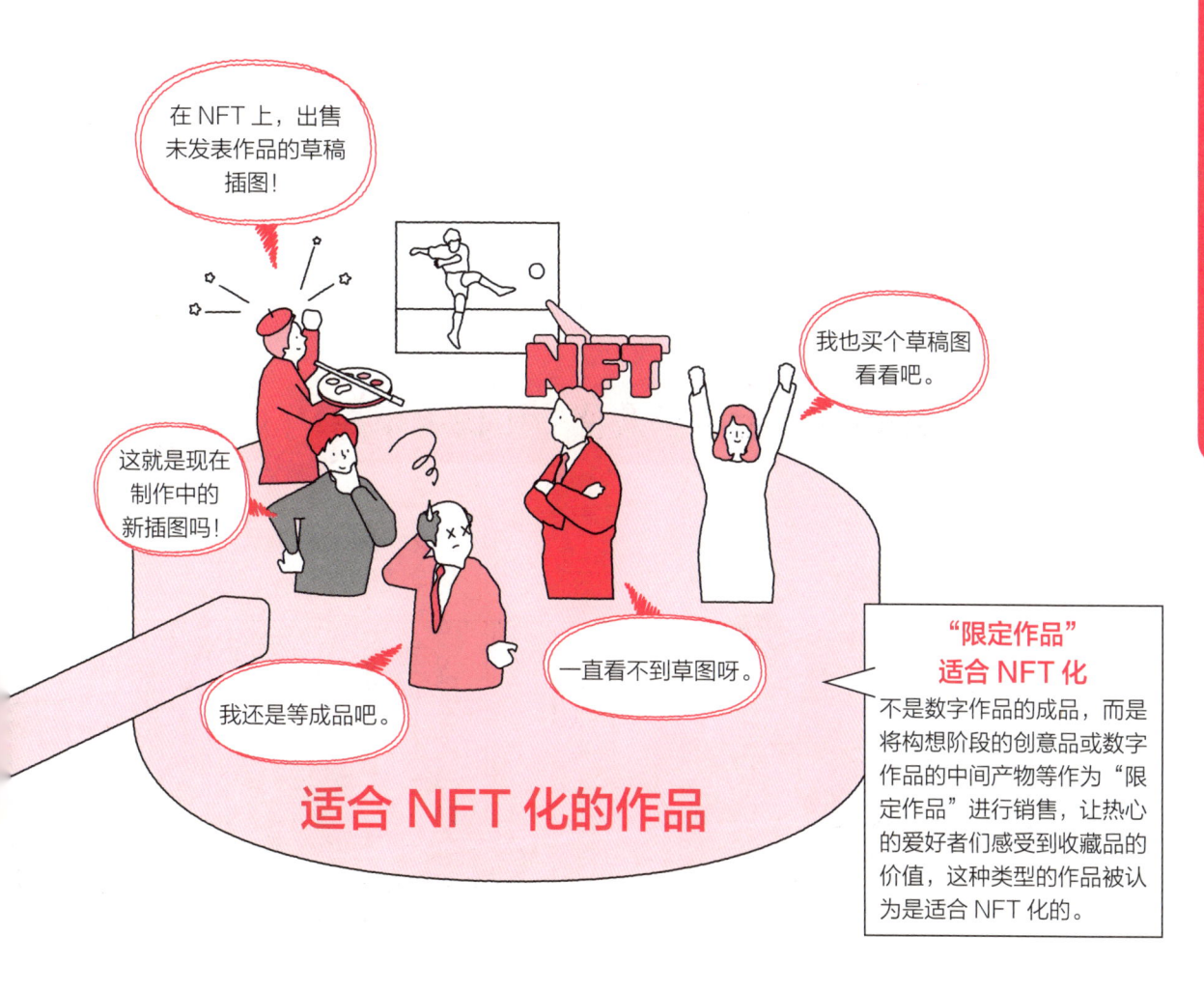

第 4 章　ＮＦＴ开启了经济新模式

在 NFT 上，出售未发表作品的草稿插图！

这就是现在制作中的新插图吗！

我也买个草稿图看看吧。

我还是等成品吧。

一直看不到草图呀。

适合 NFT 化的作品

"限定作品"适合 NFT 化

不是数字作品的成品，而是将构想阶段的创意品或数字作品的中间产物等作为"限定作品"进行销售，让热心的爱好者们感受到收藏品的价值，这种类型的作品被认为是适合 NFT 化的。

10 GameFi 让游戏道具成为真正的资产

由于在游戏中也引入了 NFT 机制，虚拟物品也开始具备实际价值，边玩边赚钱的模式，越来越受大众欢迎。

在 Web3.0 时代，在游戏中获得的道具也被认为具备了资产价值。例如，如果在在线游戏中引入了 NFT 机制，该游戏的顶级玩家之前使用过的武器装备，或者著名设计师制作的游戏服装等，都有可能获得极高的认可价值。虽说"游戏道具"本身，只不过是一个单纯的数据，但在引入可以作为商品履历证明的 NFT 技术后，它就具备了唯一性。

引入 NFT 技术后，"通过游戏赚取加密资产"的商业模式被称为 **"GameFi"**（金融游戏

GameFi（金融游戏化）边玩边赚钱

之前也有通过游戏赚钱的人吧？

游戏玩家不能光靠直播或参加比赛赚钱吧。

确实有呢，还包括很多有名的游戏玩家。

虽然是利用自己擅长的游戏赚钱，但真正的收益来源是视频播放的点击量。

GameFi 将会如何改变这一现状，让我们拭目以待吧！

化）。它由英文单词"game（游戏）"和"finance（金融）"组合而成，被认为是 Web3.0 时代不可或缺的关键词之一。在 Web3.0 时代之前，也有过通过顶级游戏玩家赚钱的先例，他们主要是通过发布有关游戏视频的方式，赚取播放流量。这种情况或许也可以用"通过游戏赚钱"来形容，但说到底不过是通过展播高水平的游戏战绩，再借助于视频手段盈利。<u>进入 Web3.0 时代之后，游戏本身就可以成为盈利的手段，正如字面意思一样，"边玩边赚钱"的时代已经来临了。</u>

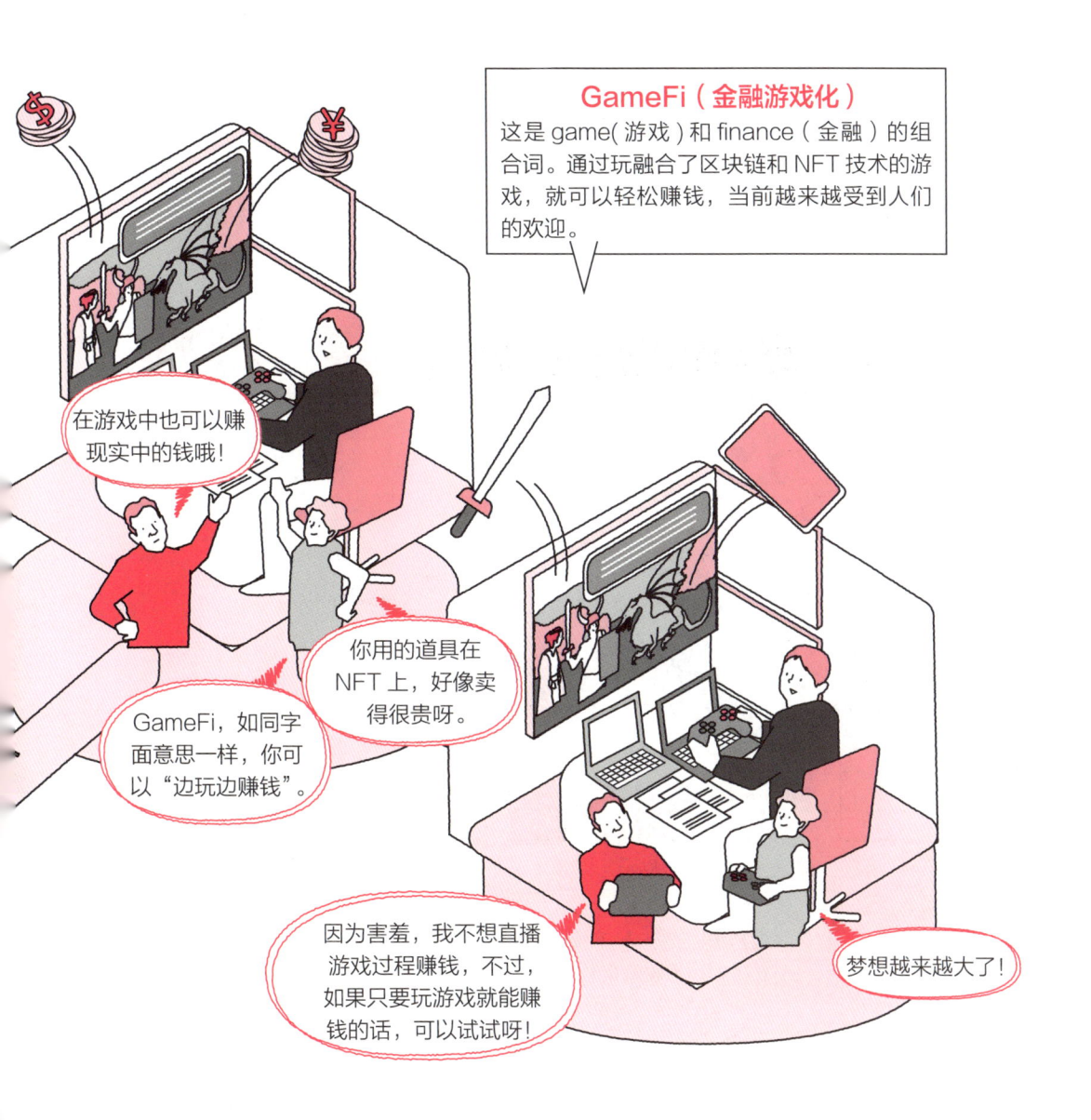

第 4 章　NFT开启了经济新模式

GameFi（金融游戏化）

这是 game(游戏) 和 finance（金融）的组合词。通过玩融合了区块链和 NFT 技术的游戏，就可以轻松赚钱，当前越来越受到人们的欢迎。

在游戏中也可以赚现实中的钱哦！

GameFi，如同字面意思一样，你可以"边玩边赚钱"。

你用的道具在 NFT 上，好像卖得很贵呀。

因为害羞，我不想直播游戏过程赚钱，不过，如果只要玩游戏就能赚钱的话，可以试试呀！

梦想越来越大了！

89

11 免费的数字作品为什么要付费呢?

"明明可以免费观看的东西却要花高价",这种现象,从很早以前就存在了。

即使是 NFT 化的数字作品插画,在大多数情况下都是可以免费"观看"的。NFT 化并不是意味着"不可复制",准确来说,NFT 只是一种"更容易证明真伪"的机制,如果想复制,即使是 NFT 化的作品,你想复制多少都可以。那么,像这样可以免费观看的数字作品,为什么会有人花高价购买呢?人们之所以会产生这样的疑问,大概是因为在现实世界中,数字作品被高价购买的例子,比比皆是。

数字作品有价值吗?

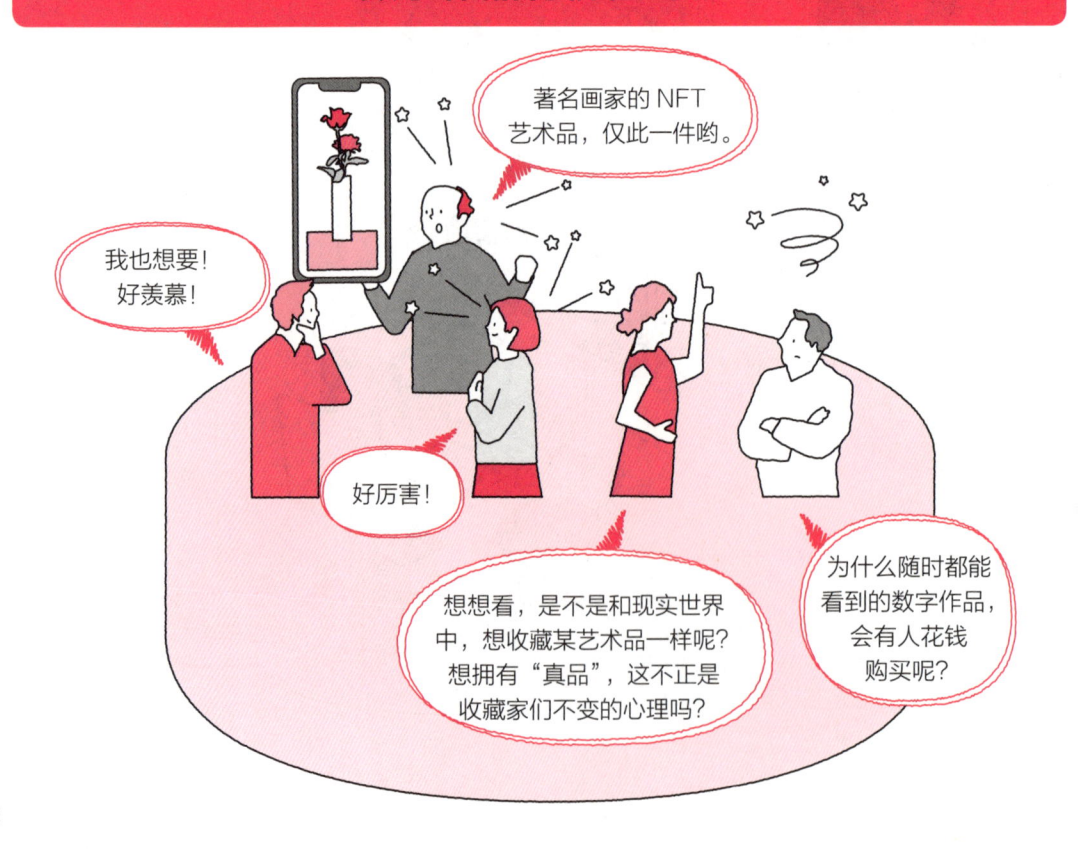

著名画家的 NFT 艺术品,仅此一件哟。

我也想要!好羡慕!

好厉害!

想想看,是不是和现实世界中,想收藏某艺术品一样呢?想拥有"真品",这不正是收藏家们不变的心理吗?

为什么随时都能看到的数字作品,会有人花钱购买呢?

即使是在实体艺术品的世界中，在它漫长的历史岁月中，也多少有过相似的经历。比如，即使是在网上随便一搜就能看到的名画，如果真品摆在眼前，还是会有人愿意花高价购买，就是因为真迹有价。同样，不光是在美术作品领域，在游戏卡、钱币等各个领域，都存在这样的**"收藏家"**，他们认可某物品的价值，并且会高价购买，这在不了解该领域的人看来，简直是不可思议。近年来，互联网上的**"打赏"**也是风靡一时。打赏专指，为了支持自己喜欢的创作者或艺术家，通过付费的方式来表达支持的一种消费行为。打赏文化也被认为是NFT市场繁荣的关键因素之一。

与"打赏文化"相得益彰的NFT

我们的目标是今年内参加大型比赛并获奖！

今后也请大家多多支持我。

那是我最喜欢的歌手，对于他的比赛，总想以什么形式支援一下！

给他打赏吧！

已打赏50元。

一定要加油哟！

打赏的兴起
在互联网上，给自己喜欢的创作者或用户送钱的"打赏"行为已经开始固定下来。这种以支持创作者为动机的打赏文化，正与NFT的理念不谋而合。

12 NFT 市场究竟能卖什么？

在理解了 NFT 的架构之后，接下来我们可以思考一下，哪些商品适合在 NFT 上销售？

实际在 NFT 市场上，有哪些商品在售呢？在 NFT 中，有关数字资产的详细信息被称为**元数据**[1]。从 NFT 的这一特性来看，它与互联网上原本存在的数据和网址一一对应的特性十分契合。因此，可以预见，NFT 技术必将在数字数据交易中占有重要的一席之地。

NFT 市场上在卖什么？

核心要点

有一种叫作"NFT 市场"的服务，可以让 NFT 的用户进行交易。其中极具代表性的公司有 OpenSea 和 Rarible 等。

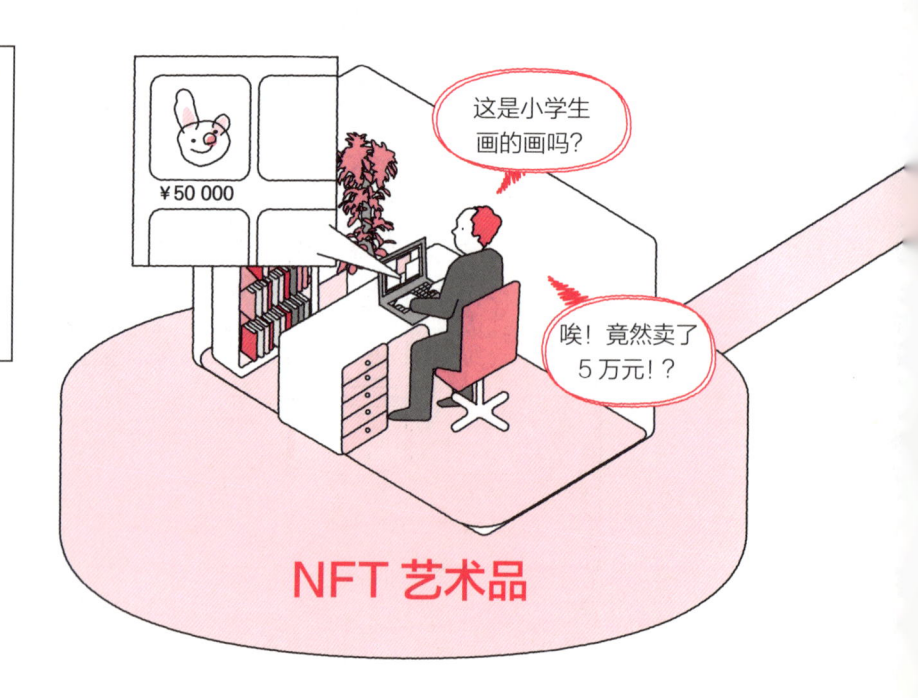

¥50 000

这是小学生画的画吗？

唉！竟然卖了 5 万元！？

NFT 艺术品

---

[1] 不是数据本身，而是指记录数据相关信息的数据。例如图像的 JPEG 文件，图像本身就是数据，而制作日期、图像尺寸、分辨率等信息就是元数据。NFT 就是通过元数据，将数据的所有者和交易历史等信息记录下来，从而进行有效的管理。

在 NFT 市场中的众多数字作品交易中，"NFT 艺术品"交易最有名。从精巧的 CG 插画①到像素艺术②（点画），在 NTF 市场上应有尽有，甚至还有孩子通过 NFT 艺术赚了几万元的先例。另外，NFT 市场上的"照片"交易也很活跃。曾有饲主将在网上极具人气的柴犬照片拿到 NFT 拍卖会上拍卖，最终以高价成交。**即便是日常生活照，也有可能在全球化的 NFT 市场中，找到意想不到的价值。**除此之外，在引入 NFT 技术的游戏中，也有高价买卖道具的例子。这样看来，消除人们对"有价商品"的传统认知观，对于 NFT 市场的繁荣，是十分重要的。

第 4 章 ＮＦＴ开启了经济新模式

它在 NFT 市场上将会成为明星吧！

今天也好可爱啊！

日本柴犬！好可爱！

NFT 照片

正在出售我曾使用过的游戏武器！

如果用那个武器的话，我也肯定会变强。

我想要！

我也要在游戏中变强，这样我用过的道具也能卖出高价了！

NFT 化的游戏道具

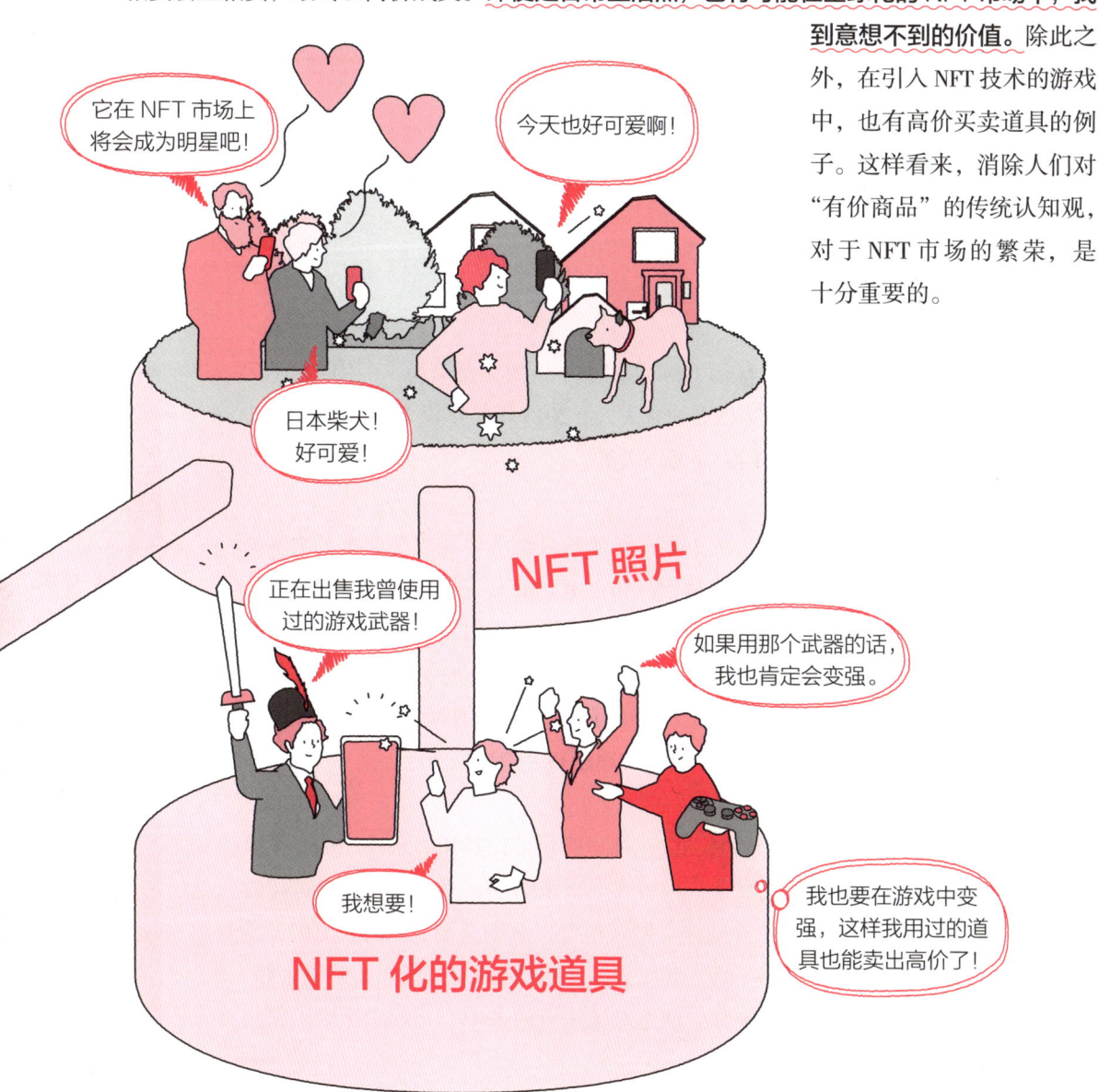

① CG 插画是英文 "Computer Graphics" 的英文缩写，简单来说就是用电脑绘画。它几乎囊括了当今电脑时代中所有的视觉艺术创作活动，如平面印刷品的设计、网页设计、三维动画、影视特效、多媒体技术、以计算机辅助设计为主的建筑设计及工业造型设计等。

② 像素艺术（pixel art），顾名思义就是以像素为单位，一个点一个点去绘制出图像，也有人称为点画法或像素艺术。

互联网人物传④

以太坊的设计者　维塔利克·布特林

维塔利克·布特林 1994 年出生于俄罗斯莫斯科，6 岁时他随父母移居加拿大，成为俄裔加拿大人。2013 年，年仅 19 岁的布特林作为"以太坊"的创始人而名声大噪。

布特林曾表示，从小学开始他就对经济学和数学产生了浓厚的兴趣，并开始学习网络编程。和很多同龄人一样，少年时的布特林沉迷于一款网络格斗游戏。有一天，游戏公司在一次系统升级中移除了他最喜欢角色的技能，痛失心爱技能的布特林对这种中心化组织主导一切的状况产生了不满。于是，他开始接触区块链技术，并积极学习基于区块链技术的民主理念和各种加密资产。

17 岁那年，布特林从父亲那里听说了比特币，从此在他心中埋下了创立以太坊的种子。他曾在一次采访中，对比特币有过这样的评价："不是由某个企业建立网络平台，而是成千上万的人使用自己的计算机建立网络平台，我觉得这个想法很酷。"以往的经历也好，比特币带来的启示也好，使他对区块链的去中心化理念产生了深刻的理解。

于是，他从当时就读的大学退了学，为了了解全世界的区块链项目，他开始了为期半年的旅行。在考察了各种形式的区块链项目后，他发现用户往往要区分区块链项目，分别用于买卖、众筹、个人认证等多种用途。于是，他想开发出一个任何人都可以在上面自由搭建自己的区块链应用程序。这个想法，就是"以太坊"的前身。

旅行回来之后，为了不再让用户根据目的选择区块链，他决定开发一个任何人都可以在上面自由搭建自己区块链应用程序的平台，于是，他就在19岁的年纪创造了以太坊平台。

第 5 章

想走进 Web3.0 时代，就先来看看元宇宙的世界吧！

元宇宙是 Web3.0 时代中不可或缺的存在。它不仅只存在于人们熟知的网络游戏中，还为人们创造了一个可以生活、学习，甚至是赚钱的"另一个世界"。因此，虚拟现实技术近年来也备受关注。那么，接下来就让我们一起来了解一下虚拟现实技术的具体架构，并从中获得新的商业灵感吧。

01 元宇宙
不是一时的热度炒作

2021 年，世界上最大的社交平台之一脸书公司正式更名为"Meta"（元宇宙）。这是因为他们确信，虚拟现实技术将是未来一代的杀手级应用服务。

脸书公司的创始人马克·扎克伯格在这个时候将公司名称更改为"Meta"，一看就是深有寓意。这表明脸书公司对线上 3D 虚拟空间技术带来的"虚拟现实商业模式"的绝对信心。Meta 公司中负责元宇宙业务的 Reality Labs（现实实验室）部门，得益于"Meta Quest 2"一体式 VR 头戴设备的开发，在 2022 年第一季度的盈利额与 2021 年第一季度相比，涨幅为 35%。

命运被巨头平台掌控的脸书公司

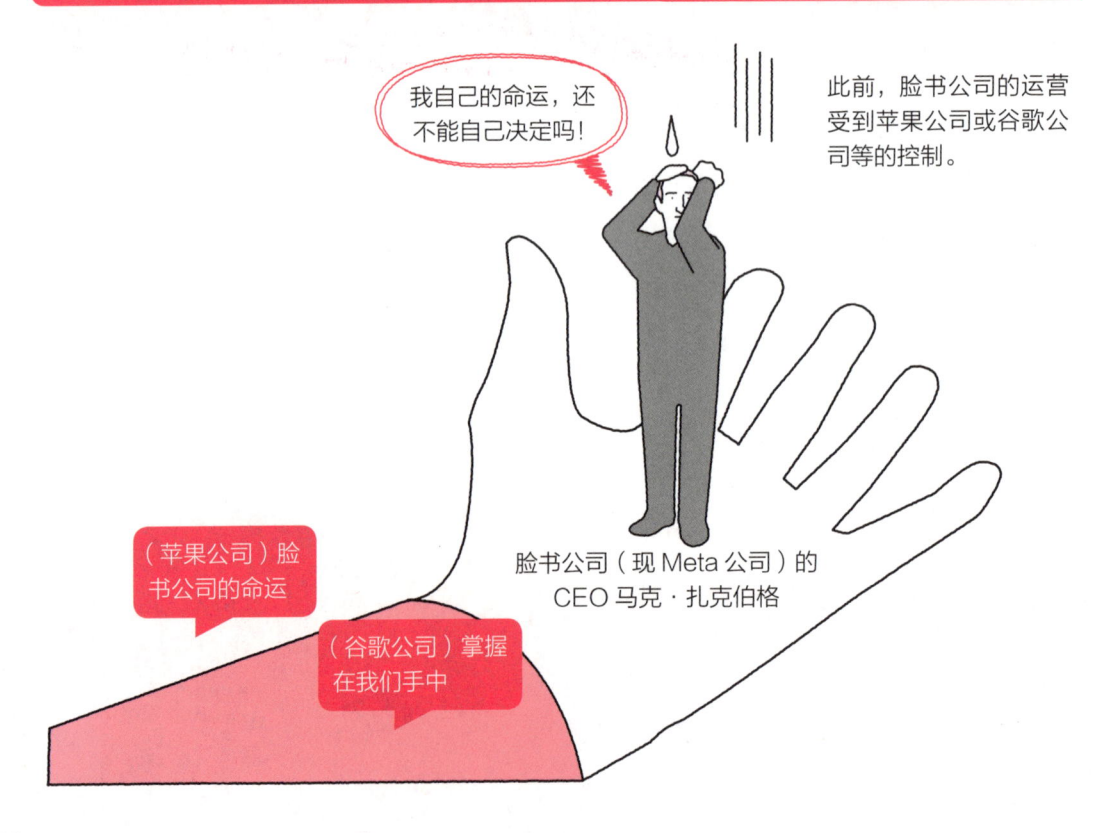

我自己的命运，还不能自己决定吗！

此前，脸书公司的运营受到苹果公司或谷歌公司等的控制。

脸书公司（现 Meta 公司）的 CEO 马克·扎克伯格

（苹果公司）脸书公司的命运

（谷歌公司）掌握在我们手中

除了应用于游戏领域外，"Meta Quest 2"还畅销于多种场合，它的销量比最初预想的要好得多，也更加证实了扎克伯格关于公司"能够在 VR 领域盈利"的设想。这样看来，**商业模式也从 Web2.0 时代以脸书或 Instagram（照片墙）为中心的 SNS（社交）模式大幅转向了下一个盈利窗口**。脸书虽然是拥有庞大用户的社交平台之一，但实际上，它的运营必须依赖苹果公司、谷歌公司这样的巨头网络公司。一旦苹果公司或谷歌公司决定"下架脸书应用程序"，脸书公司的业务马上会就此中断。对于扎克伯格来说，虚拟现实技术则是"自己可以掌控自己命运的事业"。于是，为了摆脱苹果公司或谷歌公司等巨擘网络公司的控制，扎克伯格开始创建自己的"强大的商业帝国，即确立属于自己的网络平台"。

业务大转向 Metas ×VR

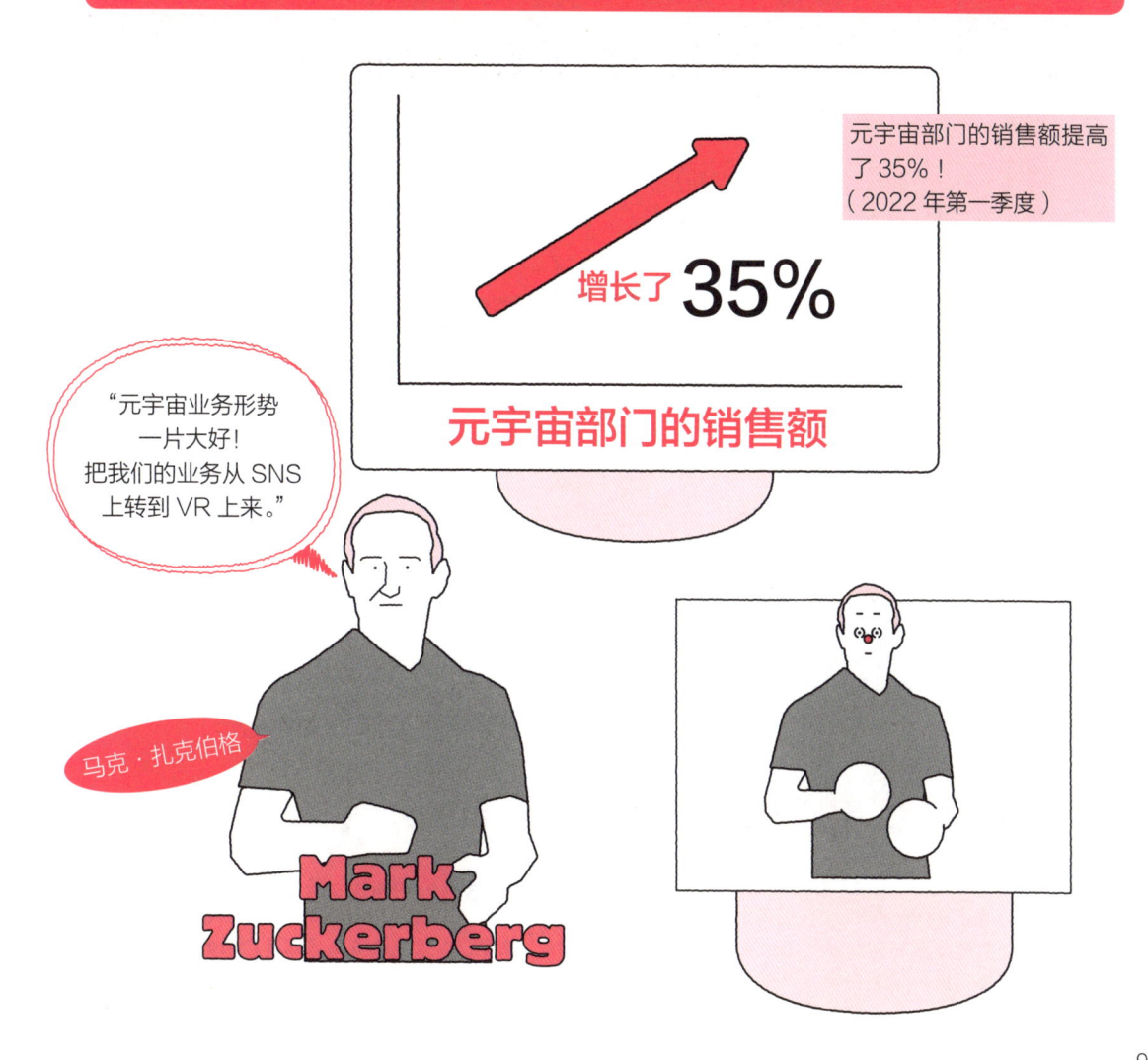

元宇宙部门的销售额提高了 35%！
（2022 年第一季度）

增长了 **35%**

元宇宙部门的销售额

"元宇宙业务形势一片大好！把我们的业务从 SNS 上转到 VR 上来。"

马克·扎克伯格

Mark Zuckerberg

第 5 章　想走进 Web3.0 时代，就先来看看元宇宙的世界吧！

99

02 脸书公司、微软公司也相继加入了元宇宙领域

Meta 公司的元宇宙战略布局是从收购傲库路思公司开始起步的。除此之外，微软也加入了元宇宙市场的竞争领域，希望尽早在新市场取得霸主地位。

扎克伯格并没有唐突地宣布要进军元宇宙领域，而是早有准备。早在 2014 年 3 月，脸书公司就收购了主营 VR 护目镜的美国初创公司傲库路思。傲库路思公司在 2012 年才刚刚成立。扎

微软公司收购游戏巨头公司

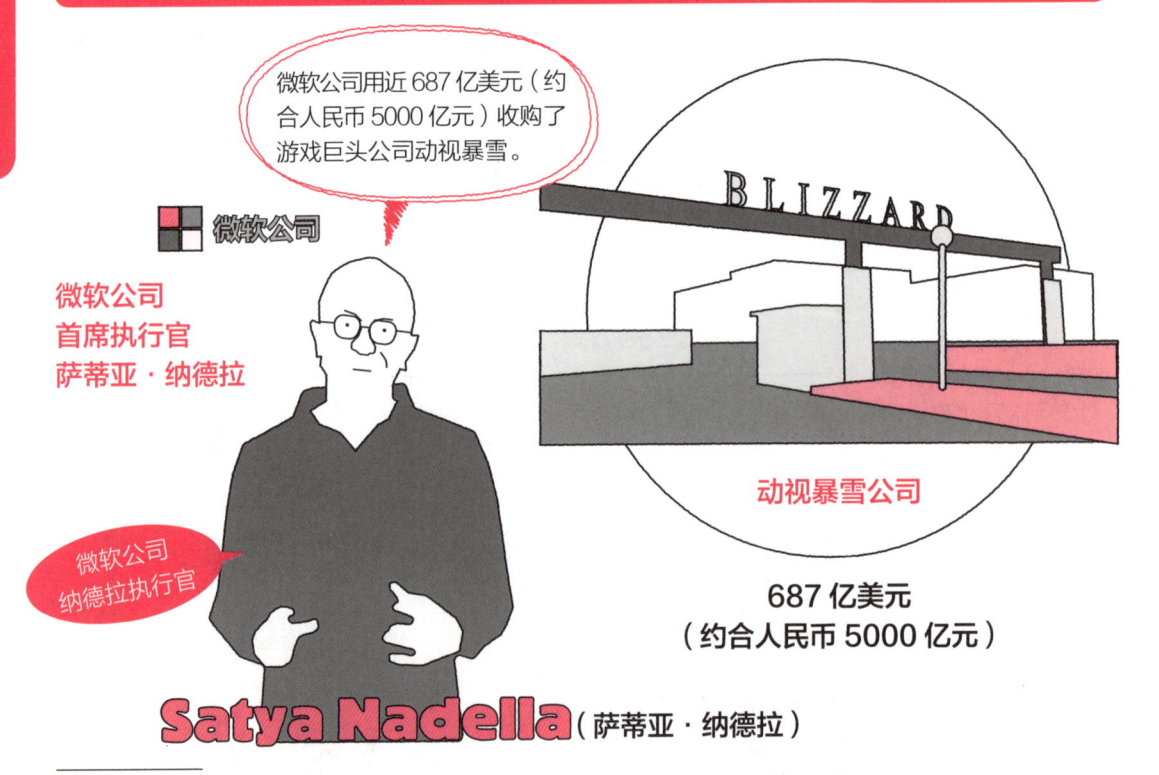

微软公司用近 687 亿美元（约合人民币 5000 亿元）收购了游戏巨头公司动视暴雪。

■ 微软公司

微软公司
首席执行官
萨蒂亚·纳德拉

微软公司
纳德拉执行官

动视暴雪公司

687 亿美元
（约合人民币 5000 亿元）

Satya Nadella（萨蒂亚·纳德拉）

① 傲库路思公司成立于 2012 年，当年傲库路思公司登陆美国众筹网站 Kickstarter，总共筹资近 250 万美元。脸书公司在 2014 年宣布以 20 亿美元的价格收购傲库路思公司，在脸书公司看来，傲库路思公司的技术开辟了全新的体验和可能性，不仅在游戏领域，还在生活、教育、医疗等诸多领域拥有广阔的想象空间。
② 动视暴雪公司是一家美国游戏开发商、出版发行商和经销商，于 2008 年由美国视频游戏发行商动视公司（Activision, Inc.）合并维旺迪游戏后更名而来。动视暴雪是全世界最大的游戏开发商和发行商之一。

克伯格却用20亿美元的高价，买下了一个成立仅一年半的公司。其背后的深层次原因，大概是扎克伯格坚信"VR/AR技术将成为下一代主流计算平台"。

受虚拟现实技术爆火的影响，全球范围内多家公司纷纷变革，元宇宙并不是唯一一家。2022年1月，微软公司以近5000亿元的价格收购了美国游戏巨头公司动视暴雪公司，两家公司就收购案达成一致协议。**这是微软公司自创立以来最大规模的收购案，可以说是为了称霸"游戏市场"而采取的行动，这也是进军元宇宙领域的三大步骤之一。**此后，微软公司马上发布了名为"Xbox Series X/S"系列的最高水准家用游戏机，并配备了可以在Xbox或PC端上玩的全新的包月游戏"Xbox Game Pass"，玩家可以尽情畅玩数百个网络游戏。此外，微软公司还推出了名为"Project xCloud"的云服务系统，无论玩家在何地都能尽情地享受该服务。

微软公司欲称霸游戏市场

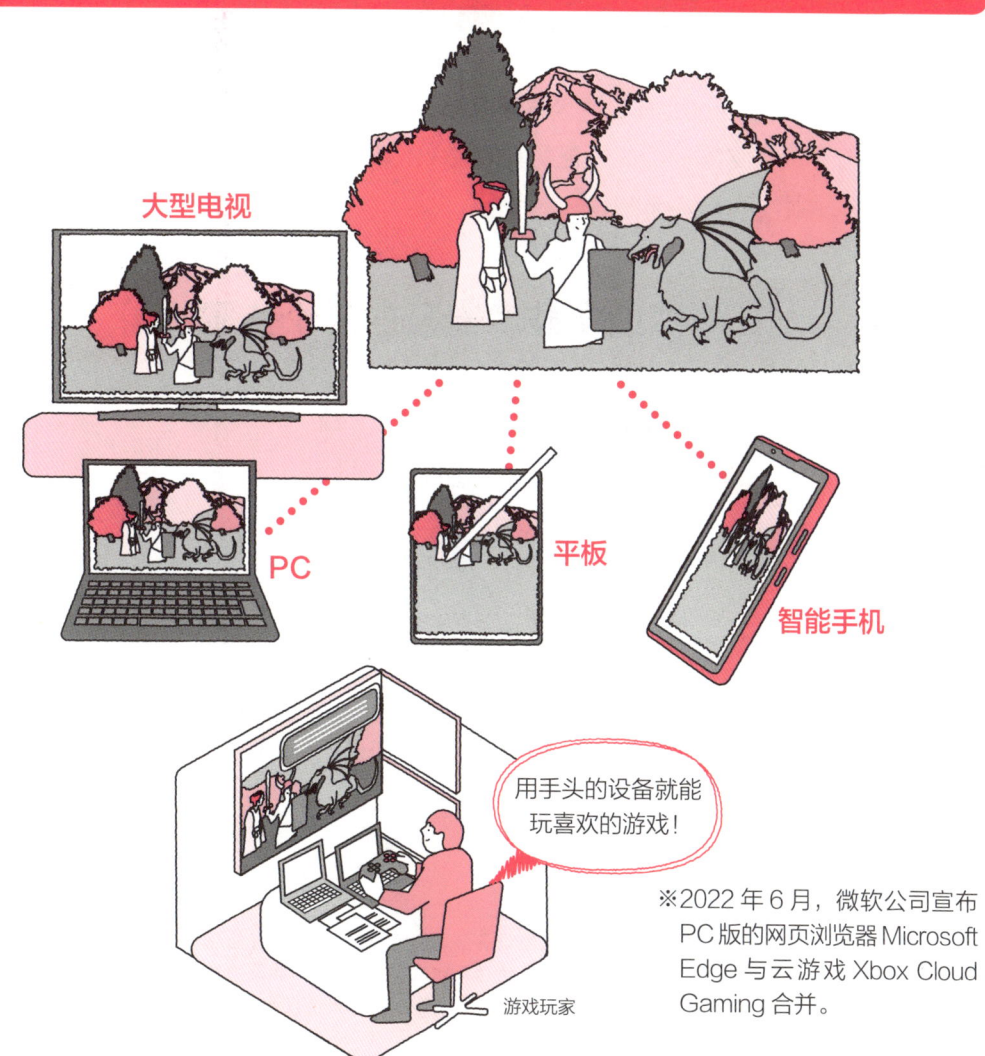

大型电视

PC

平板

智能手机

用手头的设备就能玩喜欢的游戏！

游戏玩家

※2022年6月，微软公司宣布PC版的网页浏览器Microsoft Edge与云游戏Xbox Cloud Gaming合并。

03 普及虚拟现实技术的三大步骤

有一种观点认为：要想让虚拟现实技术得到广泛普及，就必须经过三大步骤。

有一种观点认为：要想让虚拟现实技术渗透到我们的日常生活中，需要遵循以下三个步骤：占领世界**游戏市场**；占领平板电脑或 PC 市场（**尤其在商务和教育领域**）；进入**后智能手机**[①]时代（尤其是智能眼镜领域）。从完成情况来看，在游戏领域，由于近年来受新冠疫情的影响，人们居家时间增多，头戴式 VR 显示器的销量也是持续增长。以头戴式 VR 显示器"Meta Quest 2"为首，到 2022 年，它的累计销售量预估将达到 2000 万~3000 万台，除此之外，苹果公司也计划发售支持 VR/AR 功能的头戴式 VR 显示器。索尼公司也将于 2023 年发售面向下一代的显示器"PlayStation VR2"。

虚拟现实技术普及的三个步骤

吸引全世界的游戏玩家

一般认为，虚拟现实技术想要普及的第一步，就是占领游戏市场。

这个游戏真是太好玩了，史无前例！

[①] 继智能手机之后，有望成为未来社会的主流设备。眼镜型 AR 设备"智能眼镜"等被列为后智能手机时代的主要候选对象。如果智能眼镜得以普及的话，以往只能在手机屏幕内获得的信息，现在用户们可以通过智能眼镜，全方位地感知信息资源，这必将带来产业的更新换代和人类生活方式的变革。

从游戏市场来看，最初设定的销售目标是卖出 1 亿台能够完全吸引玩家的游戏机，但从近几年的发展情况来看，可以说全世界的游戏玩家都为游戏机着迷。如果想要进军平板电脑或 PC 市场，关键在于**"成为商务或教育领域的必备智能设备"**。从商务领域来看，像 Meta 公司的 VR 智能办公应用系统"Horizon Workrooms"①，能否与 Office 合作是当前的关键课题。从另一方面来讲，虽然在教育领域很难诞生创业类项目，但以 Meta 为首的公司，必须主动承担起教育创新的重担。至于后智能手机时代，并非专指 VR 技术，而是侧重于 AR 眼镜领域的开发。据称，从 2022 年下半年到 2024 年，苹果公司、Meta 公司、谷歌公司将陆续推出 AR 智能眼镜产品。

教育和 AR 眼镜也很重要

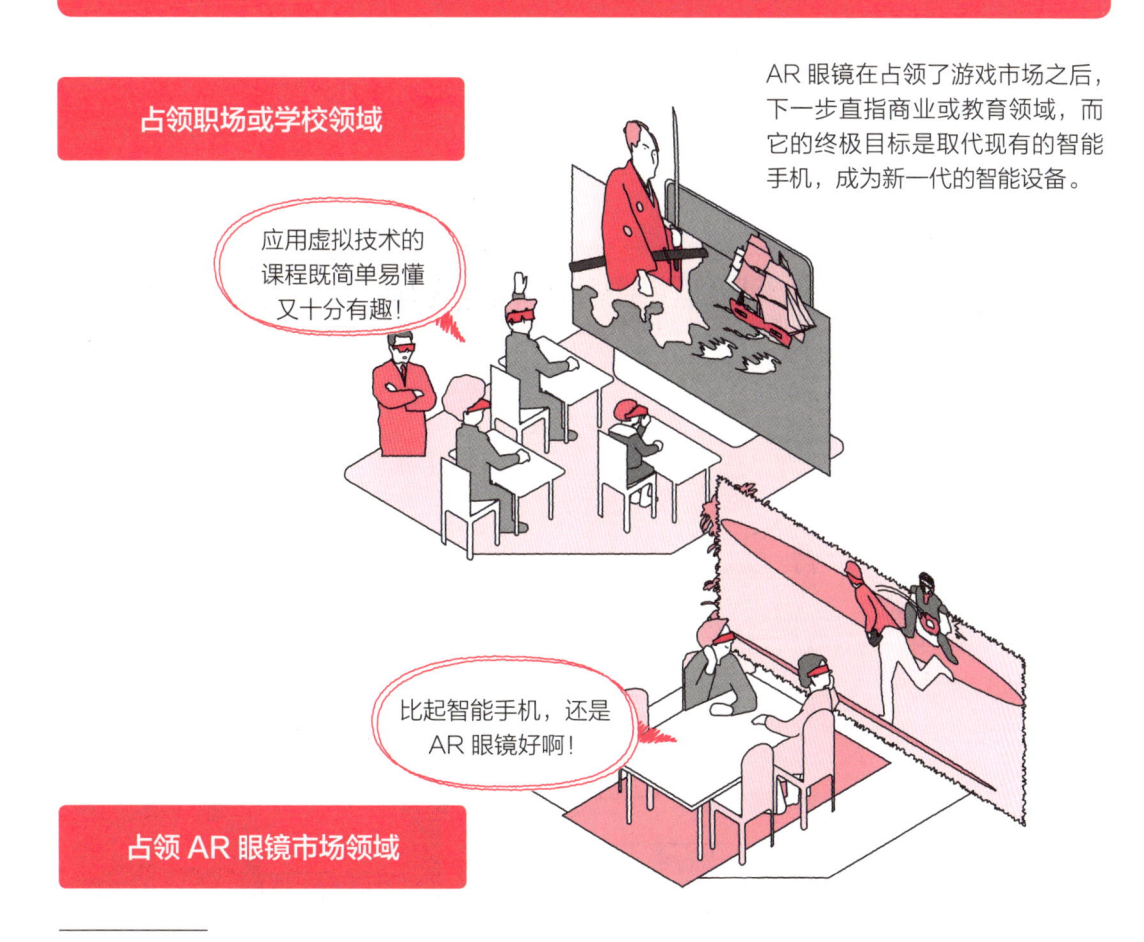

占领职场或学校领域

AR 眼镜在占领了游戏市场之后，下一步直指商业或教育领域，而它的终极目标是取代现有的智能手机，成为新一代的智能设备。

应用虚拟技术的课程既简单易懂又十分有趣！

比起智能手机，还是 AR 眼镜好啊！

占领 AR 眼镜市场领域

---

① Horizon Workrooms 是 Horizon 社交平台中专门面向办公场景的应用，用户可以通过这项服务在 VR 环境中举行会议。Horizon Workrooms 可以支持单个房间最多 16 名用户在 VR 中一起使用，如果没有头显的用户，也可以通过视频通话来使用，总共可以支持 50 人同时在线。

04 吸引"右脑"的元宇宙魅力

Zoom 等在线网络会议平台所欠缺的，正是这种"身临其境"的代入感。VR 技术的魅力之一，就是可以刺激人类的右脑——感觉器官。

VR（虚拟现实）系统所侧重的，就是人类"右脑的感官"。人的大脑分为左右两部分，左脑擅长语言、计算、分析等逻辑思考领域的认知，而右脑则擅长空间识别、图形识别、音乐鉴赏等感官领域的体验。如今，Zoom 等在线会议系统的迅速普及，让很多用户可以从中受益，尤其是在短时间的商务谈判中，更能够体会到在线会议平台的巨大优势。然而，一旦进入长时间、多人参加的会议、酒会、聚餐等场合，也有很多人真真切切地感受过线上会议的不便。

传统网络会议所欠缺的东西

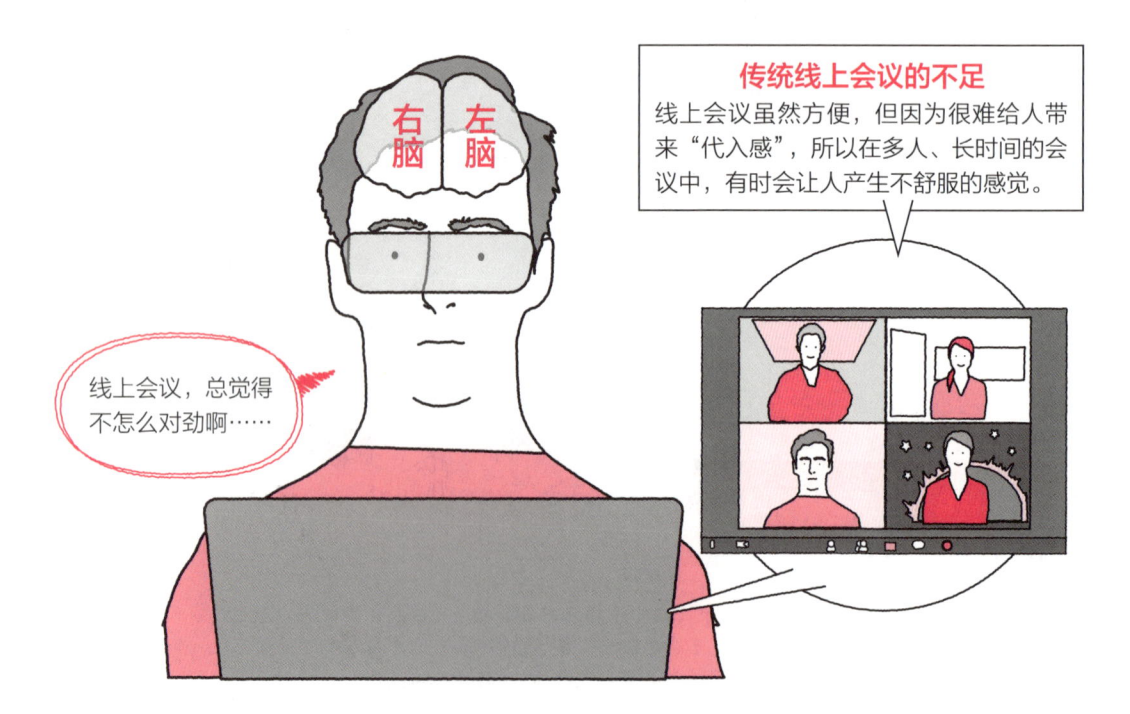

传统线上会议的不足
线上会议虽然方便，但因为很难给人带来"代入感"，所以在多人、长时间的会议中，有时会让人产生不舒服的感觉。

线上会议，总觉得不怎么对劲啊……

以往的在线会议很难让人产生"身临其境"的感觉，也就是所谓的沉浸感，虚拟现实技术最大的优势就是可以满足人们沉浸式体验的需求。为了给客户营造良好的"沉浸式氛围"，以下两点非常重要：分辨率（清晰度）；响应速度（反应速度）。在第 1 个条件中，可以说画质越好，给人的沉浸感就越强。而在第 2 个条件中，目前互联网的网速依然很慢，除了对方的语言外，像点头、小动作这样的细微举动，很难实时传达给对方。也就是说，现有的在线会议系统虽然可以满足左脑的语言交流功能，但却无法满足右脑的感官功能。满足人类的部分感官功能，正是元宇宙技术的不懈追求。

画质和响应速度是决定性因素

① 画质好

画面的质量越好，真实感越高！

② 响应速度快

声音好大啊……

也就是说，

甚至连对方的细微动作，都能看得一清二楚！

05 可以选择多个元宇宙虚拟社区

在元宇宙的世界中，无须拘泥于现实世界中人们的外貌、居住场所、性格等具体属性。人们可以根据自己的心情，选择令自己舒适的社交群体。

我们所处的**现实世界中存在着各种各样的问题，其中最大的问题就是，我们容易被"一个外表""一个世界""一个群体"所束缚**。而在元宇宙的世界中则截然不同，人们可以拥有多个外表、多个角色（性格），抑或是多个社交群体。在现实世界中，我们往往容易以貌取人。而在元宇宙的虚拟世界中，我们很有可能过上人类史上的第一次"不被外表所左右的人生"。

被束缚在一个世界里的现实世界

没有什么意气相投的人。

真憋屈啊！

在元宇宙的世界中，即便是社交群体，也有可能以与过去完全不同的形式呈现出来。可以将想象空间具体化的虚拟现实技术，当然有能力打造一个肉眼可见的虚拟封闭空间。人们可以充分利用这个虚拟空间，创造一个意气相投伙伴们聚集在一起的舒适的私人社区。更重要的是，**我们不会被自己在现实世界中的位置所束缚，可以与世界各地的人建立联系，找到拥有相同价值观的人，并在慎重排除了所有不愉快事物的虚拟世界中，度过惬意的时光**。在元宇宙的世界中，我们或许可以自由地选择自己的生活、社交群体，甚至是自己的人生。

在元宇宙世界中，可以自由选择虚拟社区

一起在游戏世界中畅游吧！

分享同样的兴趣爱好吧！

在元宇宙世界中，可以不被现实世界所束缚，自由自在地生活！

意气相投的人，还能共建社交群体。

第 5 章　想走进Web3.0时代，就先来看看元宇宙的世界吧！

06 拥有"多样的人生"

在可以不被现实世界所束缚的元宇宙中，谁都可以享受"另一种人生"。

我们不是将现实世界中的生活，原封不动地转移到平行世界元宇宙中，而是期待"在元宇宙中享受另一种人生"。**在虚拟现实世界中，我们可以不受现实世界中自身属性的束缚，尽情地去体验不同的人生**。例如，现实世界中在办公室工作的白领们，可以在虚拟世界中化身为足球运动员；一整天都在大城市的办公室中忙碌的人，可以在元宇宙中，置身于风景优美的乡下，醉心于田园风光。也就是说，元宇宙可以让我们成就"另一个自己"。

通过元宇宙，享受"另一种人生"

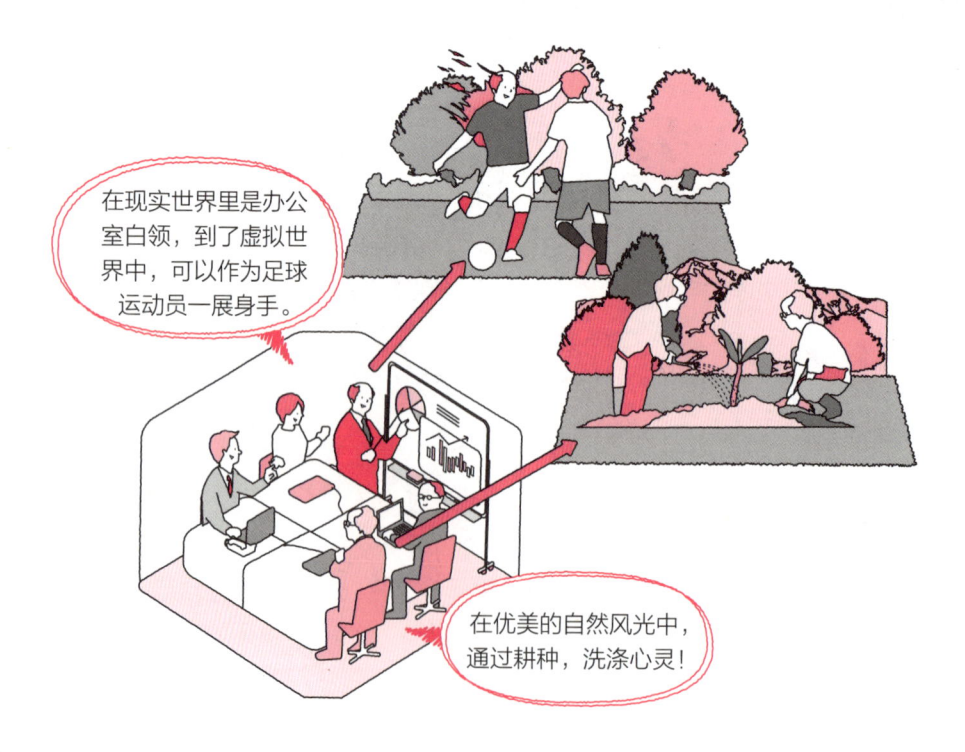

在现实世界里是办公室白领，到了虚拟世界中，可以作为足球运动员一展身手。

在优美的自然风光中，通过耕种，洗涤心灵！

那些为了"活出另一种人生"而沉浸在元宇宙世界中的用户，他们并不是因为对现实世界的不满而选择逃避到虚拟世界中。恰恰相反，他们是充分肯定现实生活的人，希望在真实人生的基础上，继续探索与之不同的"别样的生活方式"。在元宇宙中，任何人都可以超越现实世界的制约，实现真实的自我。即使是自认为在现实生活中已经过得足够好的人，也可以踏入虚拟世界，体验各种不同的事物，从而发现自己隐藏的潜能或是注意到自己未曾留意过的一面。随着硬件设备的进步和服务水平的提高，虚拟世界的体验感也在不断增强，将来，会有越来越多的用户，在虚拟世界中体验到不同的人生。

发现自身隐藏的潜能和多种可能性

学问

舞蹈

办公室

我的体内竟然隐藏着这样的才能，之前从没发现呢！

07 元宇宙中"超越现实"的体验感

虚拟世界不仅仅发挥着"现实世界替代品"的作用，它的主要目标是消除现实生活中的壁垒，创造一个更加舒适的世界。

就像现在有人会长时间利用社交媒体软件一样，当虚拟网络世界普及后，人们利用虚拟空间的时间也会随之增长。在一个完备的虚拟现实世界中，学校、办公场所、娱乐场所以及休闲空间等也会应有尽有。当然，如果元宇宙世界仅是对现实生活的再现，人们也就没有必要特意花时间或金钱在虚拟世界里度过光阴了。因为在现实生活中的体验已经足够了。人们选择元宇宙，原本就是想体验"超越现实，获得更舒适空间"的体验感。

超越现实的体验感

虽然人在家里，但瞬间有种在南方的体验感！

即使在元宇宙世界中,发生的都是和现实生活中类似的、常见的事,那它们也必定有些许不同之处。例如,在虚拟世界中,学校的课程可以使用双向(互动式)教材,虚拟教师可以教授我们课程,无论提问多少次或答错多少次,他们也不会生气。此外,在汇报演示中,利用虚拟技术,可以展现出在现实中无法呈现出的华丽效果。设想一下,如果大家都能在读书、艺术鉴赏、音乐会等场合,获得**超越现实的**、更高品质的体验感,那些在日常生活中习以为常的小压力,或许就会消失不见了,我们的生活也会更加舒适。元宇宙注重的,不是"替代现实,或再现现实",而是"超越现实"的体验感。

08 元宇宙市场由"交互体验""终端设备"和"空间平台"三部分构成

以虚拟为主、现实为辅的元宇宙世界，彻底颠覆了现实与虚拟的主从关系。与虚拟现实事业有关的商业结构，大致被分成了三部分。

受业界广泛瞩目的虚拟现实市场，现在究竟都有哪些商家在提供怎样的服务或产品呢？关于元宇宙市场的产业链结构，专家们仍在认证阶段，目前还没有一个明确的定义，但目前普遍认为虚拟市场[①]**大致可以分为交互体验（内容）、终端设备（终端入口）、空间平台（产业平台）三个层次。**交互体验指的是虚拟市场中的经营内容本身。这里的经营内容是指，与其他行业一样，由众多参与者构成的不同层次的产业链。

支持元宇宙市场的三大支柱

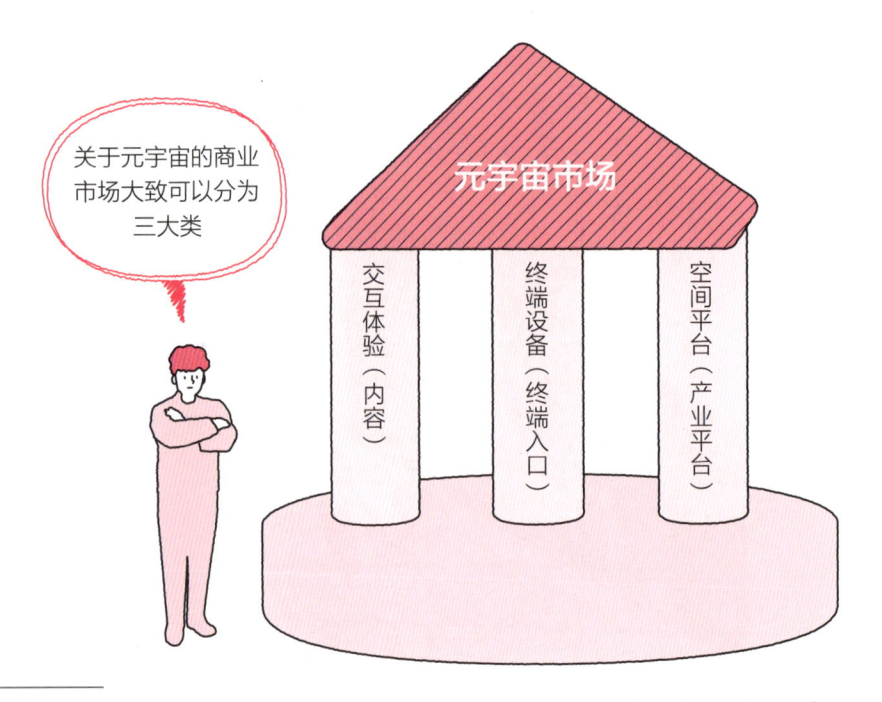

关于元宇宙的商业市场大致可以分为三大类

元宇宙市场
- 交互体验（内容）
- 终端设备（终端入口）
- 空间平台（产业平台）

---

① 用来展示众多虚拟物品的VR（虚拟现实）活动。参观者可以欣赏或购买所展示的虚拟物品。2021年举办的虚拟市场，吸引了超过100万人次的参观者。

最重要的元宇宙市场，莫过于游戏和文娱活动领域了。在互联网高度普及的现代社会中，游戏已经成为虚拟产业的主营业务，在2021年12月召开的VR集会"虚拟市场2021"上，来自世界各地的参观者超过了100万人。终端设备主要指在元宇宙世界中，可以给用户带来沉浸感的硬件设备，如VR头戴式虚拟显示器等。空间平台是指构建虚拟现实世界本身的技术。与网页制作和手机小程序开发等传统的2D平台相比，3D世界是通过3D技术构建的，再加上允许用户自由发挥创作，所以真正制作起来非常复杂。

不同的元宇宙产业链

交互体验（内容）

游戏：很多游戏公司都在开发新游戏
文娱活动："虚拟市场2021"吸引了100万人来参与。

终端设备（终端入口）

VR头戴式显示器
PC 智能手机
游戏机

空间平台（产业平台）

为了研发出理想的网络平台，很多创业公司都在奋战。

第5章 想走进Web3.0时代，就先来看看元宇宙的世界吧！

09 引发教育改革的虚拟现实技术

在虚拟现实技术的应用领域中，最引人注目的，莫过于教育行业了。利用虚拟技术进行的教育活动，与现有的教育模式相比，究竟有哪些优势呢？

元宇宙时代的到来，引发了一系列重要的变革，其中教育领域的改革最引人注目。为了现实教育和虚拟技术的融合，在日本，学校终于开始使用平板电脑和电子教科书了。然而，**真正的虚拟技术与教育技术的融合，不是将互联网搬到教育设施上，而是将教育现场搬到虚拟世界中。**不受出生场地、成长环境的限制，能够与他人进行协作的元宇宙技术，才是最适合教育事业的基础设施。

元宇宙是十分适合教育的新基建

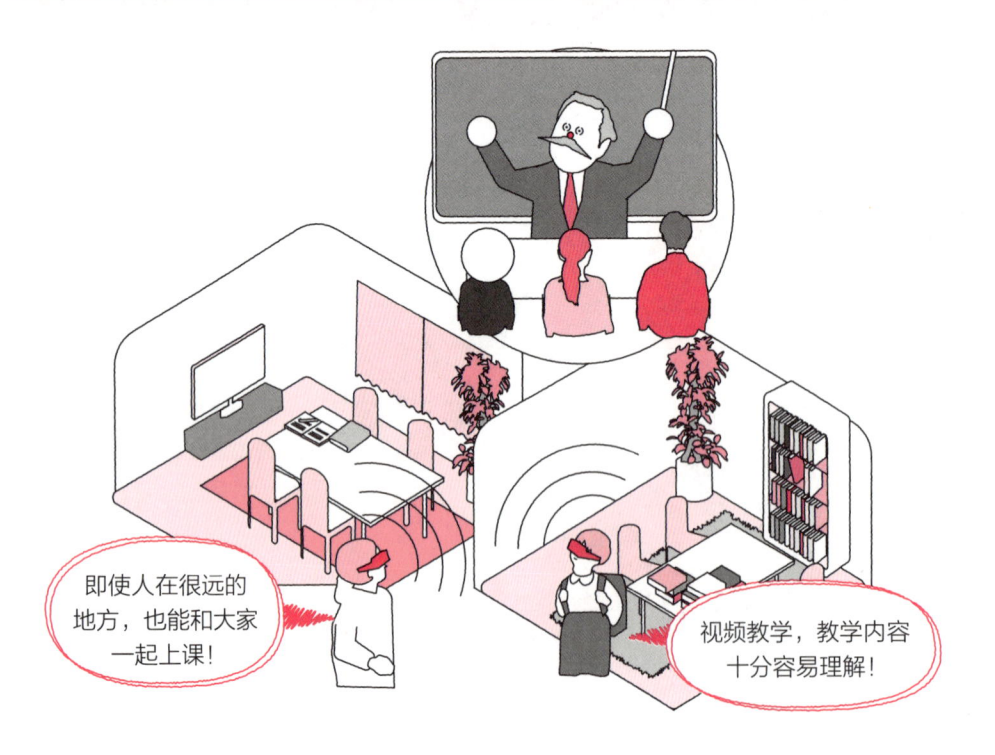

即使人在很远的地方，也能和大家一起上课！

视频教学，教学内容十分容易理解！

虚拟空间上的现场教学模式，使学生通过个人"体验"获得知识的机会增加了。如使用VR眼镜可以体验罕见的自然现象，也可以近距离确认珍贵的历史建筑文物等。同样，在实验课上，因为是在虚拟空间上进行的，即使失败了，也没有任何危险，可以重新来过。目前，由丹麦公司开发的虚拟理科实验室"Labster"，已被全世界很多高中和大学引入，共计拥有500万人的用户群体。充分利用虚拟技术的优势，我们甚至还可以把分子模型放大到可以用手拿的尺寸，这一系列的措施，都有助于教学活动取得良好的效果。

利用虚拟现实技术，增加"体验式学习"

这就是月球的表面。

好像真的来到了月球一样。

实验失败了，请让我再做一次吧。

即使实验失败了，也没有任何危险。

即使是有危险的实验，在虚拟空间中，无论错误操作多少次，都没有任何危险。

第5章 想走进Web3.0时代，就先来看看元宇宙的世界吧！

10 将虚拟技术应用于社会实验领域

对于那些很难马上付诸实施的政策或想法，我们可以先在虚拟空间中进行实验，虚拟技术在"社会实验"方面的广泛应用也备受世人期待。

比特币等加密资产，因为是开源[①]软件，所以可以进行"**硬分叉**[②]"。所谓的"分叉（分裂）"，是信息技术术语，意为从某个软件的源代码分支出来，开发出其他独立的软件。实际

硬分叉加密资产

我不同意你们的想法。

那我们就各走各的路吧！

硬分叉

---

① 开源就是软件的编写者将源代码免费提供给使用者，同时要求使用者遵循一定的开源规范，并允许用户学习、修改、提高改款软件的质量。

② 硬分叉指的是区块链发生永久性分歧，在新共识规则发布后，部分没有升级的节点无法验证已经升级的节点生产的区块，通常硬分叉就会发生。代码出现一个硬分叉，会改变挖矿算法的难度级别。

上，比特币在 2017 年就硬分叉为比特币和比特币现金。有人认为，如果能将这种组织和思维方式运用到元宇宙领域，那么在现实世界中很难进行的模拟实验或社会实验就有可能成为现实。

例如，世界各国都在实施的基本生活保障收入政策，不管在哪，对同一个正在实施的政策，有赞成声的同时，也总有反对意见。基本生活保障收入政策是指最低额度的收入保障机制，是政府定期向全体国民发放一定金额福利的政策。如果想要导入一种新制度来彻底改变原有的社会体系，一定会遇到各种各样的障碍。因此，我们可以首先选择在虚拟世界中进行相关的社会实验。先看看该政策有哪些优点或缺点，**通过查看该政策在虚拟世界中的运行结果，再决定是否应该将其引入现实世界中。**由此可见，虚拟现实技术的价值，还在于可以进行各种之前无法实施的社会实验。

将虚拟现实技术应用于社会实验中

好的。

基本生活保障收入是政府定期向全体国民支付一定金额的保障制度，即"最低额度收入保障制度"。

让我们做个有关基本生活保障收入政策的社会实验吧。

什么都不用干就可以拿到钱哦。

这个政策还是算了吧。

这样一来，大家都不想工作了。

11 以现实街道为模型，构建"虚拟城市"

以现实街道为模型，构建虚拟城市的项目最近在日本流行了开来，最具代表性的，当数"虚拟涩谷"了。在以往的创业公司中，能够获得报酬奖励的，只是其中的一小部分成员。而在 DAO 组织中，所有成员都能获得金钱奖励。

2021 年 10 月，KDDI[①] 开发了"涩谷 5G 娱乐项目"，在东京都涩谷区正式认可的城市数字孪生兄弟"虚拟涩谷"上举办了万圣节活动"虚拟涩谷 au[②] 5G 万圣节 2021"，多达 55 万游客参加了这项虚拟世界中的活动。以旅游业闻名的涩谷，一直就存在万圣节骚乱和过度旅

虚拟城市的优点

比现实中的城市还要气派啊！……

虚拟城市最大的优点是，在避免过度旅游的同时，又吸引到来自世界各地的游客。

① KDDI 是一家在日本市场经营时间较长的电信运营商，是日本的一个电信服务提供商，提供的业务包括固定业务，也包括移动业务。——译者注
② au，或 au/kddi，是一个日本移动电话服务品牌，由 KDDI 经营。——编者注

游等问题。再加上新冠疫情的影响，旅游人口急剧减少，涩谷在摸索解决对策的过程中，试图通过虚拟现实技术，将现实城市转化为虚拟城市，以期实现城市旅游业的升级转型。

设想一下，如果你想在现实中建造一座主题公园，光在获取土地使用权和建设权方面，就要花费大量的时间和金钱。而且，一旦建设完成，就很难轻易改动。与此不同的是，**虚拟空间具有建设周期短、投资金额少的优点**。除此之外，虚拟空间还有另外一大优点，就是可以将所有的数据都保存下来。因此，如果复原保存下来的虚拟街道或是文娱活动，甚至还可以参加过去的盛典活动。这样的体验，简直可以说已经实现了穿越旅行，当然这样的体验，在现实生活中是绝对无法实现的。

在虚拟城市中可以进行时光穿越旅行

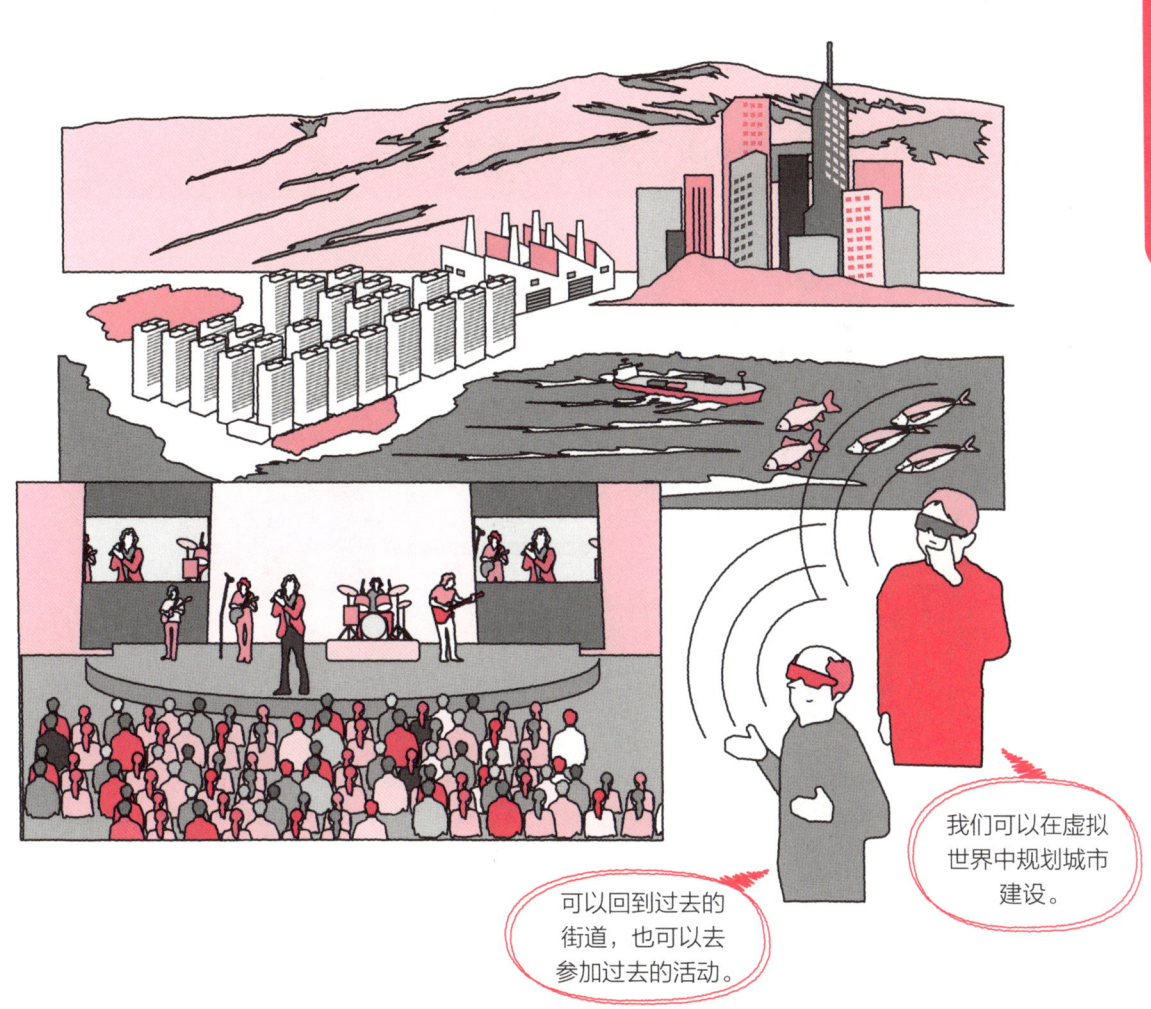

可以回到过去的街道，也可以去参加过去的活动。

我们可以在虚拟世界中规划城市建设。

第 5 章　想走进Web3.0时代，就先来看看元宇宙的世界吧！

119

12 也有专门用于 NFT 交易的虚拟网络平台

虚拟世界中也有"NFT 优先"、以投机为主的虚拟网络平台。这类平台，与旨在体验全新生活的虚拟空间，有着很大的不同。

在元宇宙世界中，还存在专门与 NFT 合作的"NFT 优先"的虚拟空间平台。其中最有名的，当数"Decentraland"[1]（去中心化的大陆）和"The Sandbox"[2]（沙盒游戏）这两大平台了。大多数的玩家是为了玩游戏或艺术创作，抑或是享受舒适休闲的时光，才选择进入虚拟世界的，而打着"NFT 优先"旗号的虚拟平台则不同，它是因 NFT 交易而爆火，吸引了大批投机玩家。

旨在"NFT 优先"的虚拟空间

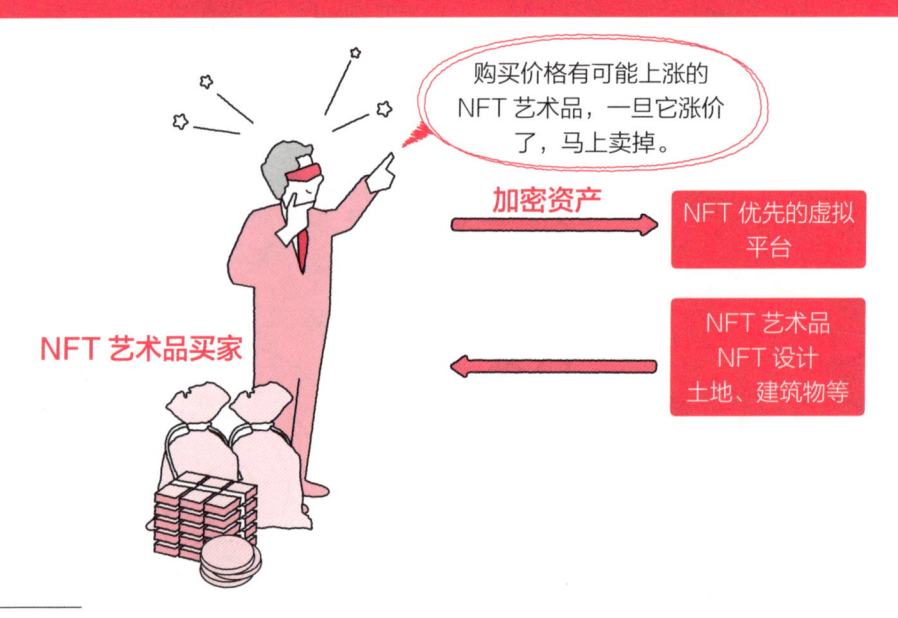

购买价格有可能上涨的 NFT 艺术品，一旦它涨价了，马上卖掉。

加密资产 → NFT 优先的虚拟平台

NFT 艺术品买家 ← NFT 艺术品 NFT 设计 土地、建筑物等

---

[1] Decentraland 是一个基于以太坊区块链的虚拟现实平台，旨在解决平台商赚取中间利润的问题，从而达成内容创作者和游戏玩家之间的低价格支付模式。让用户永久性持有这些虚拟产权，甚至对其进行经营，为自己的内容创造获取利润。没有中介费用的存在，这是 Decentraland 最大的特性。

[2] The Sandbox 沙盒游戏是一个基于区块链技术开发的虚拟游戏生态系统，它以虚拟世界为主打特色，玩家可以在游戏中建立、拥有和赚取专属利益。在业内，The Sandbox 属于典型的 Play to earn（边玩边赚）模式——与传统游戏不同，玩家或艺术工作者、游戏设计师可以通过 The Sandbox 提供的免费软件，为自己打造数字资产和应用，例如艺术画廊、3D 模型甚至游戏。

也就是说，这类虚拟平台主打 NFT 的交易功能，只提供了最低程度的享受功能。以 The Sandbox 为例，玩家只有购买了虚拟土地"LAND"之后，才能在虚拟空间里进行游戏。LAND 可以在 OpenSea[①] 或 Coincheck 交易所[②] 上买到，截至 2022 年 5 月，每 LAND 的价格约 3 万~7 万元。由此可见，旨在构建新生活空间的元宇宙和秉承 NFT 优先的投机元宇宙，其用户群体的目的截然不同，是两种完全不同的虚拟世界。

在虚拟世界中购买土地，建造房屋

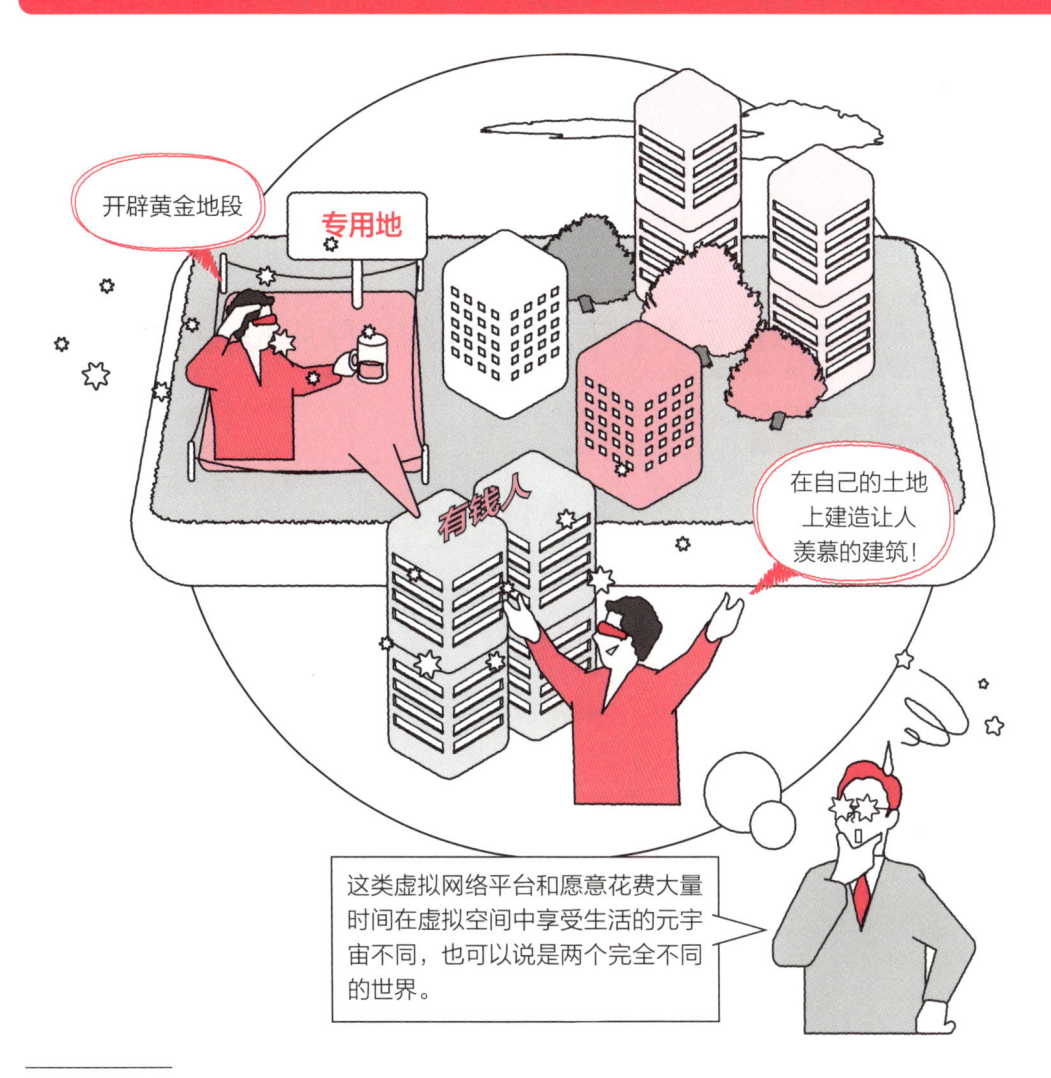

开辟黄金地段

专用地

有钱人

在自己的土地上建造让人羡慕的建筑！

这类虚拟网络平台和愿意花费大量时间在虚拟空间中享受生活的元宇宙不同，也可以说是两个完全不同的世界。

---

① Opensea 是全球最大 NFT 交易平台之一，是一个点对点平台，用户可以在这里创建、交易、购买和销售 NFT。有超过 150 万个账户在该平台上进行交易，这使其能够保持着 NFT 交易市场的主导地位。
② Coincheck 交易所是一家总部位于日本东京的比特币钱包和兑换服务公司。

13 日本建立的虚拟偶像格式"VRM",究竟是什么?

为了让同一个网络虚拟偶像可以在不同的软件上使用,日本公司开发出了虚拟偶像标准格式"VRM"。

网络虚拟偶像在元宇宙的世界中是不可或缺的存在。但在过去的3D平台中,每个软件的格式都各不相同,即使格式相同了,也会存在兼容性不同的问题。因此,如果我们想要在其他软件程序中,使用同一个人物角色或虚拟偶像时,就必须根据现有的软件程序进行调整,或者重新更改偶像的原始数据。为了改变这一现状,2018年,以日本DWANGO(多玩国)[①]为首

同一个虚拟形象可以在多个应用程序中使用吗?

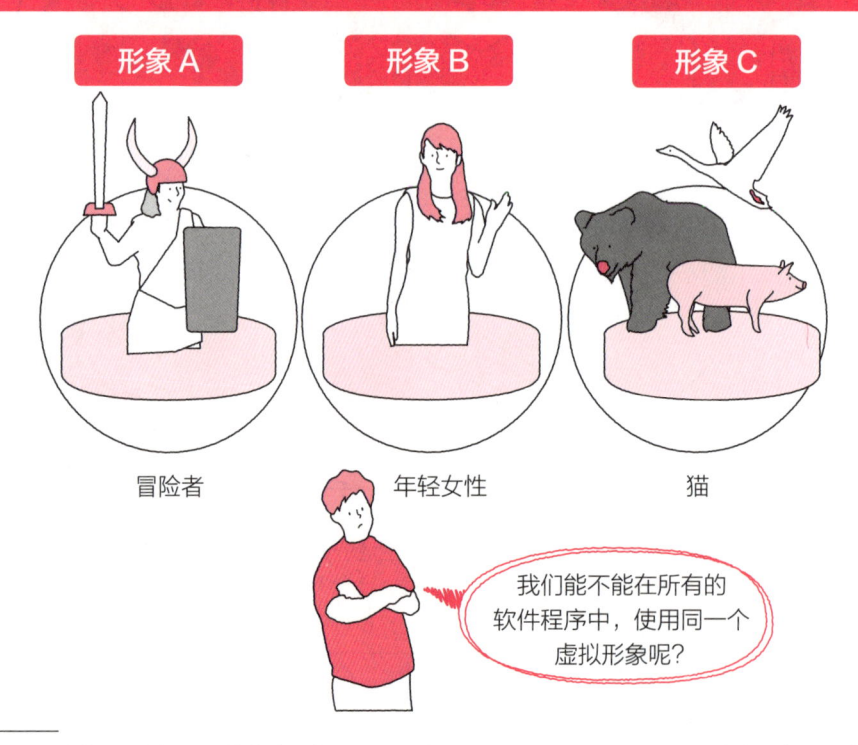

形象A — 冒险者

形象B — 年轻女性

形象C — 猫

我们能不能在所有的软件程序中,使用同一个虚拟形象呢?

---

① DWANGO(多玩国)(日语:株式会社ドワンゴ,英语:Dwango Company, Limited)是日本的信息技术企业,是日本著名视频网站NICONICO动画的母公司。

的公司研发出了不依赖平台的人形 3D 偶像（角色）的标准格式"VRM"。

　　VRM 格式，实际上是建立在 3D 标准格式"glTF2.0"基础之上的，又追加了处理人形模型时的限制和扩展功能。VRM 的最大特色，就是可以赋予角色丰富的表情。试想一下，我们在使用虚拟形象和他人进行交流时，人物表情一定是不可或缺的。但是由于在过去的 3DCG（三维计算机图形）中，没有设定"情感"这一概念，所以在"giTF2.0"格式中，也没有情感要素。于是，VRM 格式就事先设定了统一处理角色表情的方法。另外，因为 VRM 可以设定相当于"数字作品管理著作权（DRM）"的"人物形象使用许可权"，那么，我们就可以实现"只有某个虚拟形象的作者才能操作虚拟形象"的限制功能。

虚拟形象的统一格式"VRM"

VRM
网络虚拟偶像的统一文件格式。为了让同一网络虚拟偶像可以在不同的软件上使用，以日本 DWANGO（多玩国）为首的公司开发出的虚拟偶像标准格式。

现在，你可以在任何一个软件程序里，使用同一个虚拟形象。

通过编辑虚拟人物头发的长度、影子、肤色、身高、腿长、服装的颜色、衣服褶皱的颜色等，来制作虚拟人物。

形象 A　　形象 B　　形象 C

14 基于元宇宙和 Web3.0 的多样社会

利用虚拟现实和 Web3.0 技术，我们将会拥抱一个"充满梦想"的、多样化的社会。当然，这同样是一个以虚拟为主的"虚拟优先"的世界。

自工业革命之后，我们的社会就一直被认为是个一味追求生产效率的、整齐划一的世界。**但随着虚拟现实技术的兴起，我们将不再被一个外表、一种性格、一个社群、一个经济圈或一种社会体制所束缚。**一个人可以选择多种外貌、多种性格、**多种社群**、多个经济圈，甚至是多种社会体制来生活。除此之外，每个人的个性和潜能将不会再被社会压制，而是能够被充分地被挖掘和发挥出来。

从单一的外表或群体中解放出来

被各种东西束缚住了！

外表

社群

经济圈

社会体制

多亏了虚拟现实技术，我终于从束缚中解放了出来。

"认可需求"是人类拥有的强烈需求之一。即使和同伴们聚在一起,如果得不到同伴们的"认可",人们也往往会感觉到有压力。而在元宇宙和Web3.0所创造的世界中,用户得到的不是来自他人的认可,而是能遇到"有梦想的人"和"能够帮自己实现梦想的人",可以和支持自己的人一起朝着梦想努力。这样一来,我们就从只追求高生产力的社会中脱离出来,今后我们每个人都可以按照自己的选择,更加自由地去生活,一个充满多样性的社会就这样开始了。从互联网诞生开始,虚拟世界就一直作为现实生活的补充,延续了漫长的历史岁月。而进入Web3.0时代后,在虚拟为主、现实为辅的世界里,我们将会创造一个充满多样性的社会。

摆脱他人对自己的认可需求

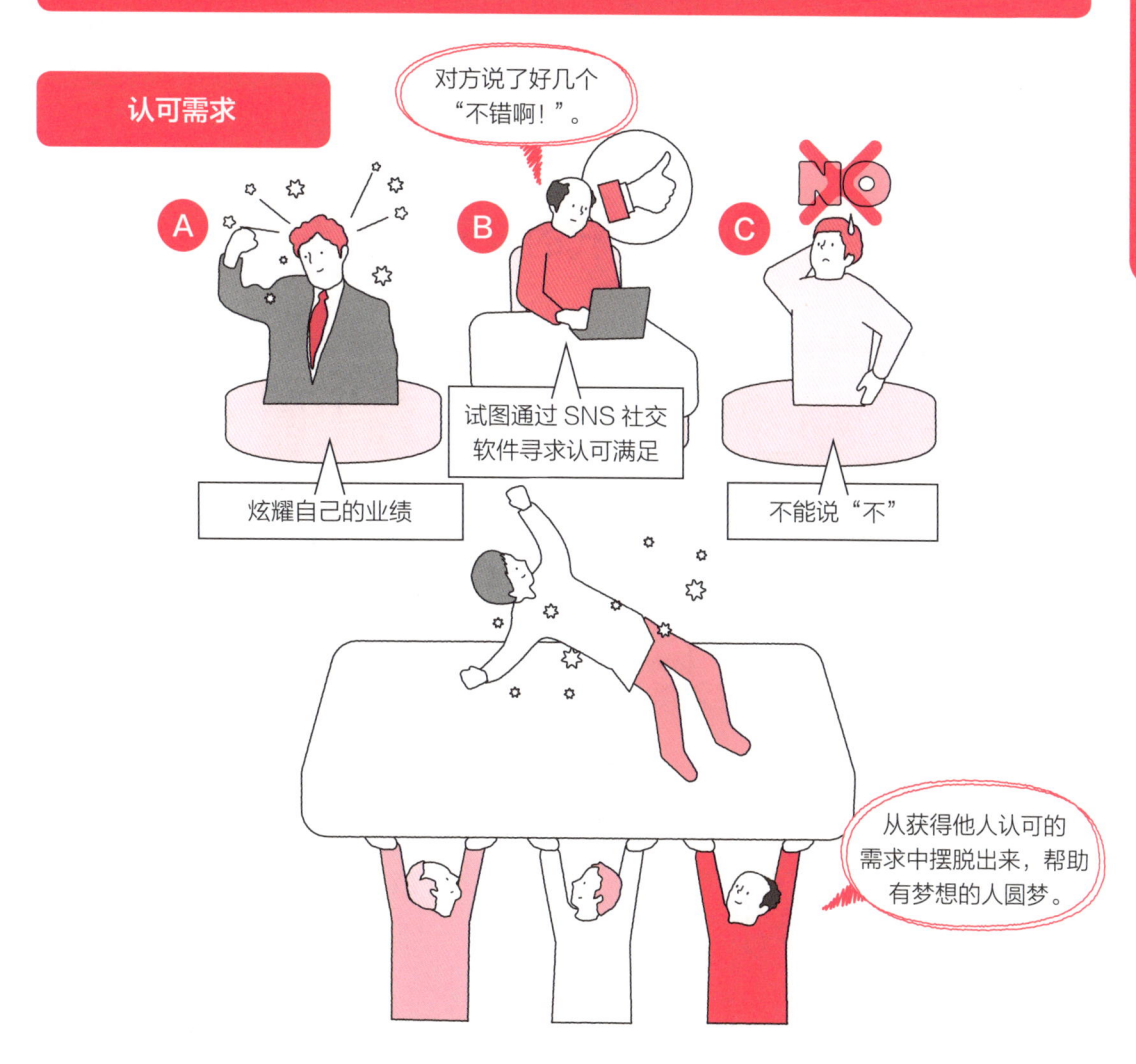

认可需求

对方说了好几个"不错啊!"。

A 炫耀自己的业绩

B 试图通过SNS社交软件寻求认可满足

C 不能说"不"

从获得他人认可的需求中摆脱出来,帮助有梦想的人圆梦。

15 "新冠疫情"产生的巨变中蕴藏着绝好的商机

自新冠疫情暴发后,我们经历了疫情时代、后疫情时代,人们的工作和生活发生了巨大的变化。在这些变化的背后,是新价值观念的诞生,同时蕴藏着巨大的新商机。

受新冠疫情袭击全球的影响,在现实生活中,人们的很多活动都不得不转移到了网络世界。当然,**这种从现实优先一下子进入"虚拟优先"的巨变中,往往蕴藏着巨大的商机。**人们开始思考,在远程办公快成为主流的时代,网络会议系统是否还有革新的余地?是否真的有必要在现实世界的黄金地段购买宽敞明亮的办公室?等等,大环境的变化,逐渐引发了人们价值观念的变化。当下,我们首先应该思考,如何顺应这些变化开发出新的商机。

后疫情时代的巨大变化

会议和商谈都在网上进行。

不着急穿的衣服在网上购买。

看病也可以远程进行了。

环境的变化带来了绝好的商机!

一直以来，人们往往认为，科学技术最主要的作用，就是用来改变我们的现实生活，提高现实生活的质量。但是，后疫情时代的经历让我们明白，仅仅依靠提高现实生活的效率，能够做到的改变是十分有限的。今后最重要的是，我们能够在网络世界中做出哪些改变。如果我们把现实中的街道和设施都虚拟化后，哪些资源将会得到延展利用，在现有的大环境中，拥有这样的商业视角非常重要。可以说，在疫情时代下也好，在后疫情时代下也好，大众行为的转型，对商界来说，既可能是严峻的商业危机，又可能是颠覆传统商业链的绝好时机。

比起提高现实生活的效率，我们更看重在网络世界中能够做些什么？

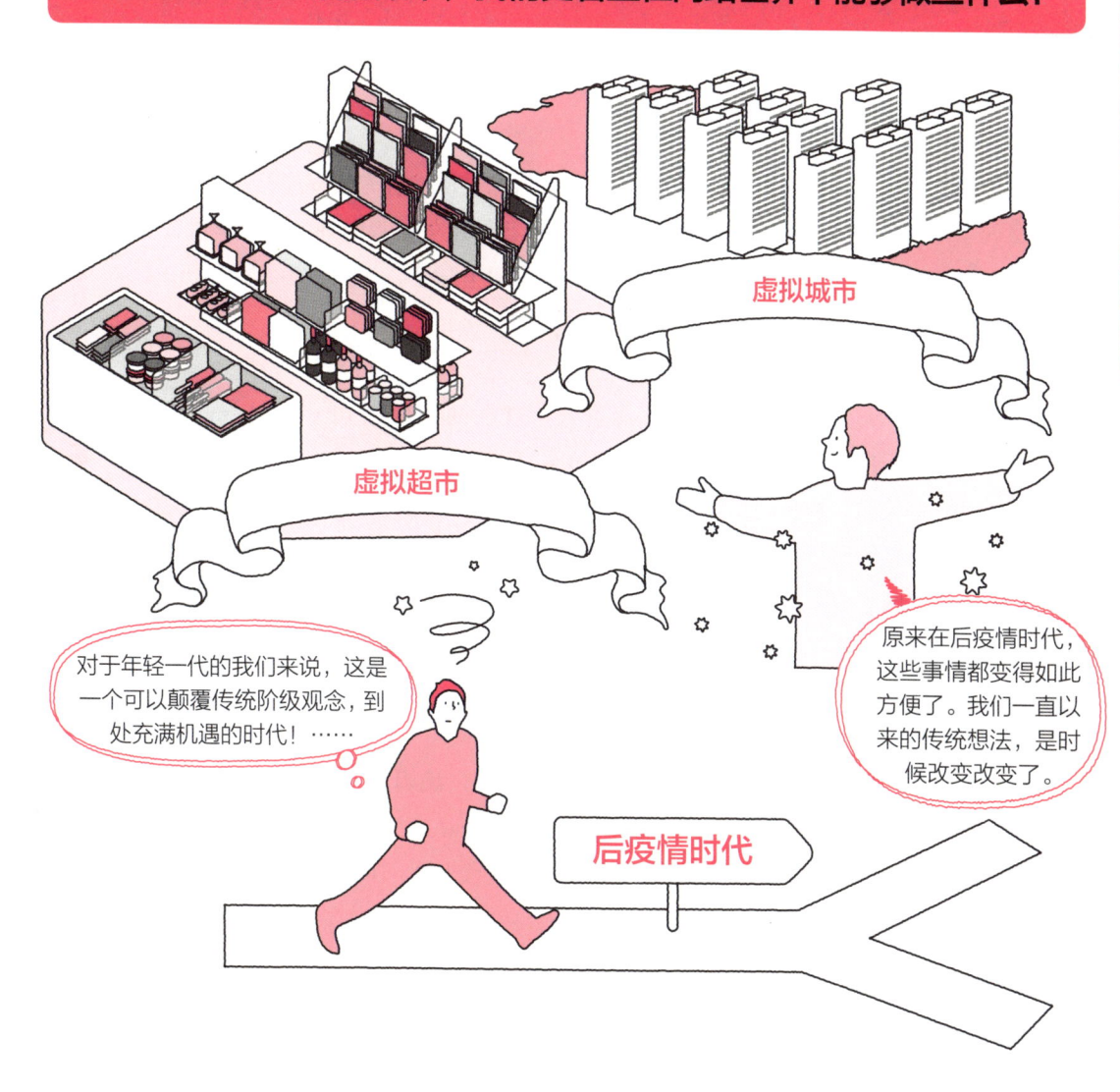

虚拟城市

虚拟超市

对于年轻一代的我们来说，这是一个可以颠覆传统阶级观念，到处充满机遇的时代！……

原来在后疫情时代，这些事情都变得如此方便了。我们一直以来的传统想法，是时候改变改变了。

后疫情时代

第 5 章　想走进Web3.0时代，就先来看看元宇宙的世界吧！

互联网人物传 ⑤

电子邮件之父　雷·汤姆林森

雷·汤姆林森是让电子邮件里有了"@"的美国程序员。高中毕业后，他考入伦斯勒理工学院并获得了电气工程的理学学士学位，之后他又进入麻省理工学院，并获得硕士学位。从此以后，他就开始了作为程序员的职业生涯。

大学毕业后的汤姆林森进入了现在的BBN公司（Bolt Beranek and Newman，博尔特·贝拉尼克－纽曼，简称BBN），从事系统研发工作。在公司里，汤姆林森开始主攻计算机之间发送和接收信息的系统研发。1971年，他又参与了互联网的（Internet）前身——阿帕网（Arpanet）的建设和维护工作。可以说，这是世界上最早的电子邮件收发系统。据说当时邮件发送的内容，都是些毫无意义的字母罗列组合。

之后，为了将系统简化并普及应用，汤姆林森还设计了符号"@"来区分邮件的本地地址和域名地址。在之后的采访中，当被问及为什么使用"@"时，他说："因为我意识到，'@'虽然就在我们的键盘上，但人们几乎没有什么场合会使用到它。"

进入 21 世纪后，互联网普及到了千家万户，电子邮件和账号的使用频率也迅速激增，它们已经成为我们生活中不可或缺的通信手段。为了表彰汤姆林森的功绩，他在 2012 年入选了国际互联网名人堂。

　　终身为了提高互联网技术而竭尽全力的汤姆林森，在 2016 年离开了人世，享年 74 岁。他当时供职的大型公司给了他最高的评价："汤姆林森的发明改变了世界的交流方式。"与此同时，谷歌公司的免费电子邮件应用 Gmail，在推特上发表了"谢谢汤姆林森，是你发明了电子邮件，并使用了'@'符号进行标记"的追悼留言。此外，世界各地的网友也纷纷留言悼念他。

第 6 章

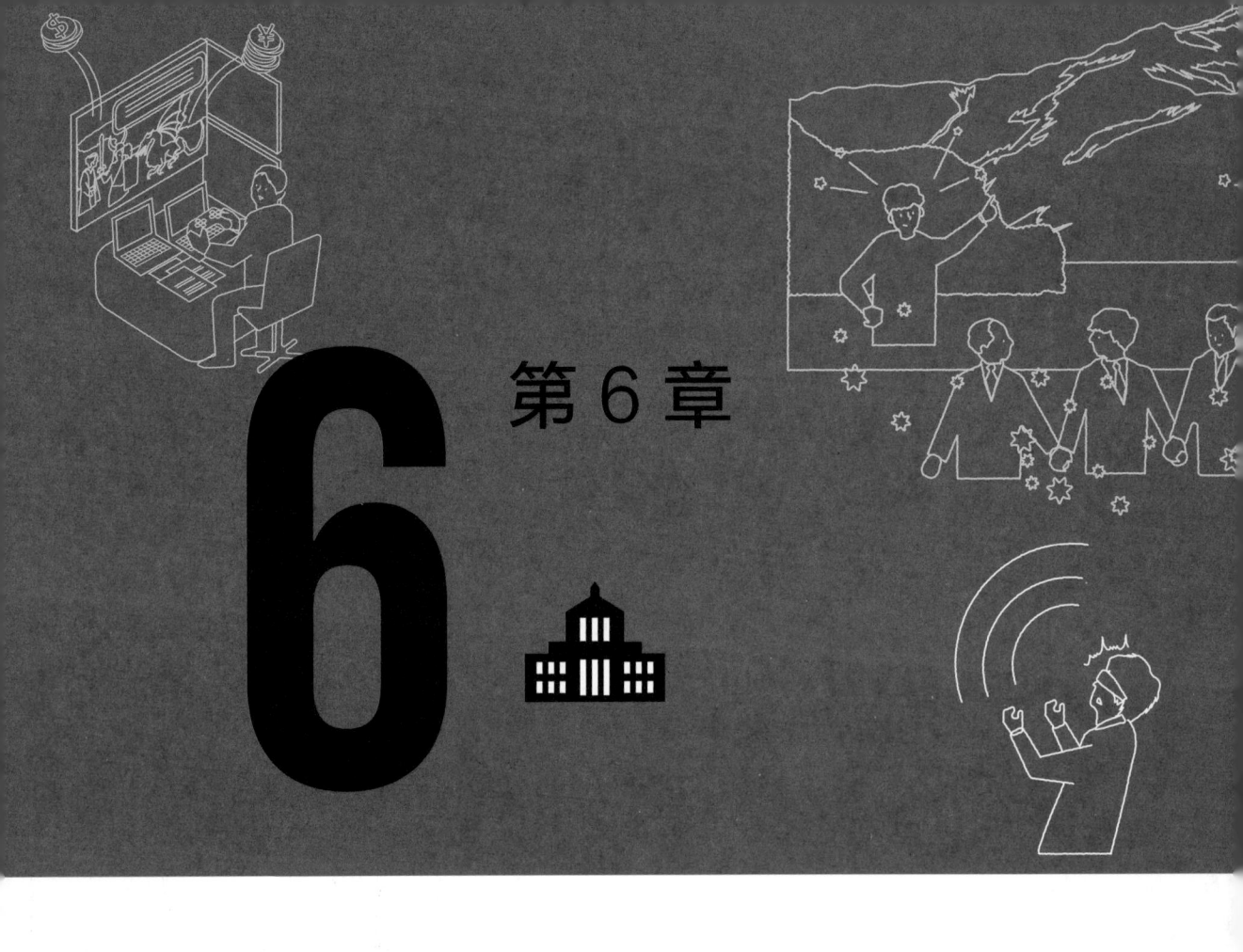

Web3.0 受到政界高度关注

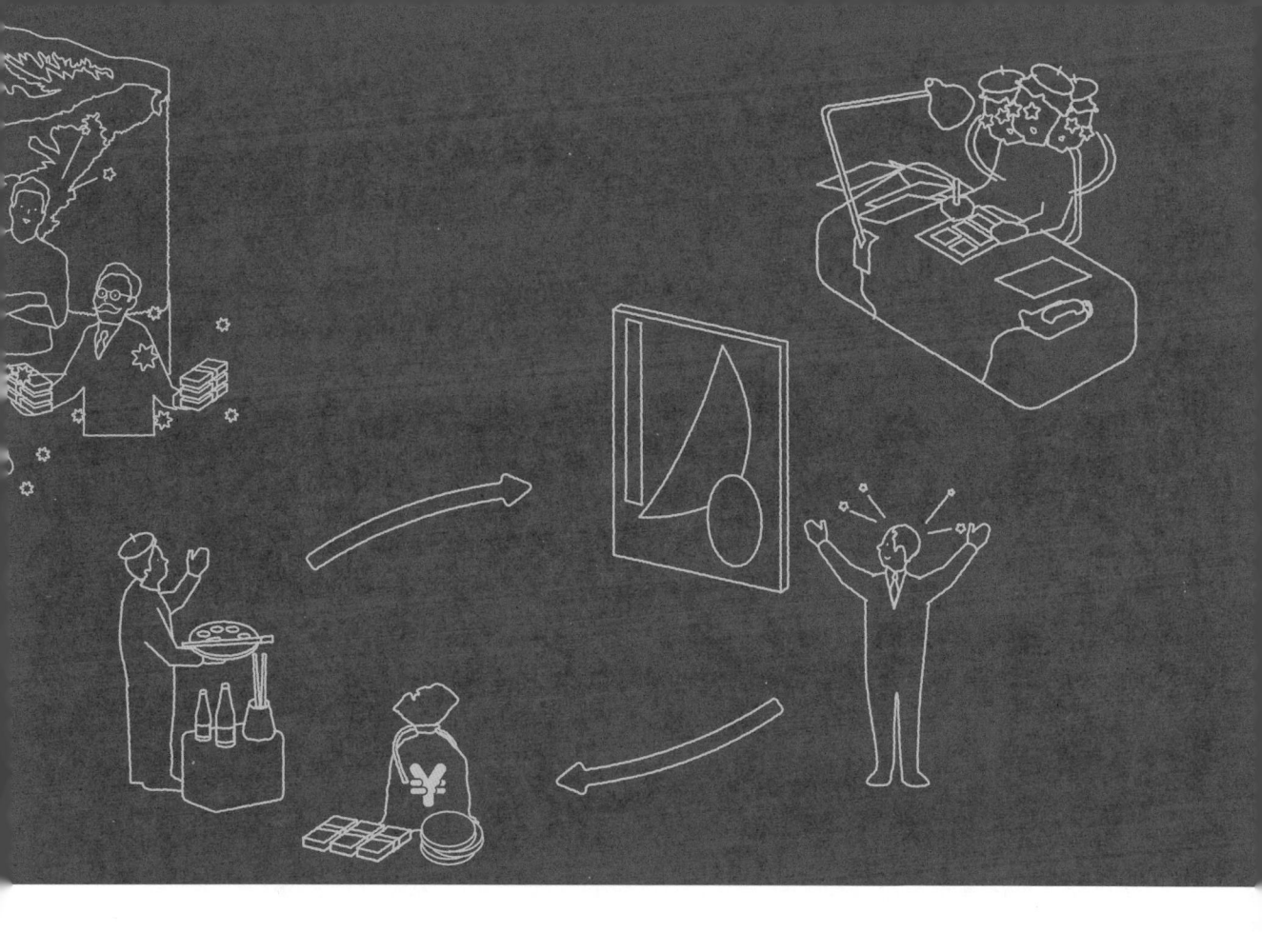

Web3.0不仅受到了日本政府的关注，也引起了各国政要的强烈兴趣。各国政府普遍认为，Web3.0也是政界改革的巨大契机，它甚至可以改变现有的经济体系和国际秩序。那么，就让我们来看一下，那些能够左右时代走向的领导者们，期待Web3.0带来怎样的愿景吧。

01 政府成立"NFT 政策审查项目组"

为了最大程度地发挥 Web3.0 的领航作用,美国和英国相继开始在国家层面上对 NFT 项目进行援助,近期,日本自民党内部也宣布成立了 NFT 政策审查项目组。

　　为了提前占领未来互联网产业的主导地位,美国和英国政府已相继从国家层面上,助推 NFT 项目的实施。在 Web3.0 带来的所有变革中,影响最大的,莫过于加密资产的诞生了。早在 2022 年 3 月,美国政府就发布了总统令。拜登总统签署行政命令,指示联邦机构制定共同战略,促进以加密资产为首的数字资产健康发展。众所周知,美国是一个联邦制国家,如果各联邦、各部门对 NFT 采取不同的应对方式,NFT 肯定无法顺利发展下去,共同战略就是为了避免出现这样的发展瓶颈。另外,英国财政部也制订了有关 NFT 项目的计划。

Web3.0 犹如互联网领域的法国大革命

谷歌公司、亚马逊公司、脸书公司、苹果公司等科技巨头

Web 2.0

现在是信息民主化的时代了。

如今我们不需要依赖任何国家或组织,大家能够拥有共同的价值观,这点太棒了。

Web3.0

法国大革命推翻了王侯贵族专制的王权统治,取而代之的是民主制度。同理,从由科技巨头垄断的互联网 Web2.0 时代,转向自主型去中心化的 Web3.0 时代,可以称得上是"互联网领域的法国革命"了。

面对世界潮流的这一涌动趋势，日本政府也绝不会袖手旁观。2022年1月，自民党的数字社会推进部成立了"NFT政策审查项目组"。为了在竞争中不输给美英，日本在3月底公布了《NFT白皮书（草案）——着眼于Web3.0时代的日本NFT战略》，全力支持NFT行业发展。**为了引领Web3.0时代各行各业的革新，日本也将NFT业务作为新增长战略的支柱产业，向国内外展示了日本积极推进NFT产业发展的姿态。**为了成为新互联网时代的领跑者，各国政府也都积极采取措施，不甘落后于人。可以预见，将来会有越来越多的国家会把NFT作为国家经济增长的支柱产业，NFT的发展前景也会越来越好。

日本也开始正式实施 NFT 战略

2022年4月4日，英国政府委托皇家铸币厂发行NFT。

根据2022年3月9日发布的总统令，白宫将主导政府关于加密资产的一切工作。

在Web3.0时代，日本也争先做领跑者！

执政党自民党内部成立了NFT政策审查项目组。

美国和英国鼓足干劲，正式启动NFT项目。

日本也将NFT项目作为本国经济增长的支柱产业。

第6章 Web3.0受到政界高度关注

02 "新资本主义"也垂青 Web3.0

能够改变组织形态的 DAO（去中心化的自治组织），被认为将在日本所追求的"新资本主义"政策中大显身手。

可以预见，在 Web3.0 时代，DAO 将取代传统的股份制，成为资本主义世界的主流组织形式。由于 DAO 是建立在区块链基础之上的，即便是世界上立场不同的人，也可以通过相互合作，共同管理运营这种新型组织模式。DAO 模式的最大特征，就是对所有人开放，也可以说这是 DAO 自治模式的本质特征。在这里，不存在像 Web2.0 时代的垄断巨头企业。今后，所有的组织形式都有可能从股份制转向 DAO 这样的自主型去中心化模式。

对所有人开放的新组织形式

在传统的股份制中，股东和管理人员是管理层，员工是被雇用的，阶级层次明显。而 DAO 模式则与此不同，它对所有人开放。所有的参与者都是构成区块链生态系统的一员。

是新成员啊，欢迎你。

啊，我也可以加入吗？

当然了，快来快来吧。

生态系统（ecosystem）也可以叫作"生态系"，原指在自然界的一定的空间内，生物与环境构成的统一整体，相互影响、相互制约，并处于相对稳定的动态平衡状态。而在 IT 或经营领域是指产品、服务、产业链等所有要素相互制约、保持动态平衡的收益结构。

比特币也好，以太币也好，它们都没有中央管理机构。它们的组织结构中，只有基于区块链的社区架构。在自治组织 DAO 中，人们使用的不是传统货币，而是使用代币作为应得的报酬或奖励。世界各地的人们，在加入 DAO 之前，就对使用代币交易达成了共识，并不断对区块链及其商品进行更新。<u>该自治组织最大的特征，就是管理运营整个商业体系的金融系统一旦壮大起来，参与其中的所有人都能得到金钱上的奖励。而正是 Web3.0 支持这种新商业模式真正变成了现实，这与新资本主义中关于"增长和分配"的理念，正所谓不谋而合。</u>

自治组织 DAO 将取代股份制公司

从前的股份公司

去中心化的自治组织 DAO

规则

决策的流程完全不一样。

原来有这样的差异啊。

在传统的股份制公司中，盈利只是指作为管理方的股东们获益，而通过购买公司产品，来支撑公司壮大的客户们，是没有任何好处的。但是，在自治组织 DAO 中，所有的客户既是公司的决策者又是公司的运营管理者，人人都可以从公司增长的业绩中获利。

第 6 章　Web3.0 受到政界高度关注

03 Web3.0 为"酷日本"创造新的价值

有"酷日本"之称的日本引以为傲的亚文化[①]和传统文化，将在 Web3.0 技术的加持下，获得新的附加价值。

日本在拥有极高价值的传统文化和内涵精神的同时，也希望将其文化赋予适当的价值并推动它们走向世界，这也是日本政府时刻关心的课题。政府把出口这样的**"酷日本**[②]**"**文化产业当成国策，而 Web3.0 的兴起，被认为为文化产业的输出，提供了必要的技术支持。如今的日本政府也已注意到了 Web3.0 带来的各种便利条件，**如使用 NFT 技术，给"酷日本"的文化**

日本缺乏有实力的初创公司

日本缺乏能够创造出新的商业模式，并在短时间内取得巨大成功的初创企业。Web3.0 时代的到来，使我们期待可以在游戏产业中，诞生这样的初创企业。

无论是以打车和送餐服务为主的 Uber（优步），还是以民宿短租预订服务为主的 Airbnb（爱彼迎），在日本都实现了短时间内的快速增长，而它们也都是来自美国的初创公司。

我打算今年夏天租个别墅，去避暑。

---

① 指与文学、美术等主文化相对的概念。与需要一定文化修养的主流文化不同，亚文化是一种谁都可以享受的文化。在日本，漫画、动画、偶像等多被定义为亚文化。
② 酷日本（Cool Japan），是描绘日本现代文化的新词汇。日本希望把出口"酷日本"文化当成国策，在世界上培养更多的"日本游戏迷"和"日本动漫迷"。酷日本战略旨在向海外推介以动漫、游戏为首的日本内容产品及食品等领域的国内独特文化。

产品定价就变得十分容易。这样一来，作为日本家传绝技的亚文化，就具有了全球化的价值。当然，其中最值得期待的，还是日本的游戏产业。

早在智能手机全面流行的 2010 年前后，日本的信息技术企业就一门心思专注于社交游戏的开发。虽然社交游戏的商业模式也取得了一定的成功，但它的价值取向却始终是对内的，即主要的消费群体在国内。这个问题，在日本向海外推介自己的文化产品之前，就已经存在了，在这样的情况下，无论聚集了多少信息技术产业的优秀人才，也很难打开海外市场。其实，他们开发智能手机游戏软件的技能，同样可以运用到虚拟现实技术中。当然，要想在配置稍逊一筹的手机上畅快地玩网络游戏，离不开开发者们大胆的想象力和高超的协调能力。而日本的众多创造者们，正是能够完成如此艰巨任务的人，他们极有可能在追求舒适体验的虚拟世界中，一跃成为创作的主角。①

在游戏产业中，出现越来越多的游戏规则改变者

啊，我又来了。我就是戒不掉这个游戏啊。

像扭蛋机（随机型提供产品的商品销售模式）这类投机性很强的管制游戏产品，给社交游戏产业创造了巨额利润。

游戏创作者们是拥有优秀头脑和技术的专业型人才团体。在 Web3.0 时代，他们将会引领元宇宙的发展，当然，他们也很有可能建立起新的创新型企业。

游戏创作者们设计游戏、驱动引擎、注重效果、设计游戏噱头，通过游戏角色的设定甚至可以引领整个世界的价值观。如果他们能将这些技能原封不动地运用到虚拟现实产业中，就一定能成为改变游戏规则的人。

---

① 打破以往的商业结构或运营规则，转换成新事物或新规则。规则的改变，往往是因科技创新带来的更新换代或是因市场环境的变化带来的商业重组所造成的。那些促使游戏规则发生改变的人被称为"游戏规则改变者"。

04 落后于世界的日本加密税制

在加密资产的行业内，每时每刻都在发生着翻天覆地的变化，而日本的加密税制，则成为制约创业公司发展的一大障碍。真实的情况是，不想失去良机的创业者纷纷选择了逃离日本，去海外创业。

就在日本将 Web3.0 定位为新资本主义发展的得力助手，并想在 Web3.0 全球市场的发展中分得一杯羹的时候，还有一个情况不得不提，那就是日本存在一个制约 Web3.0 发展的大瓶颈，即日本的加密资产税制。公司法人只要持有加密资产就成了**课税对象**，这对经营加密资产的企业来说，是一个巨大的发展障碍。举个例子来说，如果一家公司通过发行代币募集了 300 亿日元，总市值达到了 1000 亿日元。而这家公司到第二年，要缴纳的税金总额就会超过 300 亿日元。因为按照现有的日本加密税制，即使是没有出售的加密资产，只要是加密资产到期，就被视为按期末的售价在售，就必须计入公司的总收入中。

对创业公司不利的税制

在日本，只要公司法人持有加密资产，到期末就会根据市价来评估征税。

300 亿日元 → 税金

光是拥有加密资产就会被征税，真是很痛苦。真是太无语了！

要么在这里投资点设备吧！

行啊！

再雇点儿人吧！

与日本相比，如果在免税的国家经营公司，就可以省下 300 亿日元。

即使在没有出售获利的情况下，仅因持有加密资产就要被征收税款，日本的初创公司不得不背负这样的不利条件。而这种税制带来的结果就是，宝贵的人才流失到新加坡、瑞士等国家，因为这些国家的公司法人，不需要被征收加密资产税。另外，在日本，加密资产的流通，需要作为媒介的许可证，而据说办一个许可证，就需要花费1~2年的时间。对于创新型产业来说，这种速度是无法跟上世界步伐的。以每时每刻都在发生着翻天覆地变化的加密资产行业为代表，人们呼吁重新审视以税制为首的日本经济体系。

这样下去，我们和世界的差距将会越来越大

以做事严谨著称的日本，将严格执行制度作为第一要务，这样的行事作风，有缺乏在全球化时代生存的必要灵活性的嫌疑。

> 许可证什么时候才能办下来？

> 估计要花上1~2年的时间……不好意思。

> 等一下，不要走。

例如，在金融领域，行业情形的变化速度是一般行业的10倍。对于加入Defi的行业来说，一点点的延迟就会带来决定性的差距。

第6章 Web3.0受到政界高度关注

05 突然瞄准世界市场的 Web3.0

在 Web3.0 时代的商业活动中，任何公司都可以跳过国内市场，直接在世界市场上一决胜负。

过去的日本市场，主要是面向国内的，其中的大部分还局限在东京市场，而进入 Web3.0 时代后，企业从创建之初，就可以瞄准世界市场，开展相关领域的竞争。**像这样，无论是谁，都可以把目标直指全世界，这也是 Web3.0 时代的独特魅力之一**。从一开始就以世界为目标的商人或公司，往往比只从本地视角出发的企业，隐藏着更加巨大的发展潜能。在刚刚起步

打造 Web3.0 中世界顶级的底层区块链！

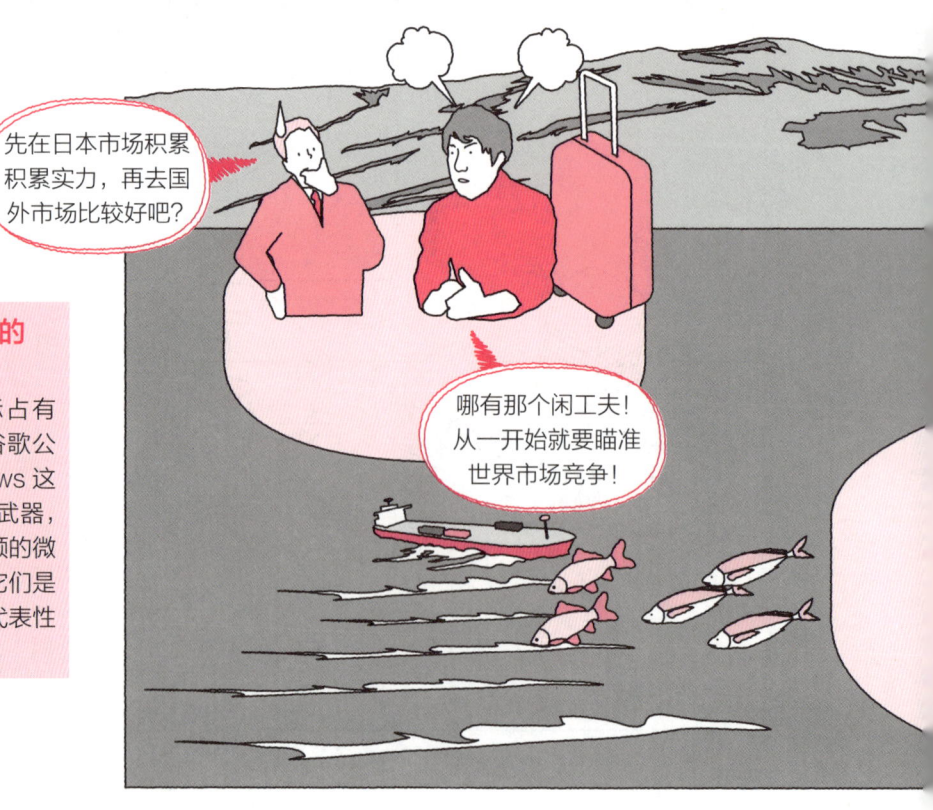

先在日本市场积累积累实力，再去国外市场比较好吧？

哪有那个闲工夫！从一开始就要瞄准世界市场竞争！

Web2.0 时代的市场霸主

在搜索引擎中实际占有率超过 90% 的是谷歌公司。还有以 Windows 这一强大操作系统为武器，占据市场约八成份额的微软公司。可以说，它们是 Web2.0 时代最具代表性的移动运营商。

的 Web3.0 时代，未来的佼佼者很有可能是这些胸怀天下的个人或企业。

　　设想一下，迄今为止各自独立发展的相互竞争的众多区块链平台，如果能够无缝连接在一起，将会怎样？例如，如果以太坊上的 NFT 艺术品，能用比特币购买的话，那么交易应该会变得方便很多吧。"Astar Network（星辰网络）"的创始人渡边创太，就正在研发能够使不同区块链无缝连接在一起的技术。他的目标，是开发出迄今为止从未在日本有过的**底层区块链**。**区块链中的底层区块链是指不需要比特币或以太坊这类的网络平台，就能验证并确认交易合法性的基础设施平台**。在从 t 一开始就定位世界市场的 Web3.0 时代，有可能将 Web2.0 时代中拱手让人的平台所有权，再次拿回来。

> 日本 Web3.0 领域中的领军人物渡边创太，曾在 20 多岁时前往新加坡，去学习能够使不同区块链无缝衔接起来的技术。他的终级目标，就是研发出日本第一个底层区块链。

> 这里很重要。

第 6 章 ｜ Web3.0受到政界高度关注

141

06 NFT 是怎样成为乡村振兴王牌的？

新潟县山古志（旧山古志村）正在向全世界发行 NFT 艺术形象锦鲤，可以说这是一种全新的 NFT 应用形式。通过让世界各地用户购买锦鲤 NFT，山古志就能够建立起一个全球数字关系群体。这可以为人口稀少的地区带来新的生机。

NFT 技术也正发挥着促进地方人口增长、经济复兴的作用。乍一听，也许很多读者觉得不可思议，山古志的锦鲤 NFT，就是一个典型的例子。2021 年 12 月 14 日，新潟县长冈市的山古志推出了以锦鲤为原型的 NFT 艺术品 "Colored Carp（锦鲤）"。其实早在 2004 年，山古志就遭遇了罕见的中越地震[①]，势如灭顶之灾，整个村子不得不撤离。这一毁灭性打击的直接

尝试用 NFT 艺术品振兴乡村的山古志

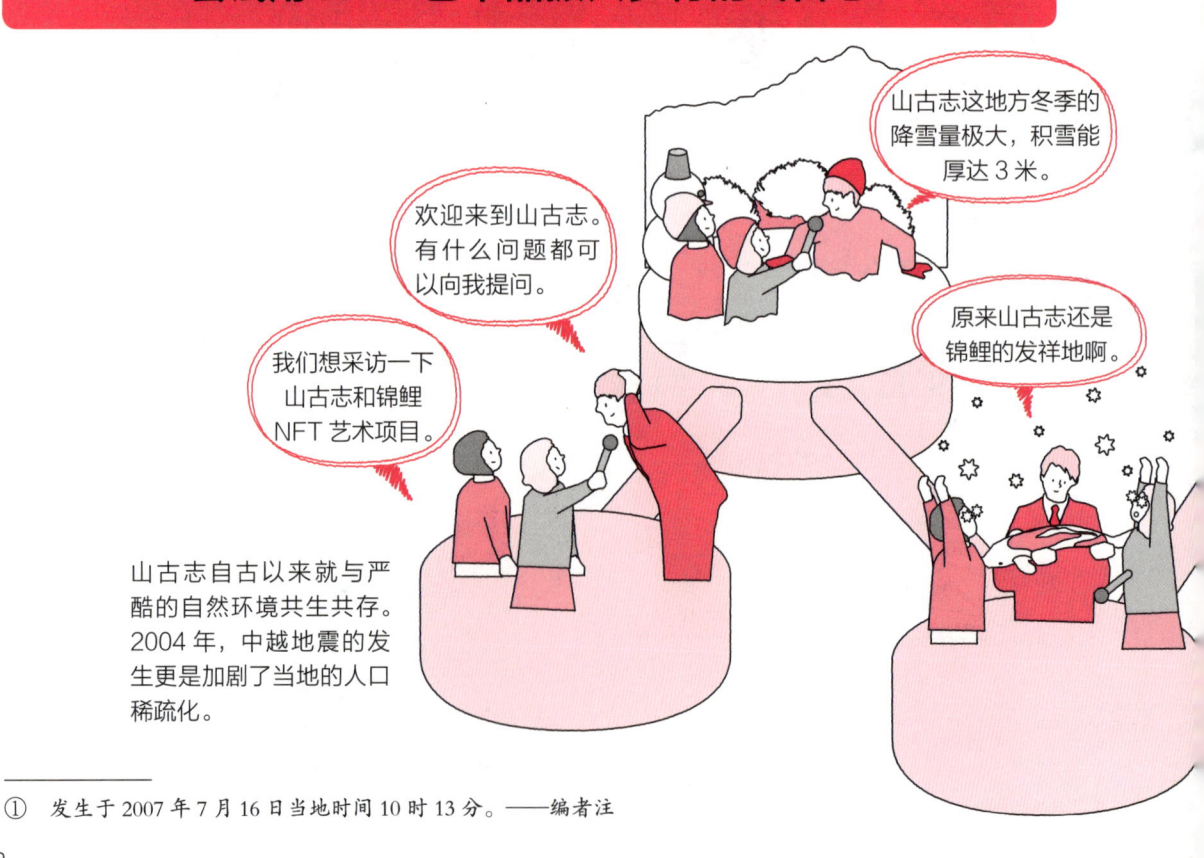

> 山古志这地方冬季的降雪量极大，积雪能厚达 3 米。

> 欢迎来到山古志。有什么问题都可以向我提问。

> 原来山古志还是锦鲤的发祥地啊。

> 我们想采访一下山古志和锦鲤 NFT 艺术项目。

山古志自古以来就与严酷的自然环境共生共存。2004 年，中越地震的发生更是加剧了当地的人口稀疏化。

---

① 发生于 2007 年 7 月 16 日当地时间 10 时 13 分。——编者注

后果是，当初 2200 左右的人口，如今只剩下 800 人，人口锐减到不到原先的一半，而且全村的老龄化人口率也超过了 55%。如果继续这样发展下去，山谷志迟早会消失。在这样的大背景下，政府决定发行 NFT 艺术品，**就是为了让因人口稀少而濒临毁灭的村庄，通过网络构建起全球数字关系群体，也可以说这是 NFT 技术的一种全新的应用形式。**

　　山古志是锦鲤的发祥地之一，吸引了全世界众多的锦鲤爱好者。其实，以锦鲤为原型的数字艺术品"Colored Carp"，同时兼具山古志的电子居留权凭证的功能。在人口不断减少的地区，人们往往会把目光集中在增加常住人口数量上，事实上，这是很难实现的。而锦鲤 NFT 项目却独辟蹊径，它希望通过招募网络居民来增加全世界对山古志的关注度，并让网络居民也参与到社区的建设中来。如果这次尝试取得成功的话，锦鲤 NFT 项目的收入甚至可以帮助山古志解决

第 6 章　Web3.0 受到政界高度关注

由山古志居民会议（新潟县长冈市山古志，代表：竹内春华）公布发行的 NFT 艺术品"Colored Carp（锦鲤）"，正在指定网站销售。

山古志
（新潟县长冈市）

有优美的自然风光和"牛角撞击"等传统仪式，是具有丰富观光资源的旅游胜地。其中，其支柱产业锦鲤养殖业，更是因受到了世界各地锦鲤爱好者的喜爱而备受瞩目。

这就是此次发行的锦鲤 NFT 艺术品。

凡是购买了"Colored Carp（锦鲤）"，成为 NFT 持有人的数字居民，也可以主动参与到山古志的社区建设中来。

哇，真漂亮！

我们的目标，并不仅仅局限于增加常住人口数量，而是想通过增加数字居民，来增加全世界对山古志的关注度，从而复兴整个地区的经济。

我们准备建设以"Colored Carp（锦鲤）"所有者为对象的高级住宅区，通过一系列措施，创造让数字居民来到现实的山古志，也能有身心愉悦的享受体验的环境。

需要用财政资源才能解决的问题，如地区的存续发展问题等。通过汇集数字居民的智慧、利用全球合作和丰富资源等，一个全新的拥有可持续发展能力的山古志新村即将诞生。

07 "登月计划"：旨在丰富人类的生活方式

日本内阁府提出的"登月计划"（moonshot）中，有一项是"将人从身体、大脑、空间和时间的制约中解放出来"，这与元宇宙的理念不谋而合。

在日本内阁政府主推的"**破坏性创新**"理念的指导下，登月型研发制度正式启动。这里所提到的登月型目标，是指那些虽然实现起来困难重重，但一旦成功的话，有望对全球产生深远影响的宏伟目标。在这一制度的引领下，各领域共提出了9个"登月目标"。第一项目标就是"将人类从身体、大脑、空间和时间的制约中解放出来"。据说这项目标，正是在元宇宙理念的基础上创建的。

日本内阁政府提出的九大"登月目标"

肯尼迪以登月为目标制订的阿波罗计划就是登月计划的雏形。

登月型研发制度
是指推进极具挑战性的大型研发项目，往往是一些具有大胆构思的、现有技术从未实现过的项目。这一制度是在日本内阁政府的综合科技创新战略推进会议上通过的。

登月目标

① 将人类从身体、大脑、空间和时间的制约中解放出来

② 针对各类疾病实现超早期预测和预防

③ 使机器人实现自主学习、自主活动，与人类共同生存

④ 再造地球环境

⑤ 2050 年的食品生产和农业供应计划

⑥ 生产出容错耐用的通用型量子计算机

⑦ 使人们能够健康、舒适地实现"人生百年"

⑧ 有效控制极端自然灾害的威胁

⑨ 提高民众福祉和活力

具体如何实现，主要是**针对一个任务，以与一个虚拟化身等同的速度和精度，开发出一人可以操作 10 个以上虚拟化身的技术或可以运用该功能的基础平台。**该目标的实现期限设定为 2030 年，最晚到 2050 年，由多人远程操作多个机器人叠加虚拟化身的系统即将建立起来，从而研发出能够执行大规模复杂任务的技术或基础应用平台。这种在虚拟技术中成为人类替身的化身或机器人被称为虚拟分身（CA）。在实现"登月计划"目标的过程中，针对特定的任务，我们可以灵活运用虚拟分身（CA），来扩展我们的体能、认知能力或感知能力等，从而获得全新的生活方式。

通过虚拟分身来丰富我们的人生

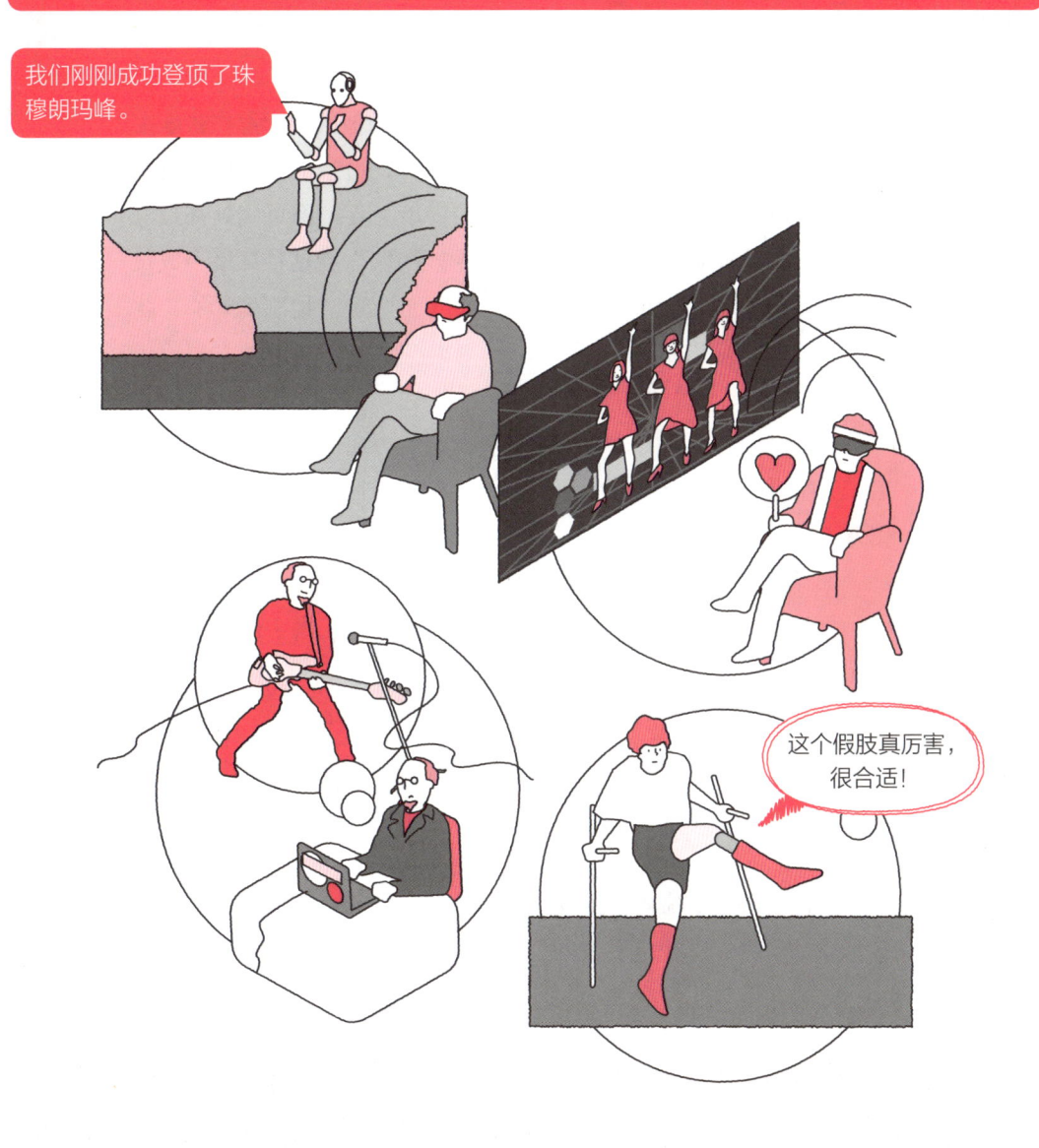

> 我们刚刚成功登顶了珠穆朗玛峰。

> 这个假肢真厉害，很合适！

互联网人物传⑥

谷歌公司的创始人　拉里·佩奇

拉里·佩奇 1973 年出生于美国密歇根州。他的父母都在密歇根州立大学工作，父亲是一名计算机科学教授，母亲是一名计算机编程的研究学者。佩奇曾这样回忆自己的童年生活："家里到处都是电脑杂志、有关科学技术的杂志或大众科学杂志。"在这种环境中成长的佩奇，自然很快就对计算机产生了浓厚的兴趣。他刚到 6 岁，就开始了计算机编程的学习。

进入大学后，佩奇选择主攻计算机工程方向。在获得学士学位后，为了进一步拓展自己的研究水平，他又前往斯坦福大学继续攻读博士学位。

就是在斯坦福，他遇到了谢尔盖·布林，两人携手创建了谷歌公司。

布林也同样主攻计算机工程的研究，两人有共同的兴趣爱好，一拍即合。他们相互鼓励，一起研究，并共同撰写了有关网络搜索引擎的论文。

佩奇在研究生院，主要进行如何从互联网的海量数据中提取关键信息的研究。这就是后来的"pagerank"（网页排名）系统，在之后两人合作开发的 Google 搜索中，就是以 pagerank 为基础进行网页排名的。佩奇认为，"被科学文献引用量越多的论文，就越重要"，那么，能否将这一观点应用于网络搜索引擎领域呢？

佩奇和布林两人在获得硕士学位后，就选择了休学。1998 年，依靠家人和朋友资助的约 5 万元，他们共同创立了谷歌公司。2004 年谷歌公司首次上市，发表了"整合全球信息，使人人皆可访问并能从中受益"的经营理念。2015 年谷歌公司进行了重组，成立了一家名为 Alphabet（字母表）的股份制公司，由佩奇担任首席执行官。2019 年，佩奇宣布辞去谷歌公司 CEO 一职，退居二线。

第 7 章

Web3.0 时代中的制胜心得

在商业环境发生巨变的 Web3.0 时代，要想取得成功，就必须具备与以往不同的新理念。在 Web3.0 时代，用户的风格和商业模式将会发生怎样的变化？接下来，给大家介绍一下 Web3.0 时代的取胜关键。

01 社群从认可需求型转化为共鸣需求型

互联网Web2.0时代的社交群体SNS，是建立在人们的"认可需求"基础上的。而Web3.0时代的社群，则是由一群对某个愿景有"共鸣"的人们建立起来的。

在前文我们就已经介绍过了，Web2.0时代的社交群体SNS是建立在人类的"认可需求"之上的。这里所说的"认可需求"，指的是"希望得到他人认可"的需求。Web2.0时代社交软件的繁荣，正是因为它们巧妙地刺激了人人都拥有的、希望被他人认可的欲求。有很多人为了在社交软件中获得一个"赞"，去夸张地选择"**超出自己能力范围的生活方式**"，摆拍出"好看"的照片，就是为了赢得别人的关注。在现实生活中，似乎也有不少用户，对这种只为获得别人点赞的虚假生活方式感到疲惫。

Web2.0时代的社交群体SNS

好累呀……我为什么要做这么愚蠢的事……

Web2.0时代
建立在人类认可需求基础上的社交群体SNS盛行。很多人为了得到别人的"赞美"而上传"好看"的照片。

真好呀！　真好呀！　真好呀！　真好呀！　真好呀！

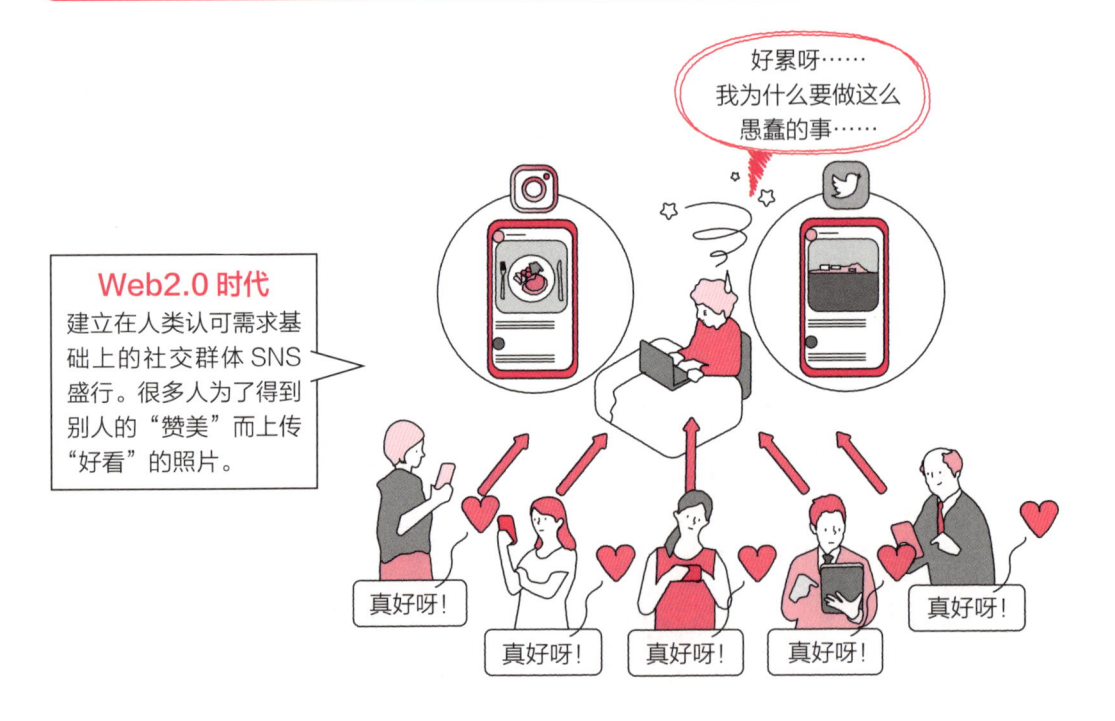

与追求认可需求的 Web2.0 时代中的社交群体 SNS 不同，Web3.0 时代的社交服务，开始转向新的社交网络体系。**多数人聚集在一起形成自己的社群，并不是为了谋求"他人认可"，而是基于对同一愿景产生的"共鸣"，他们还会通过 DAO 发行自己的代币，用资金来支持自己的梦想。**大家为了实现自己的理想而齐心协力，为社区成员的增加而倍感高兴。未来，这种社交模式，将取代脸书和照片墙，成为 Web3.0 时代的新型社交方式。在这里，人们将不再被"与生俱来的某一个外表或社会所期待的角色"所束缚，而是可以过着拥有多面人格又能够自由自在生活的人生，这就是新时代崭新的社交群体。

Web3.0 时代的社交群体

愿景

为了实现我们自己的愿景而不懈奋斗吧!

共鸣

Web3.0 时代
基于对同一愿景的认同，拥有相同目标的人们聚集在一起，建立起属于自己的独特社群。

02 聚集有共鸣的"受众"

Web3.0 的到来，加速了"个人时代"的崛起，要想在"个人时代"的舞台上大放异彩，关键在于赢得"受众经济"，即找到一群与你有共鸣的人，共同追逐梦想。

Web3.0 的到来，加速了"个人时代"的崛起。在此之前，可以说我们生活在一个更看重集体智慧的"组织时代"，1602 年，荷兰东印度公司成立，由此开始的股份制制度彻底拉开了"组织时代"的序幕。实行股份制的公司，主要通过发行股票，从认同公司发展理念的人们那里募集资金，从而获得大规模资本投入，进一步壮大公司规模。当然，这一制度也可以让购买了股票的人们都能体验到"风险投资"的刺激。通过融资实现技术创新或是完成彻底变革的公司，在社会上也会彰显出极大的影响力。

Web2.0 是"组织的时代"

通过集资，我们公司的改革取得了巨大的成功。

目前，我们公司一直处于盈利状态。

股份制公司

我买

公司会支付股息，还有股东优待政策。

股份制公司的出现，使得风险投资成为可能，而风险投资的体系，也一直延续到了今天，五大巨头公司 GAFAM（谷歌公司、苹果公司、脸书公司、亚马逊公司和微软公司）的崛起也离不开众人的股份集资。那么"个人"如果想要得到更好的发展，该怎么办呢？当代人，尤其是当代年轻人，是十分活跃的。很多的艺术家、视频创作者、研究者等，他们都在各自的领域内崭露头角。那么问题来了，"股份公司"的制度，真的适合心怀梦想的年轻人吗？在个人力量日益强大的Web3.0时代，<u>"受众经济"的地位自然不言而喻，将那些对某个人或团队的经历感同身受，又愿意支持他们实现梦想的受众聚集起来，"受众经济"就这样形成了</u>。当今时代，也可以说是受众经济时代。

Web3.0 时代的"受众经济"

我们想成为世界顶级的舞蹈团队！

我被他们的逐梦精神所感动了。

支持他们！

一起来支持他们吧！

有梦想的人和对他们的梦想感同身受的人相遇后，就会有一群受众，通过各种方式，支持他们逐梦。

第 7 章 Web3.0时代中的制胜心得

153

03 珍惜从开始就支持自己的受众

据说Web3.0时代的技术，不仅弥补了现有受众经济的许多不足，还吸引了更多的人加入受众行列。

在粉丝作用越来越重要的Web3.0时代，美国的苹果公司和中国的小米公司（小米集团）可以说是受众经济成功的典型案例。即便如此，现有的受众经济体制也存在着一个很大的不足，那就是"从一开始就支持自己的受众无法获得任何实质性的好处"。如在偶像未出道之前就一直默默支持偶像的人们，或是在某产品上市之初就一直持续购买，并为产品的热销做出过贡献的人们，虽然作为受众（消费者）能够体会到一丝成功的喜悦，但在金钱上，是得不到任何实质性回报的。

现有受众经济的缺点是……

我们要出道了！请大家多多支持我们吧！

出道三周年的巡回演唱会

我来支持她们，帮助她们实现梦想吧！

虽然从未出道就开始支持她们了，但她们成功后，我也并没有得到什么好处……

之前我们也曾介绍过，自治组织 DAO 是 Web3.0 时代的典型特征之一，通过利用 DAO，可以给予从一开始就支持自己的受众们一定的物质奖励。**可以预见，如果能够利用该组织来增加受众助力圆梦的热情的话，受众经济的规模定将得到进一步扩展**。当然，如果今后与生产制造有关的工作，绝大部分由人工智能机器来代替的话，越来越多的人会从繁重的体力劳动中解脱出来，那么相应的，人们的闲暇时间也会越来越多。于是，"如何有意义地度过越来越多的闲暇时光"，就成为我们不得不面对的话题。而想要过得有意义，关键在于生活具有"多样性"。每个人都拥有多种"梦想"，并将"梦想"分享给大家，作为大家的共同财产，实现梦想的人和助力梦想实现的人，都可以获得收益。正是 Web3.0 和人工智能技术的发展，带给我们这样一个充满契机的伟大时代。

共享梦想的 Web3.0 时代

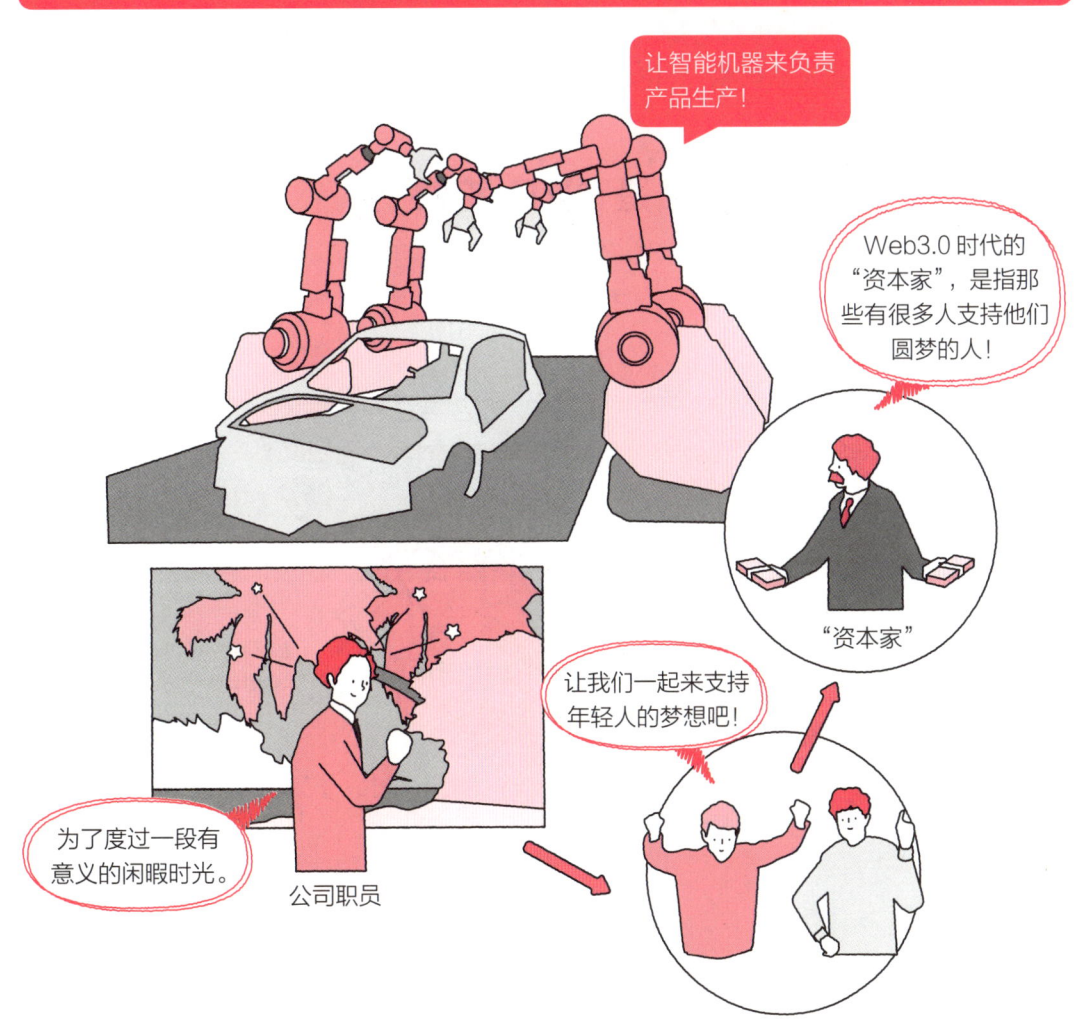

让智能机器来负责产品生产！

Web3.0 时代的"资本家"，是指那些有很多人支持他们圆梦的人！

"资本家"

让我们一起来支持年轻人的梦想吧！

为了度过一段有意义的闲暇时光。

公司职员

04 为了防止"VR 眩晕"，我们需要习惯各种设备

想要在虚拟世界中长时间地工作或生活，作为用户的我们，也不得不随之"进化"。随着"VR 原住民"一代的出现，世界将发生巨大改变。

今后，因为工作也好，因为娱乐休闲也好，我们很有可能会在虚拟世界中度过绝大多数的时光。那么，作为用户的我们，也需要不断地随之"进化"。其中，**"VR 眩晕"**就是一个较为普遍的问题。VR 眩晕是**指戴着 VR 眼镜观看 VR 影像时，会出现恶心、不适等类似晕车的症状**。最近，在"帧率（1 秒内显示的静止画面的帧数）"改善等技术革新的加持下，各家研发公司也在积极采取防止 VR 眩晕的技术。整体而言，VR 设备在防眩晕方面做得越来越好了。

什么是"VR 眩晕"？

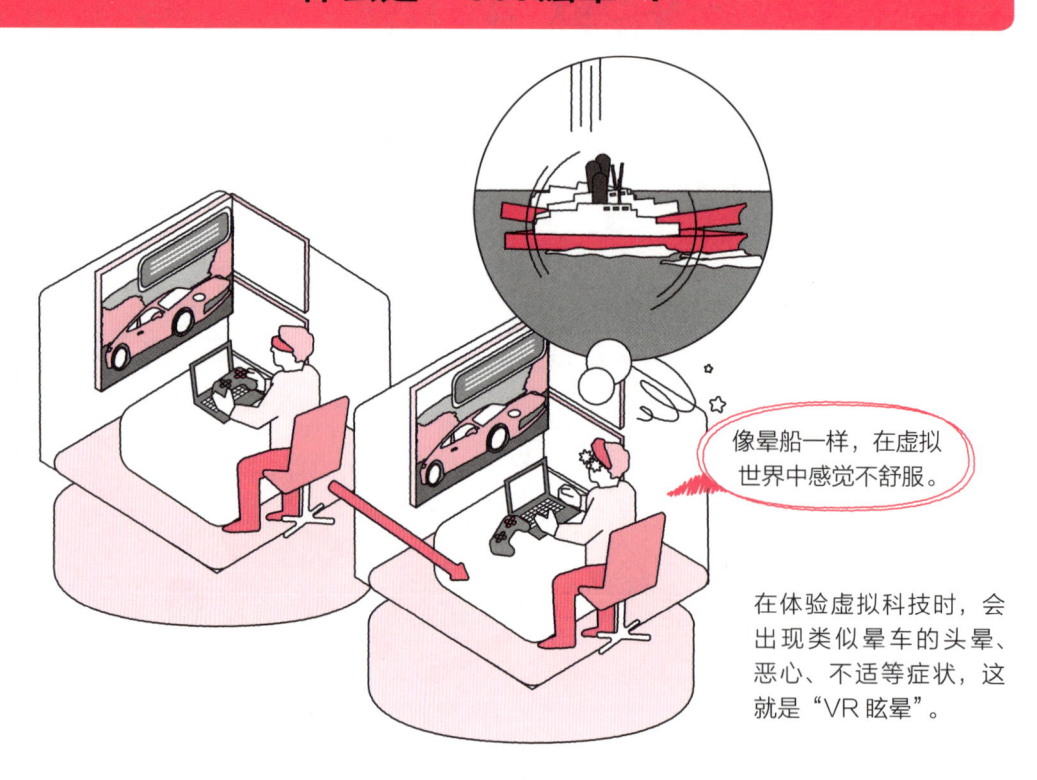

像晕船一样，在虚拟世界中感觉不舒服。

在体验虚拟科技时，会出现类似晕车的头晕、恶心、不适等症状，这就是"VR 眩晕"。

无论采取了多么先进的高科技设备，还是会有人容易在虚拟世界中出现眩晕感，**为了预防 VR 眩晕，还有一种可行的方法，那就是每天都使用虚拟设备，让自己逐渐习惯这种感觉。这样一来，相信在不久的将来，就会出现一批年轻的"VR 原住民"**。而为了实现这一目标，教育的作用不可忽视。因为年龄越小，适应 VR 设备就越快，就越能习惯虚拟世界。设想一下，如果习惯了 VR 游戏或虚拟授课的年轻一代长大进入社会，那么，"用 VR 工作更快捷更轻松"的虚拟优先时代也会随之到来了吧。甚至有人认为，在未来的几十年中，虚拟世界的国内生产总值将会超过现实世界的 GDP。为此，作为用户的我们，也需要不断"进化"。

"VR 原住民"一代的诞生

> 我们会在一天中利用半天的时间，戴着头戴式虚拟现实眼镜，利用虚拟技术授课。

> 对于我们来说，这可是很难做到的呀！

> VR 是工作中不可或缺的一部分。

10—20 年后

当"VR 原住民"一代进入社会后，虚拟空间成为工作或生活的主要场地的日子，也将越来越近了。

第 7 章 Web3.0 时代中的制胜心得

05 越来越多的用户开始追求与现实生活中完全不同的人际关系

现有 SNS（社交软件）的主要目标，就是将现实中已经存在的人际关系，用数字网络连接起来，而虚拟世界中的社交目的则与此截然不同，它展现了一种完全不同的价值体系。

以 SNS 为代表的现有社交软件，大部分都是以与真实朋友建立联系为目的。换句话说，就是用数字网络再现真实的社交圈。当然，现在也出现了不少与真实的社交圈不同的，通过某个兴趣爱好建立起来的网络社群，但大多数都没有真正火起来。这是因为，陌生人在建立新的社交关系时，需要有共同的话题。在网络这一虚拟世界中，很难产生共同话题就是一个最大的障碍。最终，大多数用户还是选择了通过真实的熟人网来建立网络社交圈。

两种不同的社交网络服务

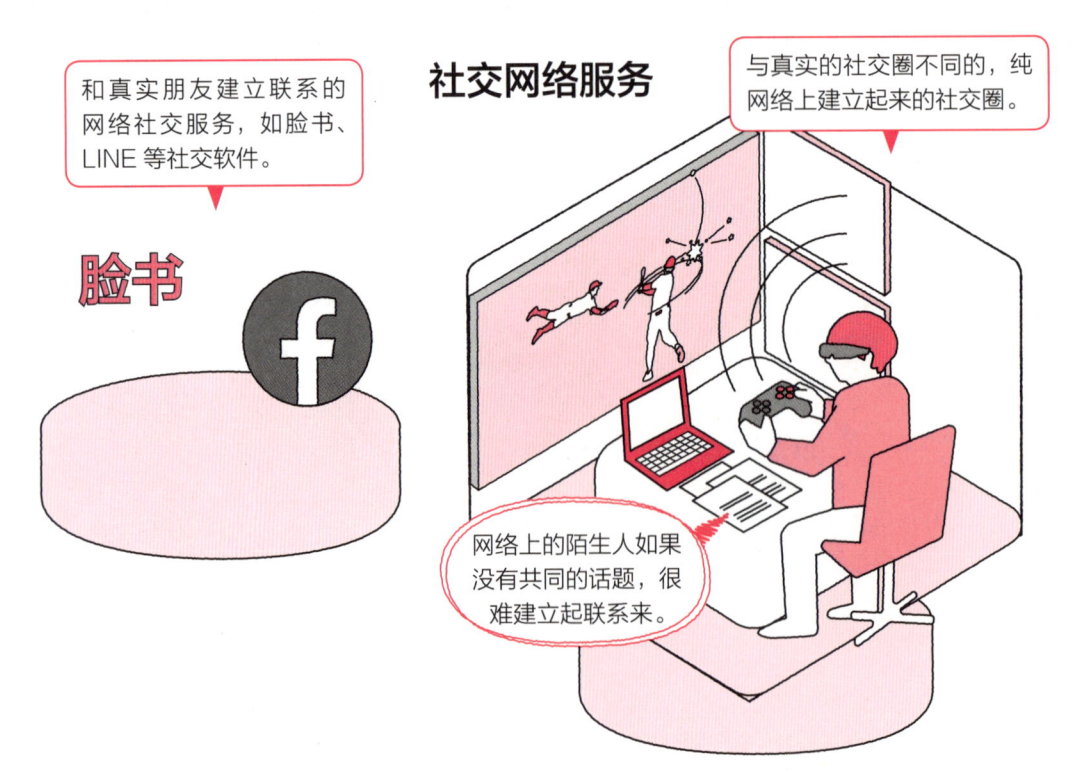

社交网络服务

和真实朋友建立联系的网络社交服务，如脸书、LINE 等社交软件。

脸书

与真实的社交圈不同的，纯网络上建立起来的社交圈。

网络上的陌生人如果没有共同的话题，很难建立起联系来。

从另一方面来讲，据说在游戏中，更容易建立起与现实关系不同的**"虚拟社交圈"**。即使是那些平常在公司或学校里沉默寡言的人，在拥有共同游戏爱好的朋友面前，也会积极地表达自己的意见，积极地与他人进行沟通。<u>在游戏这个有着共同的爱好的领域里，因和共同的敌人战斗而产生的同伴意识，是很容易维持下来的。</u>由此可见，今后如果所有的活动都可以在虚拟世界进行时，人们就会发现，越来越多的社交群体，将是"与现实生活中完全不同的自己，通过兴趣爱好建立起来的圈子"。

由游戏产生的虚拟社交群体

与现实生活中完全不同的社交群体形成了。

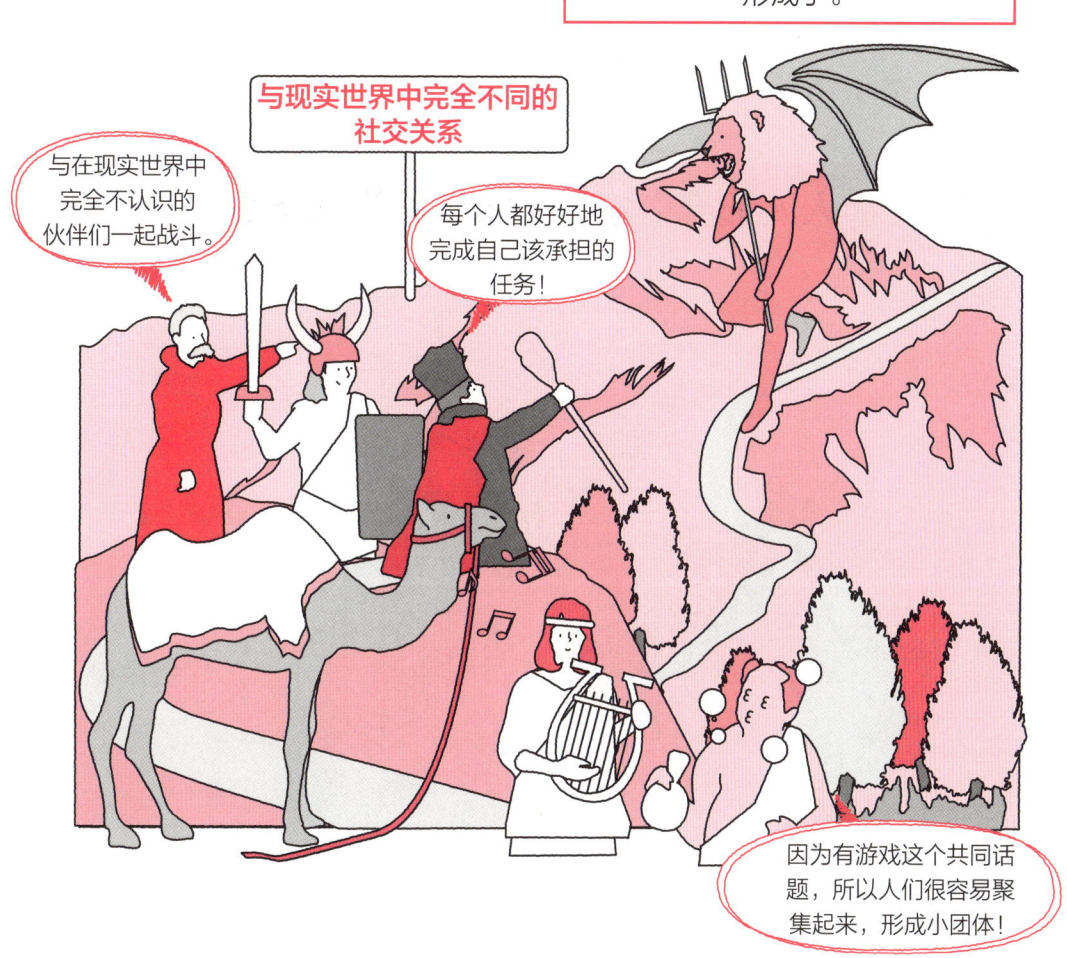

与现实世界中完全不同的社交关系

与在现实世界中完全不认识的伙伴们一起战斗。

每个人都好好地完成自己该承担的任务！

因为有游戏这个共同话题，所以人们很容易聚集起来，形成小团体！

06 在 Web3.0 时代，人人都能成为创作者

在过去，创作者只是指一小部分的在某方面有杰出表现的群体。而进入 Web3.0 时代后，任何人都可以在网上发布创意作品，"创作者经济"正在加速发展。

在虚拟现实时代，能给用户创作文化"体验"的，就可以称呼其为创作者。无论是重视物质文明的现实世界，还是看重虚拟的元宇宙世界，能创作出作品的创作者们，他们的个人价值不会因所处的环境不同而发生改变。不仅如此，在当今社会，创作者的价值还会进一步提升，甚至会呈指数式增长。这是因为，在过去，只有极少数的精英群体才能拥有创作的空间，而随着互联网的普及，人人都能在网上发布自己的作品，人人都可以成为创作者。

人人都可以成为文化作品的创作者

即使不是有名的创作家，也能制作出有一定内容的文化作品。

- 游戏
- 影像
- 视频
- 开放校园
- 市场
- 其他

现在，像照片墙这样的社交媒体平台，油管、抖音这样的短视频平台，为众多创作者提供了能够施展才华的空间。对于创作者来说，他们也可以选择不依赖于任何平台，通过直接与粉丝的互动，而获取经济收益。像这样，创作者个体通过自我表达，向观众提供他们愿意付费的作品，而形成的经济圈被称为**"创作者经济"**。事实上，这样的世界是由每一名创作者和用户群体共同搭建起来的。帮助形成经济圈的虚拟技术，使创作者能够与粉丝们直接互动简化交易流程的 NFT 技术，等等，**都是 Web3.0 时代的顶级服务。正因为 Web3.0 时代的技术加持，创作者经济的影响力得以不断扩大。**

什么是创作者经济？

在虚拟网络世界中

即使不是公司或团体组织，个人也可以从中获得经济收益。

所有的用户既是卖方又是买方。

创作者创作出了属于自己的世界，并将其运营方式制度化，形成了创作者经济圈。

07 虚拟技术可以帮助我们实现可持续发展

可以预见，虚拟现实技术也将在解决"新冠疫情"和"社会孤立"等社会问题上发挥重要作用。除此之外，如果我们的消费活动也能转移到互联网领域，也将会对"环境问题"的改善做出贡献。

近年来，由于受新冠疫情的影响，人与人之间的接触变少了，人们之间的交流也受到了极大的限制。在这种大环境下，人们对网络虚拟空间技术的关注度也变得越来越高。因为在网络中，人与人之间不需要直接接触，当然也不会有感染病毒的风险。即使今后新冠病毒消失了，说不定哪天又会冒出个其他带传染性的病毒。所以，我们应该借此契机积极推进和完善虚拟现实技术，为解决当前的社会问题提供有效方案。另外，由于长期受新冠疫情影响，人与人之间、整个社会之间的联系变得越来越薄弱。社会性孤立、孤独症等问题也随之产生了。

在虚拟世界中找寻传染病、社会孤立问题的对策

在虚拟的网络空间中，完全不用担心病毒传染的问题。

你并不是一个人。

人们聚集在与现实生活截然不同的虚拟空间里。今后，从预防传染病、防止社会孤立和孤独症等方面来看，网络虚拟技术也将大有作为。

因为在虚拟网络空间里，人们很容易找到适合自己的群体，所以网络虚拟技术在预防社会孤立、孤独症方面将会产生不可替代的作用。即使是在现实生活中很不合群的人，如果能在网络虚拟空间中找到一个舒适的社群，并在虚拟空间中愉快地度过大部分的休闲时光，那么，那些因无法适应现实世界而感到孤独的人，也一定会减少吧。此外，虚拟网络空间还能在改善环境问题上助我们一臂之力。比如，如果我们选择在虚拟城市中旅行，既不会使用到任何燃料，也不会排放出汽车尾气等废气。随着消费活动转向虚拟空间，现实生活中的产能过剩和大量废弃物污染等问题将会大大减少。这样看来，<u>虚拟网络空间在解决社会问题方面所发挥的作用，也是值得我们期待的。</u>

为 SDGs（可持续发展目标）做出贡献的虚拟网络空间

在虚拟空间中旅行，还真是不错呢。

既不会使用到任何燃料，也不会排放出尾气，更不会出现因生产过剩导致的食品浪费问题，对我们而言，没有丝毫损失。

× 汽油消耗
× 尾气排放

× 生产过剩导致的食品浪费

虚拟网络空间为 SDGs 做出了贡献。

08 开展新业务的关键在于找准最佳时机

一个新事业能否取得成功,关键在于它是否能够抓住商业发展的最佳时机。想要在 Web3.0 时代有个好前途,知道当前社会需要什么是十分重要的。

在即将开展一项新业务时,人们往往会关注团队的执行力、创新性、商业模式等。其实,建立新业务时能否把握住"关键时机"是最重要的。外卖平台优步就是一个典型的例子,当然优步的成功,离不开网络技术的支持。除此之外,正是在人们希望通过副业获得额外收入的愿望越来越迫切的时候,优步顺应时机,开始了自己的新业务,从而大获成功。这样看来,在开展与 Web3.0 相关的业务时,我们也应该学会顺应时机。

事业成功的关键在于把握时机

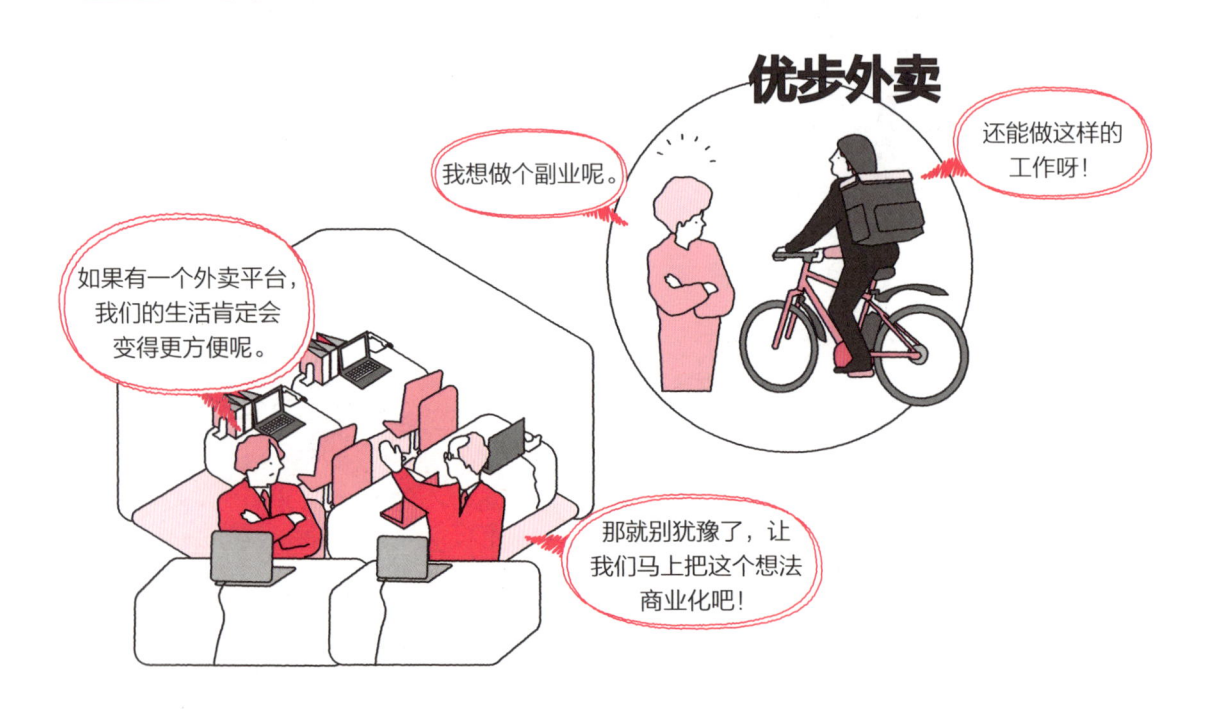

优步外卖

- 我想做个副业呢。
- 还能做这样的工作呀!
- 如果有一个外卖平台,我们的生活肯定会变得更方便呢。
- 那就别犹豫了,让我们马上把这个想法商业化吧!

如今，Web3.0时代的脚步越来越近。虽然目前我们还不能在多数日常生活中使用虚拟现实技术，但在旅游、休闲、主题公园等娱乐领域，人们的活动空间也正在向网络虚拟领域转移。话虽如此，但这并不意味着某类活动的现实价值正在丧失，而是应该理解为"现实价值正在向虚拟空间扩张"。除此之外，Web3.0时代的"工作方式"也将发生巨大变革。在虚拟世界这个新的"经济圈"中，诞生了只有在Web3.0时代中才会出现的新职业，越来越多的创作者会持续活跃在这个大舞台上。对眼前已存在的现有业务进行投资虽然很简单，但这未必会是投资的最佳时机。要想获得更大的成功，选准进入市场的契机十分关键。

现有的商业行情将会发生怎样的改变？

虚拟现实技术正在改变世界。

据说在旅行和休闲娱乐领域，今后将会增加在"虚拟空间中进行"这一选项。

抓住别人还未发现的市场需求，适时将其商业化是非常重要的！

你完全可以以自由创作者的身份，从事相关工作。

虽说我们目前还没有完全进入虚拟优先的时代，但大家一致认为：今后区别使用现实空间和虚拟空间的用户将会逐渐增加。

第7章 Web3.0时代中的制胜心得

互联网人物传 ⑦

维基百科的创始人　吉米·威尔士

吉米·威尔士是世界著名在线免费百科全书"维基百科"的创始人兼经营者，他出生于美国的亚拉巴马州。

据威尔士回忆，小时候，他的父母送给他一本儿童百科辞典——《世界百科辞典》。年幼的威尔士很快就被这套书深深地吸引了。这本书最有意思的是，它的内容每年都会更新，一旦书中的内容有更新，出版社就会附赠有关新内容的贴纸给读者。在感受到这个更新方式的独特魅力的同时，威尔士也深刻体会到，仅靠贴纸能够更新的信息是极其有限的。

16岁高中毕业后，好奇心旺盛、成绩优异的威尔士，考入了奥本大学。在大学里，他主攻金融学专业，并通过阅读各类文献和论文，来提高自己的专业能力。

其中，给威尔士带来极深印象的，是政治经济学家哈耶克的一篇论文。哈耶克在论文中写道："我们每个人所拥有的知识只占全社会知识总量的微不足道的一部分。人类只有在积累知识的过程中，才能不断地获得成长。"威尔士对此深有感触。他在之后的访谈中曾表示：这一观点，正是他创建维基百科的灵感来源。

大学毕业后，威尔士在芝加哥的一家公司担任期货和期权交易员，几年后就自立门户。之后，威尔士成立了 Bomis 网络公司，开始制作免费使用的在线百科词典。这就是维基百科的前身 Nupedia（自由的百科全书）。虽然人们可以免费浏览 Nupedia 的网站，但是由于对发布的词条设置了严格的审查制度，发布新词条的效率低下、成本昂贵，项目并没有达到威尔士的预期效果。

　　该项目失败后，威尔士进行了深刻的自我反思，之后他创立了维基百科。使用维基软件[①]，任何人都可以自由编辑在线百科全书，该书免费对外开放。这个网站瞬间火遍了全世界，成为现有世界最大规模的网站之一。

　　威尔士现在除了担任维基媒体基金会的荣誉主席之外，还积极从事着美国哈佛大学伯克曼互联网研究中心的客座研究员工作，以及公益组织"知识共享组织"的理事一职。

---

① 维基软件是一种在网络上开放的可供多人协同创作的超文本系统，由美国人沃德·坎宁安于 1995 年首先开发出来。

第 8 章

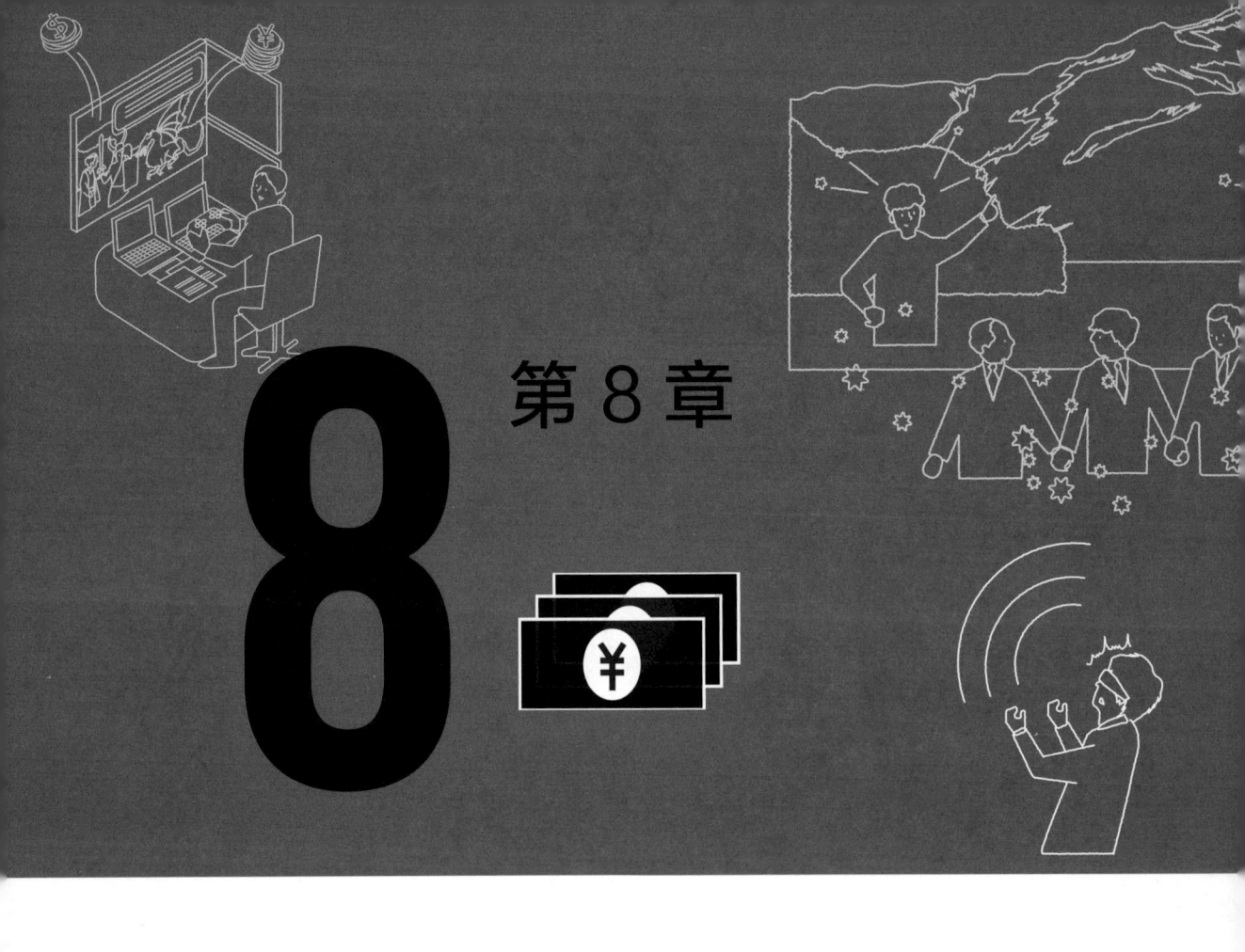

Web3.0 时代的新商务

在Web3.0时代，什么样的商业或服务会更受普通用户的青睐呢？在此之前，我们已经介绍过了在虚拟现实技术和NFT艺术品领域中已经出现的新商业模式。那么接下来，就让我们来了解一下，Web3.0所特有的服务模式吧。

01 企业成功的关键，在于能否抓住 Web3.0 的核心特征

在备受瞩目的 Web3.0 市场上，为了获胜，必须采取的核心商业战略究竟是什么？

现在，无论你在什么场合，几乎都能听到人们在滔滔不绝地谈论 Web3.0。那么，为了能够在 Web3.0 技术的商业模式中取胜，需要采取怎样的商业战略呢？我认为，首先需要思考在未来 5 年内，哪些行业最有发展前景。如果这些行业中，有些是 Web3.0 时代所特有的，那么我们就找到了能在 Web3.0 时代取胜的商业模式。接下来的关键，就是看你愿不愿意从零开始，一步步打造"**Web3.0 所独有的**"的商业产品或服务体验。要想在 Web3.0 时代取得成功，必须充分理解 Web3.0 的特征，并选择与之相匹配的商业模式。

过去也曾有过类似的案例。在智能手机刚刚兴起的时候，很多公司就直接把翻盖手机中

思考 Web3.0 时代的独有特征

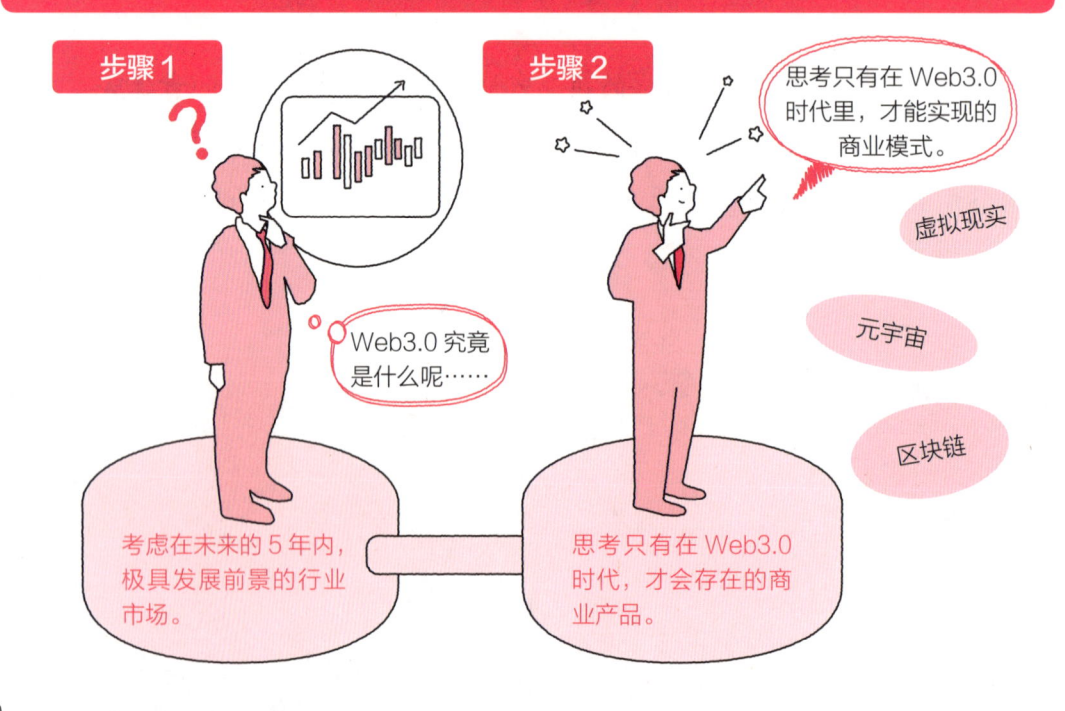

步骤 1
Web3.0 究竟是什么呢……

考虑在未来的 5 年内，极具发展前景的行业市场。

步骤 2
思考只有在 Web3.0 时代里，才能实现的商业模式。

- 虚拟现实
- 元宇宙
- 区块链

思考只有在 Web3.0 时代，才会存在的商业产品。

的游戏，原封不动地搬到智能手机里面来了。结果证明，最受欢迎的并不是这些传统的爆火游戏，而是那些能够充分利用到智能手机功能的全新的游戏。智能手机号称是一款"用一根手指就能完成全部操作"的智能设备，那些真正火起来的，正是能够完全契合智能手机特征的新游戏。**当然，也有一些公司，确立了专门针对智能手机的游戏开发方案，并通过实际运行而大获成功。**正如我们在前文中所介绍的，Web3.0 的最大特征，就是充分利用了区块链技术。正因为如此，**要想在 Web3.0 时代实现商业成功，就必须选择那些只有利用区块链技术才能实现的商业模式，并且从零开始，一步步思考如何创建一个成功的企业。**

从过去的事例中寻找启示

当智能手机刚刚开始流行时

把在翻盖手机上很受欢迎的游戏，直接拿来用在智能手机上吧！

在家用游戏机上销量不错的游戏，直接拿来用在智能手机上吧！

智能手机所特有的功能！用一根手指就能完成全部的操作！

A 公司　　B 公司　　流行的是……　　C 公司

Web3.0 的最大特色，就是充分利用区块链和虚拟现实技术。

开展能抓住 Web3.0 特征的服务！

第 8 章　Web3.0 时代的新商务

171

02 虚拟世界中的商业也可以进行行业分类

虚拟现实技术的出现，催生了新的经济圈，就像现实中的行业能够进行分类一样，虚拟世界中的不同行业也可以进行分类。

在虚拟世界中，人们同样可以畅通无阻地进行各种贸易活动，这也是元宇宙的典型特征之一。当然，我们也可以对虚拟现实中的商业活动进行一个简单的**行业分类**。首先，我们可以看到，在虚拟世界进行有关活动时，离不开一个能够代表我们自身的虚拟网络形象。那么，我们可以把与虚拟网络形象有关的行业归类为第一产业。如今，已然出现了以销售网络虚拟形象为生的人，制作虚拟空间3D模型的创作者们也是与日俱增。可以说，<u>他们所从事的行业，是虚拟现实空间中的基础行业，是虚拟世界中不可或缺的第一产业</u>。

将虚拟现实中的行业进行产业分类

在虚拟世界里

虚拟形象①
虚拟形象②
虚拟形象③

第一产业
在虚拟现实中，制作网络虚拟形象或3D模型的这类基础行业，被归类为第一产业。

这个虚拟化身真好看，我也想要一个。

那我就来卖网络虚拟形象吧！

网络虚拟形象是人们在虚拟空间中进行自我表现的一种形式。因此，通过装扮虚拟形象来表达自我个性的需求也就诞生了。而在现实中的**第二产业，往往是指对第一产业提供的产品进行加工，从而获得附加价值的行业部门**。这样看来，对网络虚拟形象进行美化升级的行业，完全可以称得上是虚拟世界中的第二产业了。那么，接下来的行业，就该分类到第三产业了。第三产业是指除第一产业、第二产业以外的其他行业，因此定义范围就比较宽泛了，在虚拟现实空间里可以将其统一归类为"造物"。**这里的物（空间）是指与虚拟形象有着相同本质属性的东西，而对于造物这一行为来说，并不需要支付任何相应的代价，即在虚拟空间里的任何创作行为都是免费的**。这也是虚拟空间里的创造行为被归类为第三产业的原因。目前，第二、第三产业的组织架构还处于完善阶段。

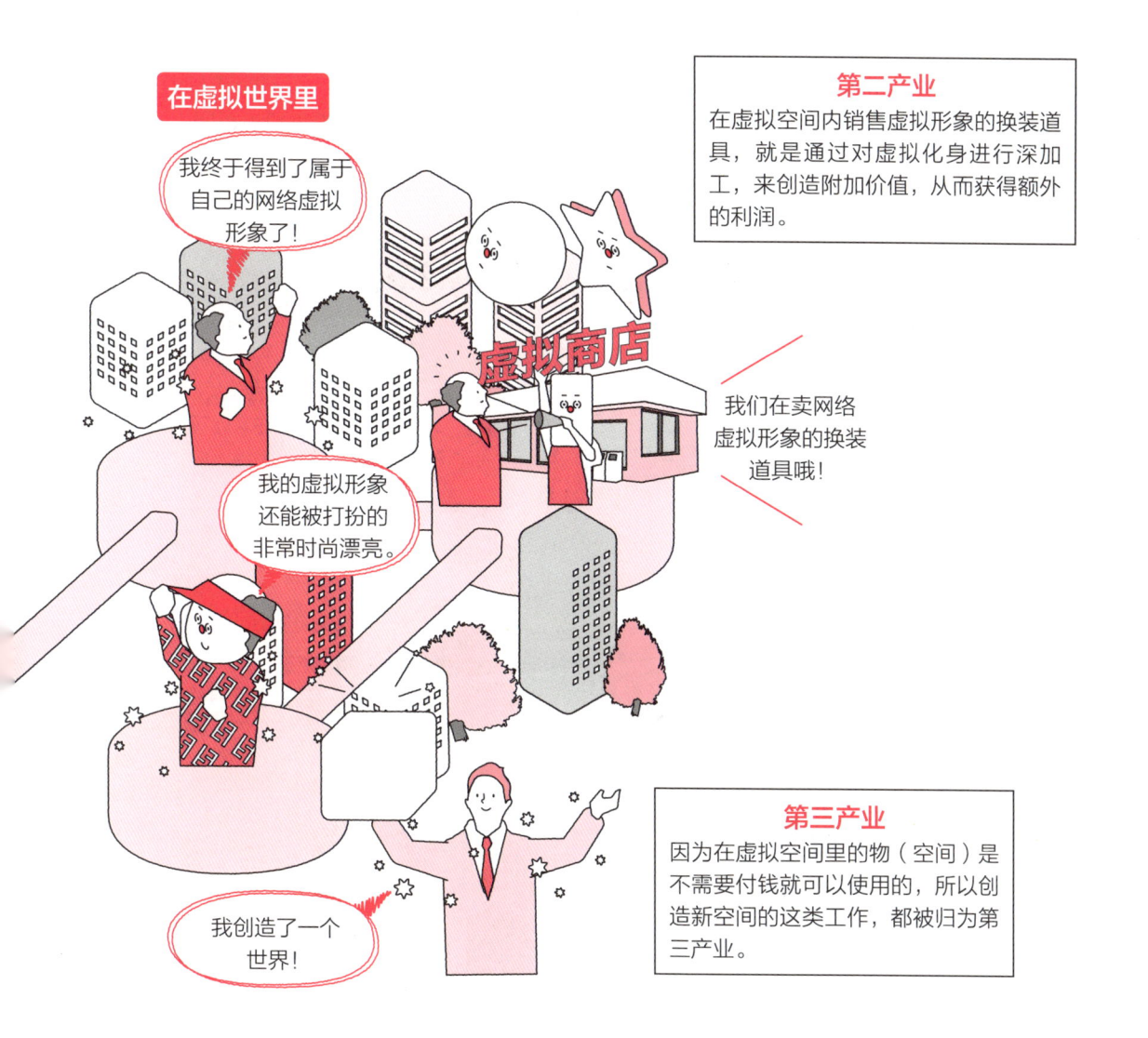

在虚拟世界里

我终于得到了属于自己的网络虚拟形象了！

我的虚拟形象还能被打扮的非常时尚漂亮。

虚拟商店

我们在卖网络虚拟形象的换装道具哦！

我创造了一个世界！

第二产业
在虚拟空间内销售虚拟形象的换装道具，就是通过对虚拟化身进行深加工，来创造附加价值，从而获得额外的利润。

第三产业
因为在虚拟空间里的物（空间）是不需要付钱就可以使用的，所以创造新空间的这类工作，都被归为第三产业。

第 8 章 | Web3.0时代的新商务

173

03 打造演出中的超现实"临场感"

如今，虚拟直播间活跃在全世界的大街小巷。虚拟直播与我们日常生活中常见的现场直播或亲临现场的观看方式，究竟有哪些不同呢？

作为 Web3.0 时代的直播新纪元，**"虚拟直播"**的发展一直备受期待。要说虚拟直播的优点，莫过于不需要亲自到场，就能享受到各类演出或音乐会的乐趣。另外，在虚拟直播中，还可以引入在现实中绝对无法实现的表演形式。例如，根据节目需要改变会场的天气，让火焰从空中倾泻下来，在浩瀚的宇宙星河中表演，甚至可以引爆整个会场，只要是你能想象到的，虚拟技术都能帮你实现。正因为是在虚拟空间中，才让我们体会到了超现实的"临场感"。

现场演出和网络直播的不同之处

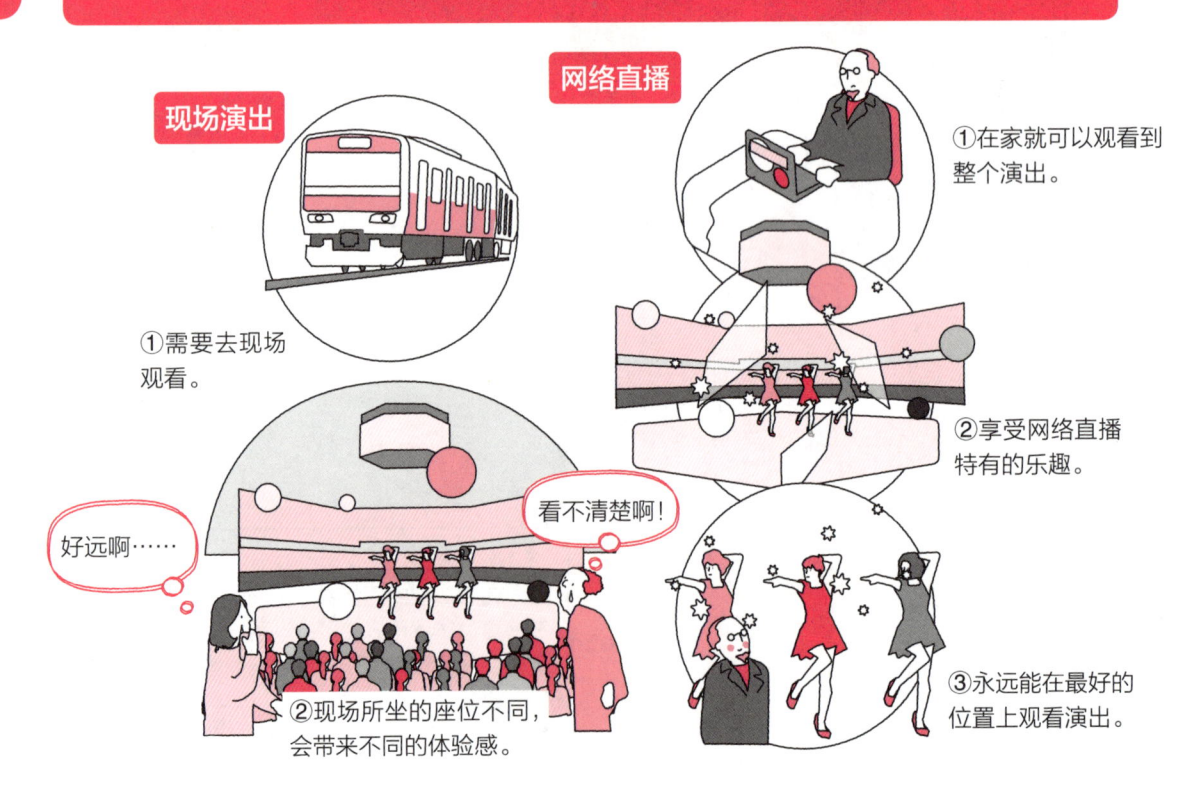

现场演出

①需要去现场观看。

好远啊……

看不清楚啊！

②现场所坐的座位不同，会带来不同的体验感。

网络直播

①在家就可以观看到整个演出。

②享受网络直播特有的乐趣。

③永远能在最好的位置上观看演出。

其实，搬到网络世界中的，不仅仅只有现场演出。节日活动、主题公园，甚至是部分城市和博物馆，都开始走进了虚拟领域。选择虚拟世界的好处是不言而喻的，设想一下，如果在现实中建造一个主题公园的话，需要花费大量的工程成本和建造时间，而如果在虚拟世界里建造的话，所花费的时间和成本，与现实世界相比要少得多。除此之外，虚拟空间还有另外一个优势，那就是它可以将在虚拟世界里举行过的活动保存下来。在现实生活中，参加某个活动所带给我们的感动或兴奋往往转瞬即逝，很难再有第二次完全相同的体验。**但如果是在虚拟世界中，无论是庆典活动还是现场演出，所有的活动数据都可以被保存下来，所以我们可以随时随地复原整个感动瞬间。**

虚拟世界里的所有活动都可以转换成数据保存下来

在虚拟世界里的活动

那天的烟花大会，每个造型的烟花都出现得恰到好处，景色也非常美……好想再体验一下。

几天后

是烟花！真漂亮啊！

在现实世界中，已经发生过的事情是不可能完全再现出来的。

那时表演的资料还保留着呢！

在虚拟世界中，由于每个活动瞬间都是由数据记录下来的，所以可以无数次见证同一个瞬间。

04 在虚拟世界中也有服装需求

如今,越来越多的服装生产企业开始加入元宇宙。元宇宙虽然是虚拟空间,但聚集了大量的用户群体,有人的地方也必然会产生相应的服装需求。

如今,时尚界也纷纷开始加入元宇宙世界了。众所周知,在世界范围内拥有超高人气的某运动服饰品牌,就已经在游戏平台上,打造了供用户免费游玩的虚拟世界,成为首批进入元宇宙世界的大品牌之一。在这个虚拟空间中,品牌商为玩家们提供了各种迷你小游戏,通过游戏,可以促进该品牌受众之间的交流。不仅如此,在虚拟空间中,还允许玩家用特定的品牌服饰装饰自己的虚拟形象,这同样能够给服装业带来不小的商业价值。

元宇宙与服装品牌亲密合作

在虚拟世界中

你好!
你好!
这就是我一直想穿的衣服。

①给受众提供了一个能够沟通的平台。

②提供免费的迷你游戏。

③让自己的虚拟形象穿上该品牌的衣服和鞋子。

就这样，试水元宇宙领域的服装品牌呈增长趋势。这样下去，今后入驻元宇宙的品牌商也会越来越多吧。那么，为什么服装业如此热衷于进驻虚拟空间呢？究其根源，是因为虚拟世界中的虚拟形象商业经济可以与服饰行业完美契合。当然，在一切以数字经济为主的虚拟世界中，也根本不会存在浪费问题。近年来，致力于 **SDGs**（可持续发展目标）的服装企业也越来越多。对于这些环保型服装企业来讲，**不存在废弃现象的数码世界是最值得考虑进入的绝佳场所，除此之外，在虚拟空间内，受众之间的交流更顺畅，信息的传递也更容易，品牌也更容易被多数人所熟知，这些都是服装品牌商选择虚拟世界的理由。**

服装行业与元宇宙的缘分

现实世界

卖不出去的话就得扔掉……

虚拟世界

在虚拟世界完全没有废弃的概念，宣传新服装也更加容易！

这个牌子的衣服不是很可爱吗？

我们买下来试穿看看吧。

现实世界
卖不出去的衣服因为没人要就不得不进行销毁，这样的废弃问题，既造成了环境污染，又增加了生产成本。

虚拟世界
不仅不存在衣服被废弃的问题，还能为使用者提供交流的平台，更能进行多种形式的宣传活动，因此受到了高度的关注。

05 备受期待的"新型虚拟广告"究竟是什么？

生活中我们每天都能看到各种形式的广告。而在虚拟世界中，很有可能会诞生出与以往不同的新型广告形式。

如今，多媒体广告遍布大街小巷，随处可见，它们都以让消费者购买商品或服务为目标，承担着让商品或服务更吸引消费者眼球的作用。同样，即使到了虚拟世界，广告的基本目标也不会发生改变。那么，虚拟世界中的广告，究竟是什么样子的呢？说到这，也许很多人会联想起现实中的广告，想象着现实中的广告在设计师们所创造的虚拟空间中播放的样子。倘若果真如此，那么虚拟世界也只不过是现实世界的另一种再现形式罢了。

虚拟广告只是现实广告的翻版？

在虚拟世界中

最新售卖！

想尝尝那个饮料。

广告只是换成在虚拟空间中播放，形式内容都与现实世界没有任何区别。

事实上并非如此，虚拟广告与现实广告的最大不同，就是可以嵌入用户体验感。举个例子来说，有人会选择在虚拟空间中玩赛车游戏。这是因为在虚拟世界中，很多人都想尝试一下现实世界中不易体验的赛车。为用户提供一个可以从众多汽车中选择自己心仪车型的平台，这实际上就是给汽车品牌方提供了投标机会。而且，还是在用户丝毫没有意识到这是广告的前提下进行的。除此之外，还有其他类型的广告，你身边看似随意放置的塑料水瓶，标签都能自动切换成广告商品的标签……这种看似不经意的广告形式在虚拟空间里随处可见。"<u>坐了那辆车</u>""<u>喝了那杯饮料</u>"等，像这样的用户体验，都可以成为虚拟世界中的广告形式。

什么是虚拟世界特有的广告形式？

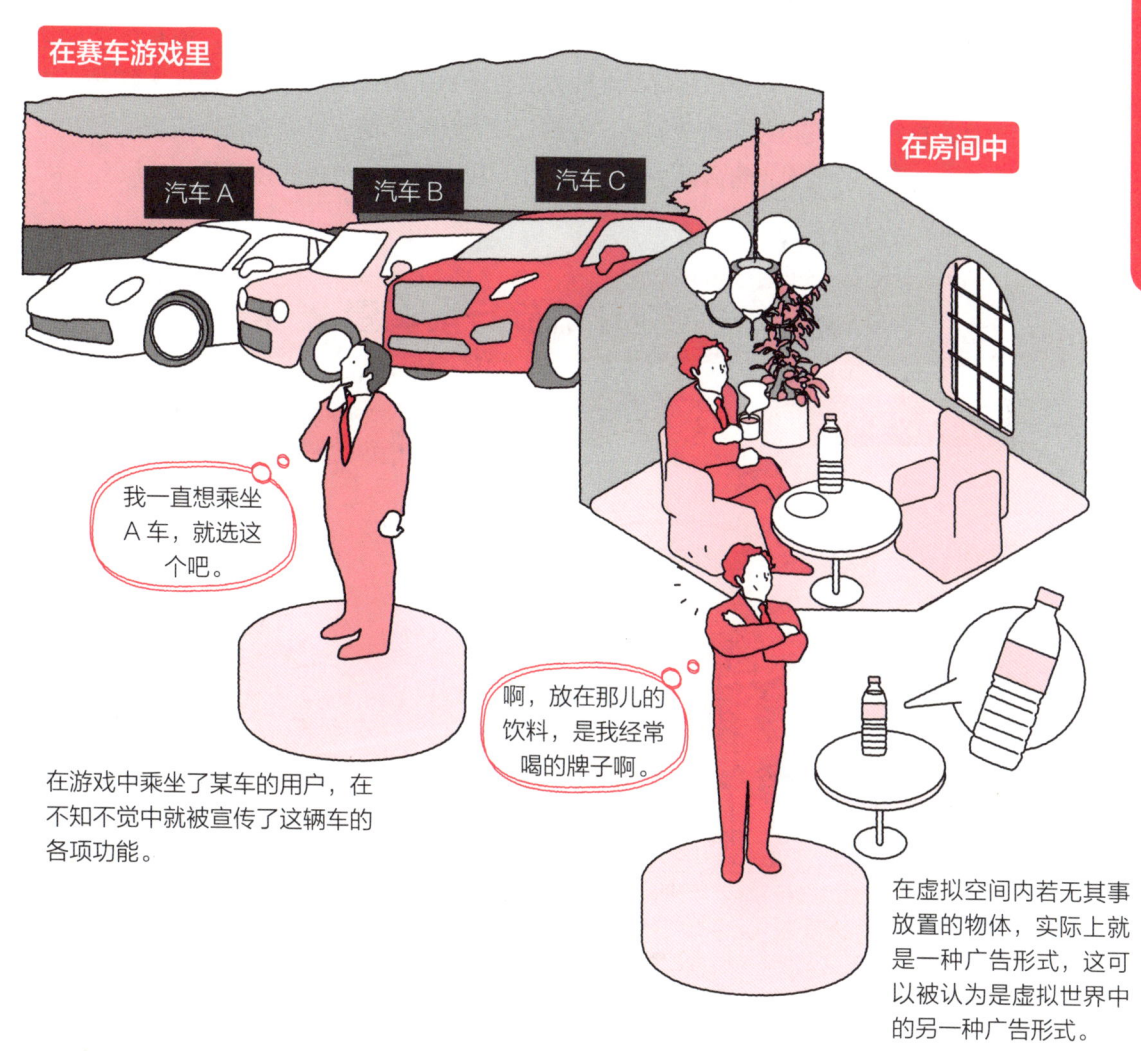

在赛车游戏里

汽车 A　　汽车 B　　汽车 C

我一直想乘坐 A 车，就选这个吧。

在游戏中乘坐了某车的用户，在不知不觉中就被宣传了这辆车的各项功能。

在房间中

啊，放在那儿的饮料，是我经常喝的牌子啊。

在虚拟空间内若无其事放置的物体，实际上就是一种广告形式，这可以被认为是虚拟世界中的另一种广告形式。

第 8 章　Web3.0 时代的新商务

06 不受现实束缚的"虚拟旅行"

元宇宙是从现实世界的规则中解放出来的，因此，在元宇宙世界中，你可以体验到没有距离和时间限制的舒适旅行。

人们在旅行前收集各种信息的方式，也会随着时代的改变而不断变化。现在，人们主要通过网络来收集信息，社交网络平台和搜索引擎都是收集信息的主流形式。在此之前，如果想去旅行的话，人们通常会通过阅读旅游手册或报名旅行社来收集各类信息。随着科技的进步和人们生活方式的改变，调查旅行目的地的方法也开始使用数字化的形式。进入数字化时代之后，"虚拟旅行"也变得越来越普遍了。在制订旅行计划之前，可以先在网络虚拟空间中体验一下旅馆或景点的氛围，然后再决定是否前往，在虚拟旅行中提前体验目的地风土人情的时代即将到来。

不断发生变化的旅行前调查法

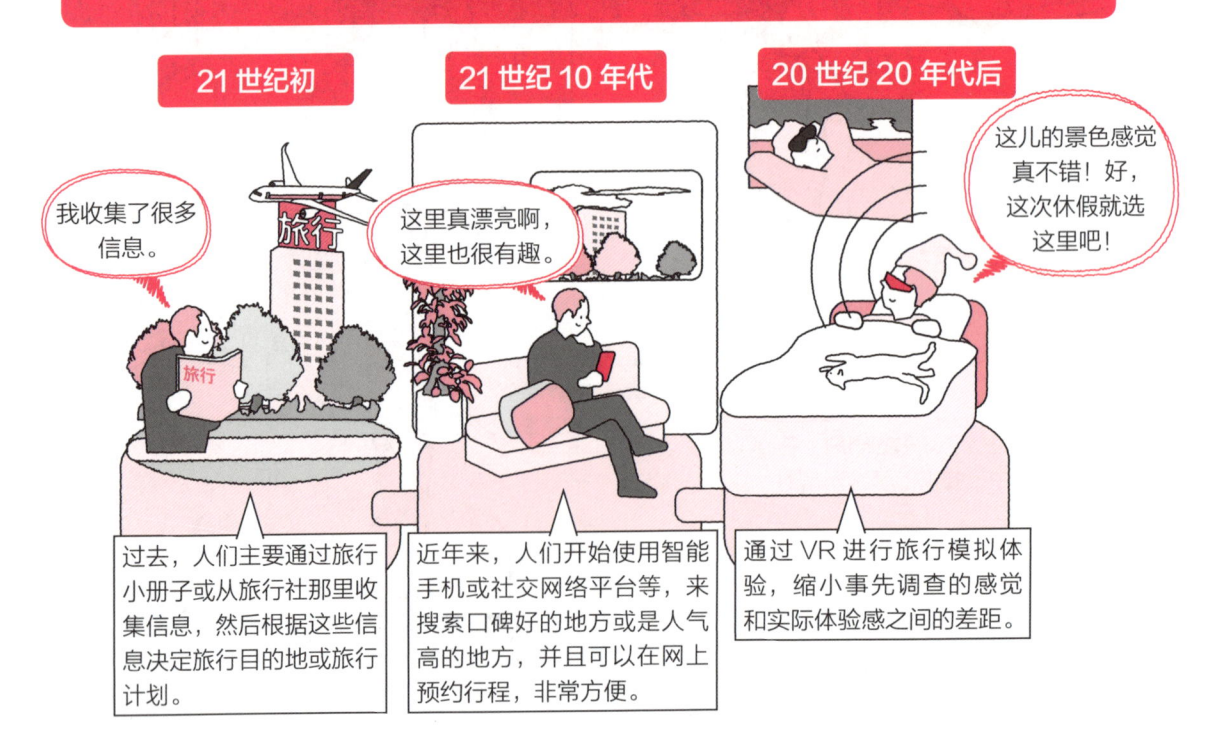

21世纪初
"我收集了很多信息。"
过去，人们主要通过旅行小册子或从旅行社那里收集信息，然后根据这些信息决定旅行目的地或旅行计划。

21世纪10年代
"这里真漂亮啊，这里也很有趣。"
近年来，人们开始使用智能手机或社交网络平台等，来搜索口碑好的地方或是人气高的地方，并且可以在网上预约行程，非常方便。

20世纪20年代后
"这儿的景色感觉真不错！好，这次休假就选这里吧！"
通过VR进行旅行模拟体验，缩小事先调查的感觉和实际体验感之间的差距。

像这样，虚拟旅行可以作为实际旅行的模拟体验。但是，虚拟旅行的优点，不仅仅局限于这一点，它可以帮助人们获得在现实中绝对无法获得的体验感。相信在不久之后的将来，虚拟旅行将会作为一种新型旅行方式，得到全社会的广泛认可。在这里，人们可以不受制于传统的地域限制。在虚拟世界里，即使你的旅行目的地不在地球上都没有关系。**人们可以轻松地在宇宙里游玩，甚至可以穿越时光回到恐龙时期或战国时代的日本**①。此外，设计师们也有可能打造出专门用于虚拟旅行的全新世界。鉴于世界形势的变化和全球气候变暖等问题，虚拟旅行也有可能成为未来时代典型的旅行方式。

虚拟旅行带来的"超现实的价值体验感"

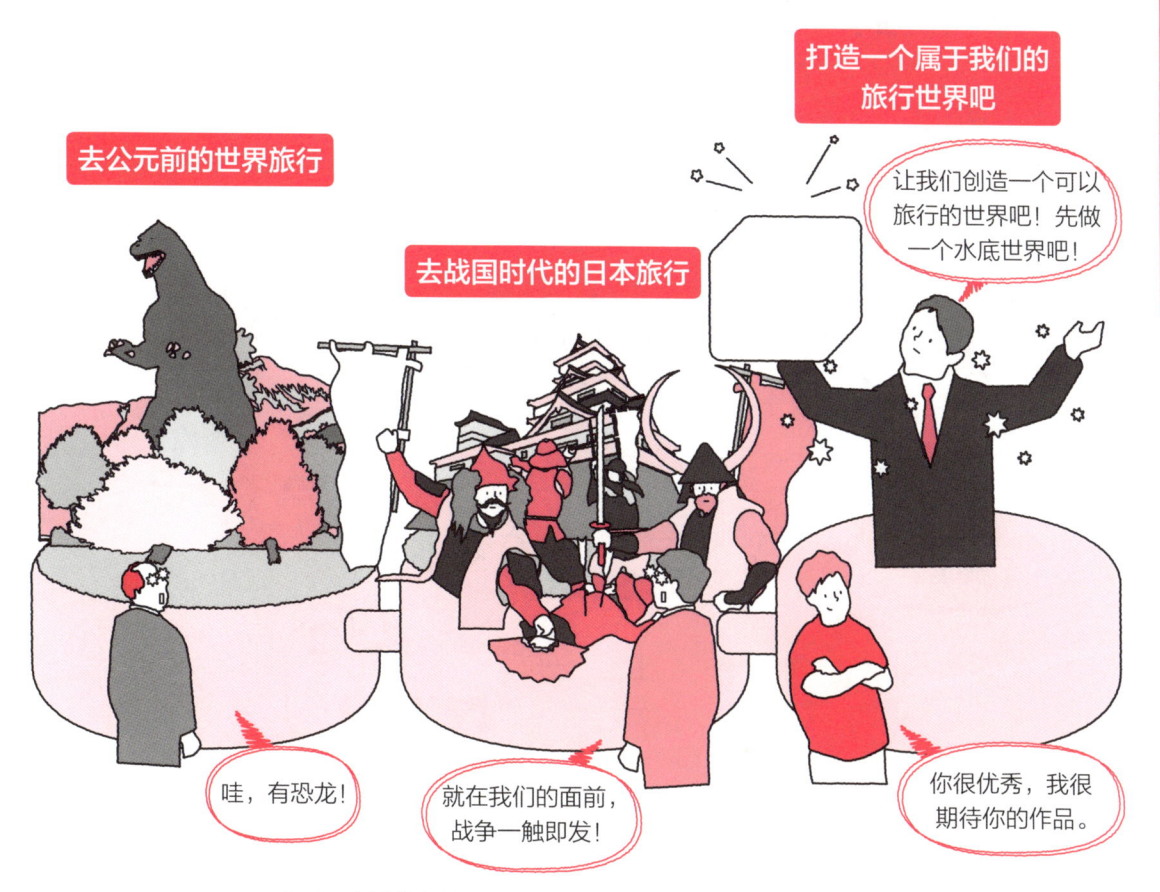

打造一个属于我们的旅行世界吧

去公元前的世界旅行

去战国时代的日本旅行

让我们创造一个可以旅行的世界吧！先做一个水底世界吧！

哇，有恐龙！

就在我们的面前，战争一触即发！

你很优秀，我很期待你的作品。

今后，虚拟旅行将不仅仅只作为事前旅行的参考，它还将为我们提供超现实的体验感，今后的虚拟旅行有可能成为一种全新的旅行方式。

---

① 日本战国时代（1467年—1600年或1615年），一般指日本室町幕府后期到安土桃山时代的这段历史。——编者注

07 随着团队价值上涨也跟着上涨的"俱乐部代币"，究竟是什么？

因新冠疫情而备受打击的体育界，也正在积极采取基于区块链技术的新举措，以期重现体育界的繁荣景象。

受新冠疫情影响，全球各式各样的集会活动被迫中止，致使很多行业陷入了经营困难的境地。体育行业就是其中之一。在新冠疫情的影响下，体育赛事被迫全部中止或者举办无观众赛事，体育行业的运营陷入了前所未有的困境。为了打破这种僵局，体育团队和爱好者们决定团结一致，共克时艰，于是诞生了一种新型代币，即**"俱乐部代币"**。俱乐部代币是由某个俱乐部发行的，拥有它就是支持某俱乐部的证明。当然，它的作用不仅仅局限于此，拥有某俱乐部代币，意味着你可以参与俱乐部的部分决策，甚至可以享受限定持有者的优惠活动。

让团队和爱好者们融为一体的布局

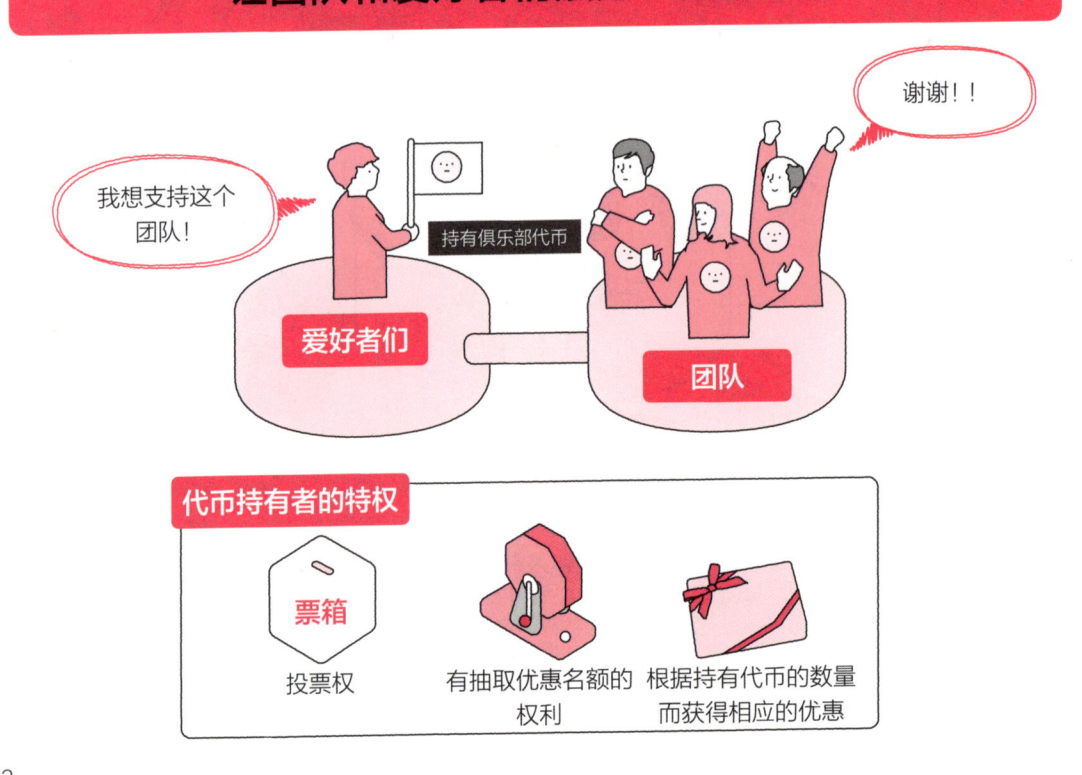

我想支持这个团队！

持有俱乐部代币

谢谢！！

爱好者们 —— 团队

代币持有者的特权

- 票箱 —— 投票权
- 有抽取优惠名额的权利
- 根据持有代币的数量而获得相应的优惠

销售附有各种优惠权限的俱乐部代币所获得的收入，可以全部充作团队的基础运营费用。除此之外，**俱乐部代币最大的特点，就是代表的发行和运营全部在区块链上进行。**因此，当团队被看好，人气高涨，购买俱乐部代币的爱好者们增加时，俱乐部代币的售价很有可能会水涨船高。这不仅有利于运营方，对从一开始就支持团队的爱好者们来说，也是大有好处的。现在，各种各样的体育团队都在以团队为单位发行俱乐部代币。这种新型的支援方式，被认为给体育行业的复兴，带来了前所未有的生机。

俱乐部代币可以给团队和爱好者双方都带来利益

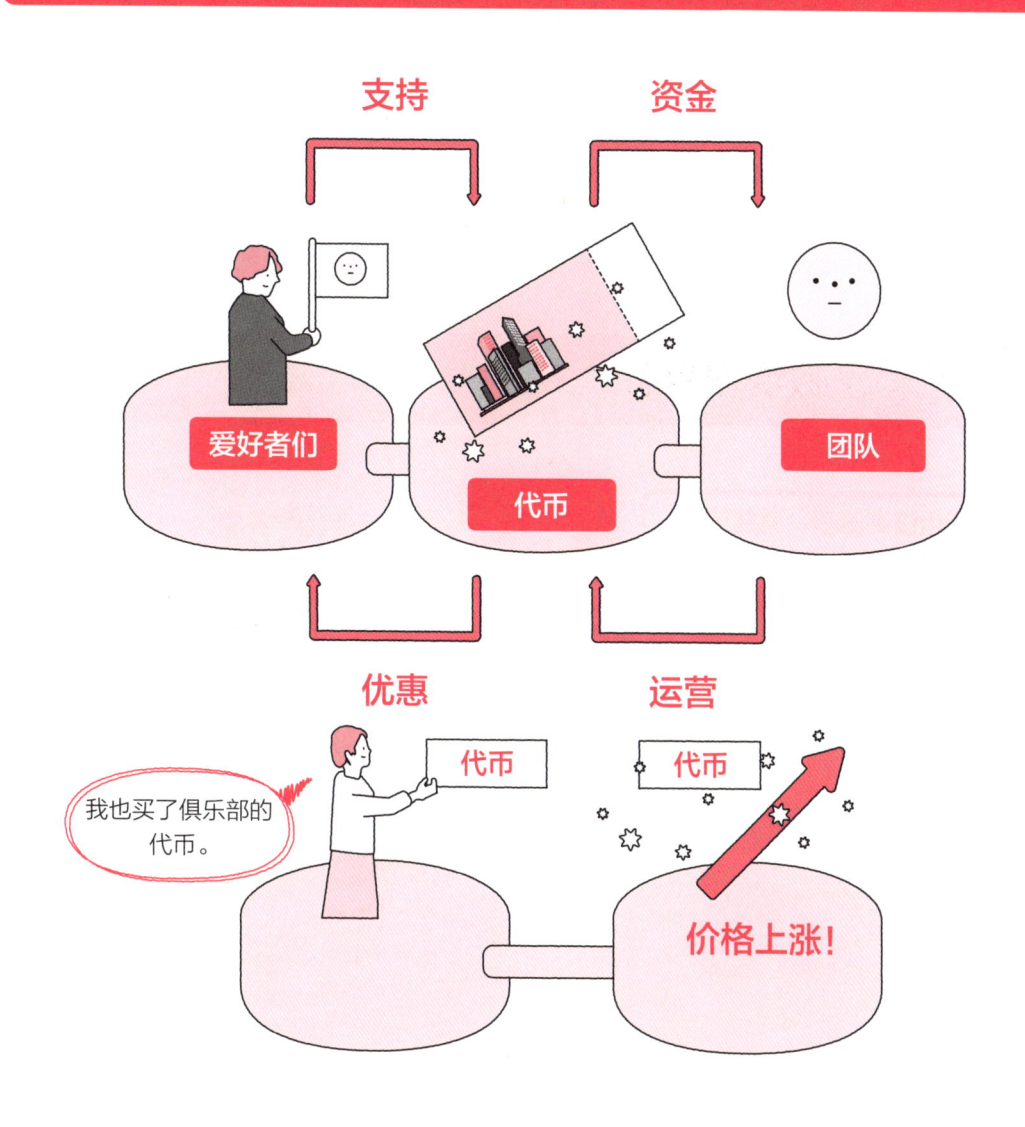

支持　　资金

爱好者们　　代币　　团队

优惠　　运营

代币　　代币

我也买了俱乐部的代币。

价格上涨！

08 一款只需要使用，就能获得加密数字货币的搜索引擎

只要在网上查查资料，就能获得加密数字货币的浏览器诞生了，一时间备受加密资产爱好者的青睐。

只要浏览一下网站就能获得加密数字货币，一款名为"Brave"的浏览器成了众多加密资产爱好者追捧的对象。用 Brave 浏览器上网，就可以获得名为"BAT（Basic Attention Token）"的加密数字货币（在日本，由于金融监管机构的限制，人们目前不能获得 BAT，取而代之的是获得 BAP 积分）。截至 2022 年 7 月，1BAT 相当于约 53 日元。虽然目前 BAT 的价格和流通性远低于比特币或以太币等主流加密数字货币，但今后 BAT 涨价的可能性也并非为零。随着 Web3.0 的普及，加密数字货币将会逐渐走进我们的日常生活，加密数字货币的流通性当然

改变搜索引擎传统模式的 Brave

只要使用该浏览器，就能获得加密数字货币。

浏览器

加密数字货币

只要使用浏览器 Brave，可以赚取加密数字货币 BAT（Basic Attention Token）。

只要使用 Brave 浏览器，就能赚钱！

也会随之提高。

除此之外，浏览器 Brave 还可以自动屏蔽广告。正因为没有广告，网页的显示速度提高了，还能节省读取广告的流量费，为用户创造了更加舒适的浏览体验。此外，有些浏览器还会收集用户的搜索记录等私人信息。相信不少用户都曾有过这样的经历，他们的浏览器，经常会自动推荐与自己曾经搜索过的内容相似的话题。**Brave 更加注重保护用户的隐私，因此不用担心自己搜索的信息会被浏览器悄悄收集起来。**

高速连接网络成为可能

上网真快！

这是迄今为止没有过的，新时代的搜索引擎！

检索速度极快，浏览舒适。

没有任何广告。

高安全性

放心安全！

有效防止个人信息的泄露，让用户可以更加安心舒适地使用该浏览器。

具有屏蔽广告和第三方收集用户搜索信息或网络地址的功能。

第 8 章 Web3.0 时代的新商务

09 重视用户虚拟体验感的 "VR 导演"

设计一场 VR 表演所必需的技能，远比我们想象的要复杂得多。就像在现实中有专门负责演出整体效果的职业导演一样，在虚拟世界中，也需要负责演出整体效果的"VR 专业导演"。

在进驻互联网的各个领域之后，VR 开始在游戏、表演等行业大展身手。为了让 VR 技术的应用更上一层楼，需要"VR 导演"坐镇的呼声日益高涨。我们在这里所说的 VR 导演，就是指那些负责设计 VR 虚拟空间的人，而对该空间的基本要求，就是一定要能带给用户充足的体验感。VR 导演所负责的，是 VR 表演的整体布局，该布局不仅包括用户在虚拟空间中所看到的景色和建筑，还包括光照、阴影、动画、效果等诸多要素，甚至还包括用户自己的行动。就像在现实世界中存在从事导演职业的人一样，今后，人们对能够充分展现出虚拟空间魅力的"VR 导演"的需求量，将会越来越大。

什么是 VR 导演？

VR 导演

让 VR 空间的魅力更上一层楼吧！

在画面上表现出跳跃感。

光照、阴影和景色

效果

更加流畅自然地行动。

动画

动作

可以预见，在不久后的将来，专门负责发挥 VR 虚拟空间特色的"VR 导演"的需求量，将会越来越大。

让用户在 VR 虚拟空间里体会到各种情感，如感动或兴奋等，也是 VR 导演的工作之一，为此他们需要事先做好各种准备工作。当然，这些工作不能仅靠 VR 导演一人完成，还需要 VR 空间设计师、VR 动画师来共同协作完成，但是协调统括工作由 VR 导演总体负责，所以 <u>VR 导演必须以自己独特的感性和理性为武器</u>，从零开始为用户们打造一个梦幻王国。也就是说，VR 导演是具备三种不同视角的复合型人才，这三种视角分别为：一是具备电影导演的视角；二是具备设计师的视角，如空间、色彩的设计等；三是具备能够打造 VR 体验感的视角。三者相辅相成，缺一不可。

VR 导演必备的技能

开始！

要把握好空间、色彩的设计。

具备电影导演的视角

具备设计师的视角

好像一伸手就能碰到一样！

VR 导演需要具备多种技能

具备能够打造 VR 体验感的视角

VR 导演除了需要有影像制作的技能之外，还需要兼具设计师的技巧，以及能够打造 VR 体验感的独特创造力。

第 8 章　Web3.0 时代的新商务

10 边玩边赚的 "Play to Earn"

进入 Web3.0 时代后，网络游戏不单单只停留在娱乐工具这一个功能上，打游戏也能赚钱，玩赚时代已经来临。

在过去，人们如果想玩游戏，就需要提前购置游戏主机或游戏软件，事先搭建起一个可以让自己玩游戏的硬件环境。然而，随着时代的发展，"几乎全部免费"的在线网络游戏随之兴起。自此以后，"玩游戏不需要花钱"的观念进一步在普通用户中得到普及。进入 Web3.0 时代后，人们的观念又开始发生转变，现在甚至出现了一种能够 "Play to Earn" 的新概念游戏，在这种游戏里，只要你愿意玩，就能从中获得收益。这样一来，人们对游戏的看法也将发生巨大改变。

在过去，整个游戏过程全部在游戏系统内部完结

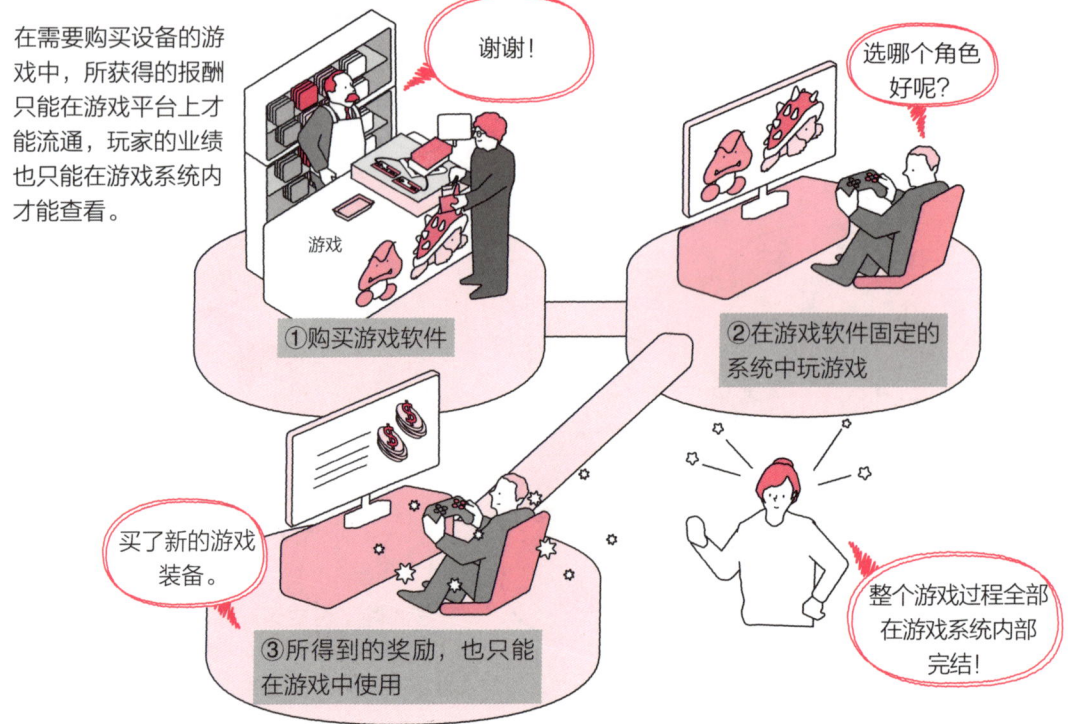

在需要购买设备的游戏中，所获得的报酬只能在游戏平台上才能流通，玩家的业绩也只能在游戏系统内才能查看。

谢谢！

游戏

①购买游戏软件

选哪个角色好呢？

②在游戏软件固定的系统中玩游戏

买了新的游戏装备。

③所得到的奖励，也只能在游戏中使用

整个游戏过程全部在游戏系统内部完结！

虽说新游戏可以边玩边赚钱，但它的玩法与传统游戏并没有太大的区别。在新游戏里，玩家也可以培养自己的游戏角色，让其与敌人或其他玩家对战。硬要说新游戏与以往游戏的不同之处，**那应该是在新游戏中，所有的道具或角色等都是有 NFT 的，因此可以自由买卖。作为游戏奖励，玩家在游戏内所得到的积分或是游戏代币，都可以在加密资产交易场所兑换成加密数字货币。**虽然这类游戏还处于研发初期阶段，但已经有很多野心勃勃的企业试图将游戏和 Web3.0 的概念结合起来。今后，如果玩游戏本身就能成为一种经济活动，相信会有更多的人选择将打游戏作为自己谋生的新职业，而对于那些喜欢在游戏上花费大量时间的人来说，他们很有可能会迎来巨大的新商机。

游戏奖励冲出了游戏世界的范畴

Play to Earn 游戏，全部采用了 NFT 技术，因此玩家可以使用加密数字货币购买游戏道具，可以获得游戏奖励。而玩家通过游戏所获得的这些报酬或游戏业绩，都可以转换成现实中的金钱。

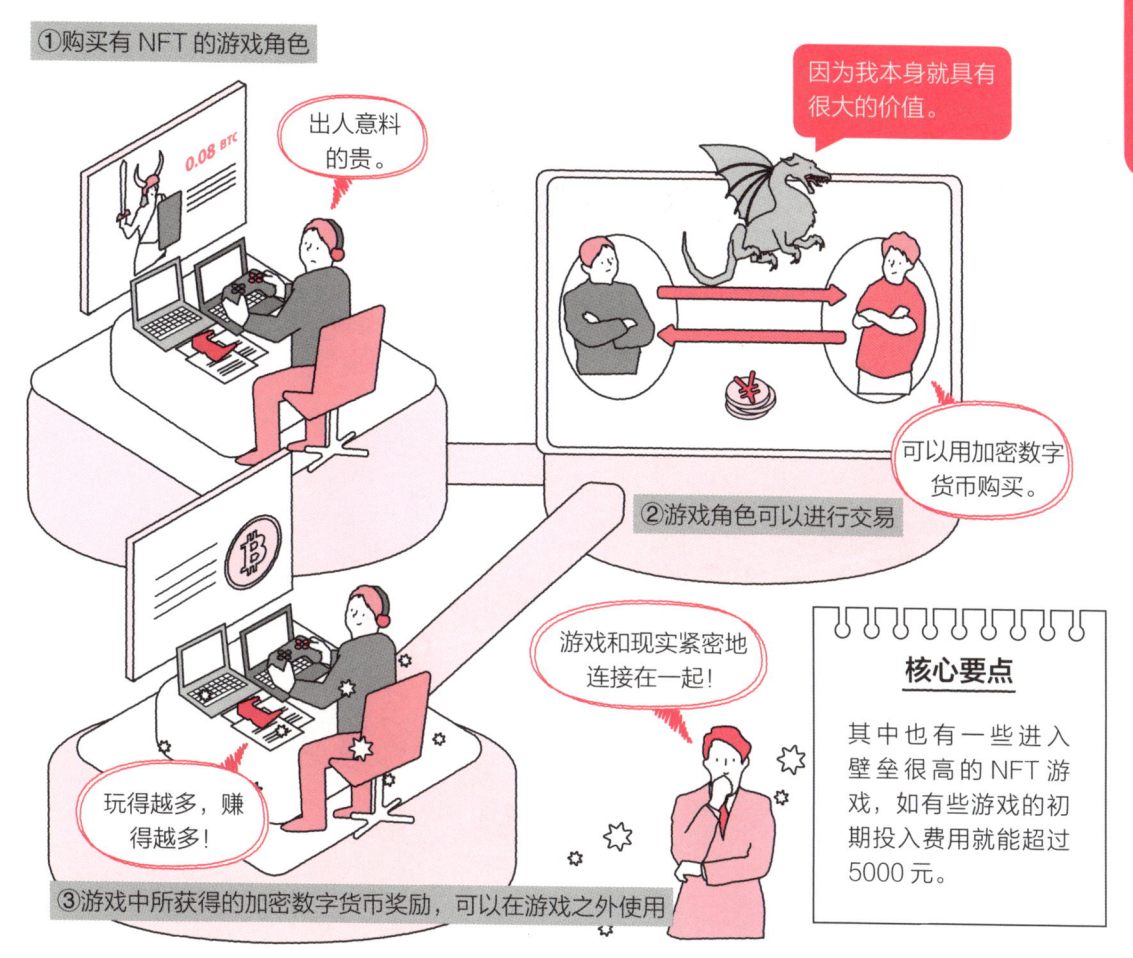

① 购买有 NFT 的游戏角色

出人意料的贵。

因为我本身就具有很大的价值。

可以用加密数字货币购买。

② 游戏角色可以进行交易

玩得越多，赚得越多！

游戏和现实紧密地连接在一起！

③ 游戏中所获得的加密数字货币奖励，可以在游戏之外使用

核心要点

其中也有一些进入壁垒很高的 NFT 游戏，如有些游戏的初期投入费用就能超过 5000 元。

11 像躺赚、跑赚一样，"某某 to Earn" 的多样赚钱方式已出现

像"躺赚""跑赚"一样，在Web3.0时代，我们日常生活中的任何事物，都能兑换成加密数字货币，都能带来经济效益。

正如上一节给大家介绍过的"Play to Earn"一样，在Web3.0时代中，还有一个关键词，那就是"某某 to Earn"（所有事物都可赚钱）。打个比方来讲，有些人可以通过高质量的睡眠来赚钱，即"Sleep to Earn"（躺赚），有些人可以通过运动来赚钱，即"Move to Earn"（跑赚）等，像这样，我们日常生活中的一切事物，都能带来经济效益。而想要通过睡觉来赚钱，其实并不需要什么特别复杂的条件，你只要下载一个"Sleep to Earn"专用智能手机软件即可。下载完成之后，**晚上睡觉前把软件打开，放在枕边。应用软件会自动监测你的睡眠质量，并根据睡眠质量的高低给予你相应的奖励。**

好的睡眠就能赚钱

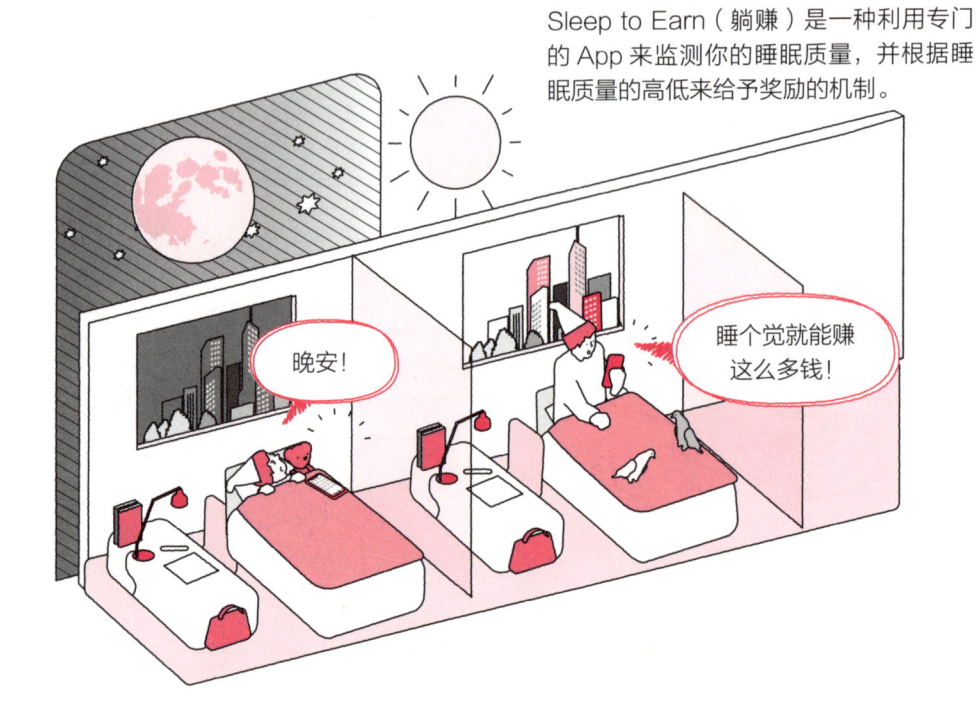

Sleep to Earn（躺赚）是一种利用专门的 App 来监测你的睡眠质量，并根据睡眠质量的高低来给予奖励的机制。

晚安！

睡个觉就能赚这么多钱！

同理，"Move to Earn"（跑赚）也一样，用户只需要走走路、跑跑步，总之只要运动一下，就能获得加密数字货币。与躺赚一样，用户只要下载专门的 App，就可以通过软件里的**全球定位系统**（GPS）功能测量步行的距离和时间，从而获得相应的数字货币。"Move to Earn"（跑赚）的模式<u>深受那些平日里工作繁忙的人群欢迎</u>，对他们来说，<u>只要简单地活动一下身体</u>，就能赚到加密数字货币，真是再划算不过的买卖了。除此之外，有些专业监测软件甚至推出了在其软件系统内，就可以把数字货币兑换成现金的功能，这样一来，对于那些不太了解数字货币兑换机制的人来讲，也更加方便使用了。除了具备这么多优点之外，也有人指出了这种赚钱模式的不足，如，初期游戏投入成本昂贵，这种赚钱模式是否具有可持续性存疑，等等。将日常生活中的琐碎行为与赚钱关联起来的"XX to Earn"（所有事物都可赚钱）模式，今后将走向何方，让我们拭目以待。

只要运动就能赚钱

Move to Earn（跑赚）是根据移动距离和运动时间获得相应报酬的机制。

用 GPS 测量移动的距离和时间

每天散散步就能赚钱！

第 8 章 Web3.0 时代的新商务

191

12 Web3.0 和元宇宙吸引了大量的资本

近年来，许多资金实力雄厚的公司也看好 Web3.0 未来的发展前景，积极主动地投资到相关领域。那么那些巨额资本，究竟会流向 Web3.0 市场的哪些领域呢？

近年来，一些**资金实力雄厚**的公司陆续开始投资与虚拟现实技术相关的领域。最近，KDDI[①] 和朝日电视台等拥有雄厚资本的巨头公司，一致决定投资元宇宙区块链平台"Cluster"（集群），一时间成为热门话题。不仅如此，区块链平台（集群）公司还陆续实现了与口袋妖怪、迪士尼等大型动漫企业的融合，显示出其巨大的潜力和吸引力。元宇宙世界不仅仅是人类的新聚集地，事实上，"人们的新居住地也就是新的经济圈"，元宇宙经济的发展也备受人们的期待。

万众期待的元宇宙市场

KDDI 和朝日电视台正是看准了元宇宙世界未来的巨大商机，投资了区块链平台 Cluster 公司。

2020 年

请多关照！

已经是元宇宙时代了！

KDDI 公司的总经理

越来越多的人开始关注元宇宙世界了！

在虚拟世界中可以做到的事情，真是越来越多了！

我们也要不断增强举办虚拟活动的能力，增强虚拟影像传输的效果！

朝日电视台社长

---

① KDDI 是日本的一个电信服务提供商，提供的业务包括固定业务，也包括移动业务。

此外，日本最大的移动通信运营商 NTT DOCOMO[①] 也决定进军 VR 的"虚拟市场"，积极投身于元宇宙世界的活动中。与此同时，日本政策投资银行也做出预估，**认为到 2030 年，AR/VR 市场将拉动世界生产总值增长 1.5 万亿美元**。这样看来，资本雄厚的公司之所以关注元宇宙和 Web3.0，可以说不仅仅是因为看好其未来的发展前景，说他们同样看好与虚拟现实技术有关的相关市场，这一点也不足为奇。如果新一代的市场真能充分融入虚拟技术，那么它将会对"产品开发以及服务行业""业务改善行业""医疗保健行业""零售行业和消费者服务"等各个领域都产生深远影响，并引发大规模的市场变革。因此，我们在考虑元宇宙和 Web3.0 时代的新商务时，不能忽视这些巨额资本的走向。

虚拟技术给我们的工作和生活带来巨变

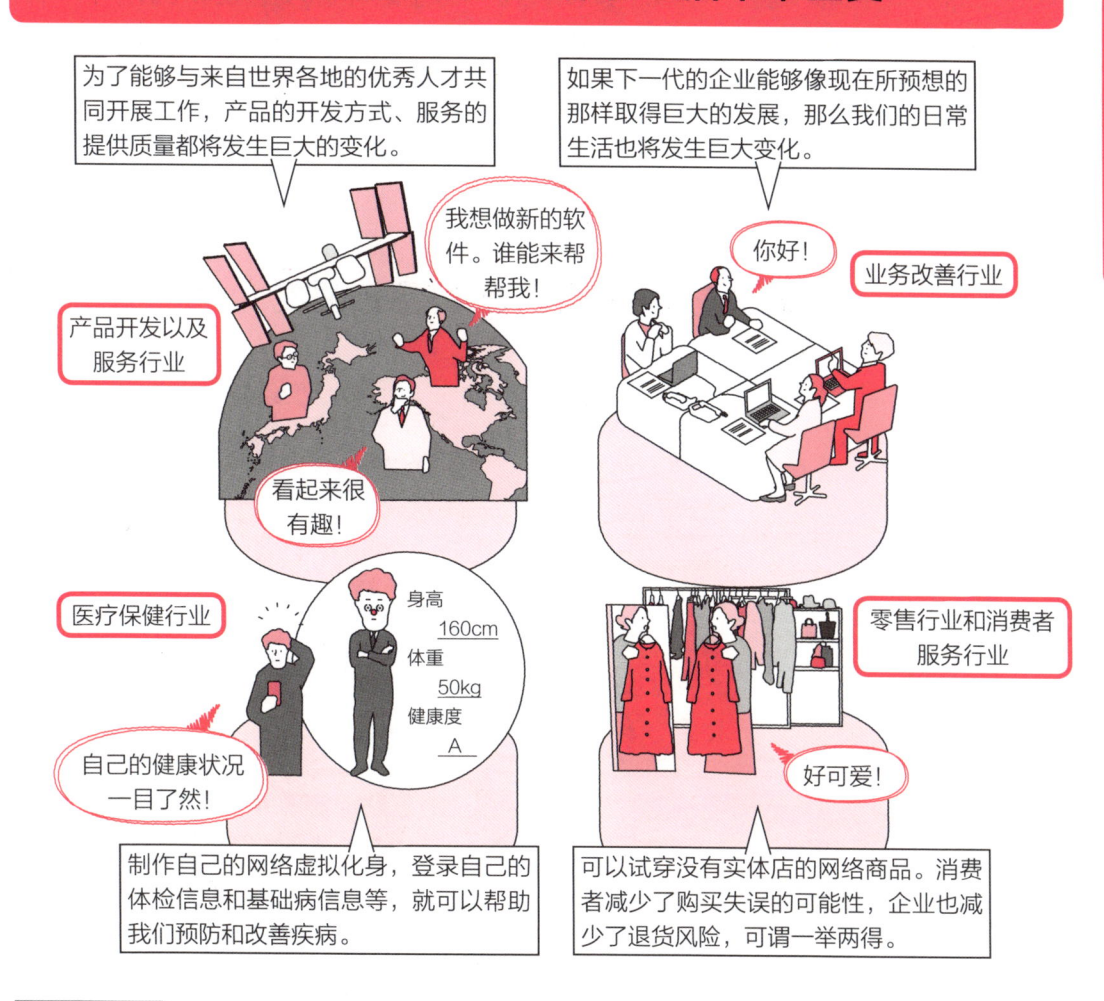

为了能够与来自世界各地的优秀人才共同开展工作，产品的开发方式、服务的提供质量都将发生巨大的变化。

如果下一代的企业能够像现在所预想的那样取得巨大的发展，那么我们的日常生活也将发生巨大变化。

我想做新的软件。谁能来帮帮我！

你好！

产品开发以及服务行业

业务改善行业

看起来很有趣！

医疗保健行业

身高 160cm
体重 50kg
健康度 A

自己的健康状况一目了然！

零售行业和消费者服务行业

好可爱！

制作自己的网络虚拟化身，登录自己的体检信息和基础病信息等，就可以帮助我们预防和改善疾病。

可以试穿没有实体店的网络商品。消费者减少了购买失误的可能性，企业也减少了退货风险，可谓一举两得。

---

① NTT DOCOMO 是日本一家电信公司。日本最大的移动通信运营商，拥有超过 6000 万的签约用户。

13 在数字经济圈，每个人都享有平等的机会

在新兴的数字经济领域，现有社会中的商业壁垒很少，每个人都享有平等的成功机会。

加密数字货币交易平台 Coincheck 公司的创始人和田晃一良，曾回忆说他在创立公司之初，周围的人几乎都对此持反对意见。大家普遍认为："金融业行业是重视学历的行业，普通人很难进入。"尽管如此，他仍然坚持创办数字货币交易平台，因为他认为，加密资产行业并没有像传统社会那样有固定的规则或行为框架，是任何人都可以**平等竞争**的领域，这正是他所看到的新希望。也就是说，数字经济能够提供不存在任何限制的自由环境，任何人都有可能在此成功。

成功之路艰难的现有行业领域

- 已经爬不上去了。
- 成功了
- 山顶上也挤满了人。
- 好辛苦啊。
- 真是一条艰难的路程……
- 对于我们来说好难啊！
  - 学历
  - 经验
  - 居住地
  - 资金

Web3.0所带来的数字经济圈，是一个规则或框架还未完全确定的新领域。因此，在这样的环境中，还没有年龄、性别、社会地位等的巨大屏障。一般来说，想要在现有社会的行业中取得成功，需要满足很多条件，比如要清楚该行业至今为止走过的历史、行业规则以及具备一定的经济实力等。而在还没有建立规则或框架的数字经济圈里，**只要有勇气挑战，任何人都能获得平等的机会**，可以说这是一个可以按照自己的想法，自由进行商业活动的地方。数字经济圈里的规则或框架，都是由早期进入市场的玩家们所制定的。

即将确定规则的数字经济圈

在没有制定详细规则的数字经济圈里，无论你是什么性别、什么国籍，只要愿意挑战，人人都享有平等的机会。

互联网人物传⑧

虚拟平台 Cluster 的创始人　加藤直人

　　加藤直人在 2015 年，创立了元宇宙虚拟平台"Cluster"（集群）。在他创立的虚拟空间中，用户可以利用虚拟分身来召开会议、参加演唱会等，为人们提供了 VR 空间多人聚会的虚拟活动平台，推进了网络新基础设施的建设，是日本元宇宙技术发展的代表性之作。

　　加藤从小就是个喜欢学习、热爱阅读和爱玩游戏的少年。他曾在一次采访中说道："父母越是让我在外面玩，我就越喜欢在家里玩。"就这样，加藤在初中二年级的时候，受到某个科幻动漫的影响，开始学习编程。他在书店买了很多编程专业的书籍，开始埋头于游戏制作。

　　高中毕业后，加藤考进了京都大学理学部。在京都大学，他主要学习宇宙论与量子计算机，之后又考入了研究生院进行量子计算机的深入研究。一年后，加藤选择了退学。从那以后，加藤就在家专门从事游戏编程和网页制作的工作。

　　加藤几乎足不出户地蛰居了三年左右，一直进行编程工作，随后，他在推特上认识了一位风险投资公司的老板。于是，该投资公司的老板邀请加藤在他感兴趣的领域创立公司。

那时的加藤，对日本还未正式引进的 VR 业务很感兴趣。因为他认为，人们完全没有必要在通勤路上浪费时间和精力。虽然当时他们并没有确定公司的具体业务内容，但已经决定成立与 VR 有关的业务。

　　加藤认为 VR 最大的魅力，就在于人们不用移动，就能去到各种各样的地方。于是，他决定打造一个能够在各种场景下聚集起人们的网络平台。现在的"Cluster"公司，正致力于建立一个完全不逊色于现实世界的平台，让你即使在自己家里，也能如面对面交流一样，气氛热烈地聊天，或是和亲临演唱会现场一样，尽情享受高涨的会场氛围。

结束语

个人价值崛起的 Web3.0 商务世界

感谢您在百忙之中，抽空阅读本书。

正如本书所介绍的那样，"去中心化"是 Web3.0 时代的显著特征。到目前为止，以 GAFAM 为首的科技寡头们的实力不断增强，许多商务人士、创客们、消费者都被他们牵着鼻子走。久而久之，人们将会形成固化的观念，认为"网络世界存在如此强大的力量是理所应当的，用户只能服从他们的管理"。

这种即将固化的"网络常识"价值观，最终还是被一股革命浪潮所打破，这就是我们常说的第三代 Web3.0。它将个人信息、财富、创客们所创作的作品，从被网络巨头平台所独占的命运中夺回，又重新交还到了每个人手中。

NFT 公平地记录着所有的交易信息，它可以将作品的所有权归还到创作者们手中。过去，创作者们要为数字作品的侵权行为苦战，作品还要被大型网络平台统一销售。现在，创作者与粉丝们的"最后一千米"终于被打通了。

在 DeFi 时代，金融交易的中介机构不再被需要。这不仅降低了交易的时间或成本，还为那些过去无法享受金融服务的人群提供了接触金融服务的途径。正是这种基于"用户中心"理念的、去中心化的新型互联网服务模式，才有可能将所有的便捷服务，推广到世界各地。

此外，"元宇宙"这一新容身之处，也是虚拟优先时代的一个重要特征。在元宇宙中，不存在现实世界的物理法则或死板的社会规则。可以说从进入虚拟世界开始，任何人都可以随意制定全新的世界规则。

在人人都看重虚拟现实的"虚拟优先"时代，如果本书能帮助大家充分发挥各自的个性，每个人都能大展宏图，那将是笔者无上的光荣。

加藤直人